DATE DUE			

Proust's Additions

11

Proust's Additions

The Making of
'A la recherche du temps perdu'

II Text

ALISON WINTON
Fellow of Churchill College, Cambridge

Cambridge University Press

Cambridge

London . New York . Melbourne

Published by the Syndics of the Cambridge University Press
The Pitt Building, Trumpington Street, Cambridge CB2 1RP
Bentley House, 200 Euston Road, London NW1 2DB
32 East 57th Street, New York, NY 10022, USA
296 Beaconsfield Parade, Middle Park, Melbourne 3206, Australia

© Cambridge University Press 1977

First published 1977

Printed in Great Britain by
Redwood Burn Limited
Trowbridge & Esher

Library of Congress Cataloguing in Publication Data

Winton, Alison, 1948–
   Proust's additions.

   Includes bibliographies and index.
   CONTENTS: v. 1. Text. – v. 2. Table of additions.
   1. Proust, Marcel, 1871–1922 – Technique. I. Title.
PQ2631.R63Z984   843'.9'12   76-58869

ISBN 0 521 21610 9 Volume I
ISBN 0 521 21611 7 Volume II
ISBN 0 521 21612 5 set of two volumes

Contents

PART II   TABLE OF ADDITIONS

Volume References   1

Abbreviations   2

Introductory Remarks   5

A l'ombre des jeunes filles en fleurs
    Notes and Descriptions   23
    Table of Additions   26

Le Côté de Guermantes
    Notes and Descriptions   53
    Table of Additions   57

Sodome et Gomorrhe
    Notes and Descriptions   99
    Table of Additions   102

La Prisonnière
    Notes and Descriptions   139
    Table of Additions   141

La Fugitive
    Notes and Descriptions   169
    Table of Additions   171

Le Temps retrouvé
    Notes and Descriptions   185
    Table of Additions   187

Contents

Volume References

For the convenience of the reader, I repeat here (with a slight change in order) the list of volumes studied given in Part I, Ch. 1, pp.15-17. The references for these volumes in the Fonds Marcel Proust, Bibliothèque Nationale, have been in force since 1974.

A l'ombre des jeunes filles en fleurs

n.a.fr.[1] 16732	First typescript
n.a.fr. 16735	Second typescript
n.a.fr. 16753	1913 Grasset galleys, corrected
n.a.fr. 16754	1913 Grasset galleys, uncorrected
n.a.fr. 16761	1914 Grasset galleys

Le Côté de Guermantes

n.a.fr. 16705-16707	Manuscript
n.a.fr. 16736	Typescript
n.a.fr. 16760	1914 Grasset galleys
n.a.fr. 16762, 16763	First Gallimard galleys
n.a.fr. 16765	Third Gallimard galleys

Sodome et Gomorrhe

n.a.fr. 16708-16714	Manuscript
n.a.fr. 16739-16741	Typescript, Sodome et Gomorrhe II
n.a.fr. 16766	Proofs, Sodome et Gomorrhe II

La Prisonnière

n.a.fr. 16715-16719	Manuscript
n.a.fr. 16742, 16743	First typescript
n.a.fr. 16744	Second typescript
n.a.fr. 16745-16747	Third typescript
n.a.fr. 16767	Galleys

La Fugitive

n.a.fr. 16719-16722	Manuscript
n.a.fr. 16749	Typescript

Le Temps retrouvé

n.a.fr. 16722-16727	Manuscript
n.a.fr. 16750, 16751	Typescript

---

1 I.e.: nouvelles acquisitions françaises.

Abbreviations

II 604a II 604b etc.	The first, second, etc., additions according to their order of appearance in the page of Pléiade edition text, <u>not</u> according to the chronological order of composition.
II 604-6a	An addition spreading over two pages of text (not to be confused with II 604a).

II 620-23a
  II 620-21a
  II 621a
  II 623a
	The additions indented below a given entry were still <u>later</u> additions than that first one; they were added either <u>on</u> the primary addition, or in a later version.

III 699b,<u>n</u>.	Footnote to be found on III 699 itself (not in the editors' notes).
III 49 <u>n</u>.2-51a	This addition starts with the lines quoted in Pléiade edition note 2, III 49, and ends on III 51. (Whenever an addition starts or ends with text provided only in a Pléiade note, I indicate this clearly.)
II 724 <u>n</u>.1: II 1119a	Pléiade edition note 1 for II 724, given on II 1119.
16708:23	First figure denotes volume (see <u>Volume References</u>); second figure - after colon - denotes page number (always Bibliothèque Nationale pagination).

16762:3i; 16760:4v; etc.	This notation is used for galley-proofs only. First figures before colon denote volume; second figure - after colon - denotes galley number; and small Roman numeral denotes galley-page (of which there are eight to a galley).
16719:1 [2nd page]; page between 16719:1 & 2	The Bibliothèque Nationale pagination occasionally reproduces or misses a page-number; in that case the page is denoted as shown.
In	In the main text of the document, before additions.
Margin, 16708:23	Added in the margin of page 23, n.a.fr. 16708 (see Volume References).
Above-1; below-1; interline, 16708:23	Added above or below the line, or between lines, page 23, n.a.fr. 16708.
Layer, 16708:23	Added in a layer glued on to, and extending off the top or bottom of, page 23, n.a.fr. 16708. It can also indicate a layer glued on to the page, when this layer is obviously an addition.
Glued on/in	Separately composed fragment, usually on unlined paper, glued on to the main body of the page; not necessarily late.
Addn	Addition.
Further addn	Addition later than the entry immediately above; see, e.g., II 997a.
Further layer: layer Margin: layer etc.	These references will be found only for additions indented below a main one: such additions were made in, for example, a layer glued on to the original layer; in the margin of a layer; etc.
Corr.	Corrected to the present version (or, less usually, to another cited version).

Afterthought?	This nearly always denotes additions in the same ink as the main page, or those without which the MS does not make sense; they are normally unimportant additions of a few words only.
MS	Manuscript. Also: main body of manuscript, as opposed to major additions or corrections on it.
TS	Typescript. Also: main body of typescript, as opposed to major additions or corrections on it.
≏	Approximately.
BN	Bibliothèque Nationale.
Pl.	The Pléiade edition.
Illeg.	Illegible.
(?)	Guessed word.
//	New paragraph in text.
§	Paragraph.
JF	A l'ombre des jeunes filles en fleurs
CG	Le Côté de Guermantes
SG	Sodome et Gomorrhe
La P	La Prisonnière
La F	La Fugitive
TR	Le Temps retrouvé

Introductory Remarks

1 GENERAL

The main aim of this part of the book is to present the
additions Proust made to his novel from about 1914 onwards in
as clearly assimilable and economical form as.possible, and
to save the reader the kind of jigsaw-puzzle work required to
piece out one section from another on the manuscripts them-
selves. This presentation has necessitated certain sacrifices,
though not, I believe, travesties.

The principal adjustment I have had to make in the tables
is to give the first and last words of some added passages not
as they appear verbatim on the documents, but as they are now,
in their final form in the Pléiade text. I have done this for
many reasons.

First, to give the verbatim wording would make the passage very difficult to find in the Pléiade text.[1] If there is a substantial difference between the previous version and the final one, I note it in brackets immediately below.

Second, Proust sometimes, in an early version, does not fuse his additions properly with his main narrative, and slight changes are therefore made on the later versions, but so slight as to be not worth noting; the Pléiade edition gives numerous examples of such lack of co-ordination in the notes to Le Temps retrouvé.

Third, as I said in Chapter 1,[2] a development in a margin or on a layer may either copy exactly, or rework a little, a crossed-out passage already in the manuscript, and only then does the addition proper start. In such cases it would be a falsification to give the whole marginal text as an addition; I have tried to limit the tables to showing exactly what was added and

---

1 E.g. II 557a, which, in a margin and layer, 16707:52, starts: Je vous ajouterai même; I give the Pléiade version: J'ajouterai même.
III 947a: Proust has written above the line: à en élargir la blanche superficie; but I give à élargir, as does Pléiade.
III 768-69a: Margin and layer, 16724:46, has, of course, Santois, qui était [...], as III 768n.3 shows; but, again for purposes of clarity, I have given the Pléiade text version: Morel, qui était au bureau [...] etc.
Similarly, I reproduce in the tables almost all punctuation in the Pléiade text adjacent to the addition concerned, to make it easier to locate; in very many cases, this punctuation was not exactly so on the original document. I do, however, give Proust's rather idiosyncratic punctuation in excised passages that are quoted.

2 Part I, p. 20.

no more. Here, then, I have singled out what was definitely

not in the excised version appearing either earlier or later

in the manuscript.[1]

---

1 For example, here is the first version of a passage in III
   898, on 16726:17-18:
   > [...] la pénombre que nous avons dû traverser. Les
   > vérités que l'intelligence cueille à claire voie, devant
   > elle, en pleine lumière, ont des contours plus secs, et
   > sont planes, n'ont pas de profondeur parce qu'il n'y a
   > pas eu de profondeurs à franchir pour les atteindre,
   > parce qu'elles n'ont pas été recréées.

   This is written out as the final text (III 898) in a layer,
   16726:17; so I give as additions only:

	l'indication, marquée ... par l'imitation)	(III 898c)
and	- même des plus hauts esprits -	(III 898d)
and	leur valeur peut être très grande; mais	(III 898e).

   Here, again, is a passage which at first sight seems added:
   for III 873, the margin of 16725:126 gives the lines:
   > et où [see Pl.n.1] avec un plaisir égoïste de
   > collectionneur, je m'étais dit en cataloguant ainsi les
   > illustrations de ma mémoire: "J'ai tout de même vu de
   > belles choses dans ma vie." Alors ma mémoire affirmait
   > sans doute [...].

   However, not only does the main MS of 16725:126 give, scored
   through with a line:
   > [...] les divers lieux où j'avais été. [Ce n'était là
   > en somme qu'un plaisir d'artiste et de collectionneur;
   > et alors même au moment où ma mémoire affirmait] la
   > différence des [lieux, c'était] sensations
   >   (words in brackets crossed out; those
   >   underlined, above-1),

   the main MS of 16725:130 also gives, scored through with a
   line:
   > Ce n'était pas tellement eux [the places he has seen
   > again in involuntary memory] que j'aimais que la partie
   > de sensation qui leur était commune avec [celle éprouvée
   > actuellement. Et en l'éprouvant je ne me disais pas
   > comme dans] l'endroit où je me trouvais la cour de notre
   > maison, quand je regardais à mon gré, dans ma mémoire,
   > la campagne ou la mer, avec un plaisir égoïste de
   > collectionneur: "j'ai tout de même [été] vu de belles
   > choses dans ma vie", je n'élevais pas plus haut l'idée
   > de mon moi, bien plus je doutais de ce moi.
   >   (words in brackets crossed out; those
   >   underlined, above-1).

   Since between them these two passages give what is in the
   margin of 16725:126, I have not counted this addition as an
   addition proper, except for the phrase 'en cataloguant ainsi
   les illustrations de ma mémoire' (III 873a), which appears
   in neither of the main MS versions.

Fourth, in order to save space and, as I have said, to
present the additions in their most transparent form, I do not
usually quote words or phrases that were crossed out to make
room for the new passage. This occasionally leads to a result
which readers may find rather bewildering: if one extracts from
their context some of the additions as I give them, that is,
corresponding precisely to the Pléiade text, and if one then
tries to envisage the text as it was, one or two syntactical
elements seem to be missing, and the original may appear not
quite to cohere grammatically. Unless, however, I specifically
state the contrary (e.g. III 487c), or say 'Probably not
addition', the first version did always make sense as it stood.[1]

---

1   For example:
  III 822-23a: I give as this addition:
                  Pendant ce temps ... on s'en fiche")   (823).
                  The original MS, 16725:45, started the passage
                  on III 823 with, of course, Le patron n'était
                  pas encore venu, but for the sake of brevity
                  I include Le patron in the addition.

  III 959a: I give as this addition:
                  Dès que j'eus ... se saisit de moi et .
                  The original MS read: Il me présenta [...] .

  III 1045c: The corrected version of 16727:123 has:
                  [...] si je n'entreprenais pas, ce dont ma
                  liaison avec Albertine suffisait pourtant à
                  me montrer que sans cela tout est factice et
                  mensonger, de représenter certaines
                  personnes [...]
                  and I do not say that the original MS ran:
                  [...]si je n'entreprenais pas, ce dont ma
                  liaison avec Albertine suffisait pourtant à
                  me montrer la [nécessité], de [figurer]
                  représenter certaines personnes
                       (words in brackets crossed out).

Finally, however, even if the opening and ending of an added passage are identical on, say, the MS and the present, final, version, and the same point is being made, there may be variants within the original addition not important enough to warrant a detailed tracing-through of the stages of subsequent correction, but substantial enough to make it a misrepresentation to imply that the <u>whole</u> of the present passage, in virtually final shape, was added at this point. For this and the other adjustments, I provide explanatory notes where necessary; but these are the liberties I often cover with the sign ≏ , 'approximately'.

To sum up: as I said in the introduction,[1] I felt that it was the work of a complete critical edition to give minor variants of words and phrases, and to point out the movement of certain passages from one place to another, and I therefore note an addition or correction only where a really new element appeared. I have tried to include as many as possible of those tiny changes that seemed significant, but I had to stop somewhere; and the modifications that were more suitably registered in a critical edition than in a record of important nuances or

---

1 Part I, p. 5.

expansions, I have left out.[1] For this reason, too, I do not ˊ

note added punctuation, except in one place where it brought a

substantial change - II 560b, where Proust adds rows of stops to

denote Charlus's hesitation in his talk with Marcel.

2 SOME DIFFICULTIES

One of the dilemmas posed by the near-definitive drafts is

that of the interpretation of the numerous passages to be found

not protruding off the page, and hence unmistakably interpol-

ations, but glued on to the centre. On the whole I thought these

were not additions, since room had evidently been left for them,

the main narrative of the MS flowed on and off them in the same

ink, continuing the sentence over the break in many cases, and

---

1 Such as, say, the reworking of this sentence on III 879:
      Et je sentais que ce devait être la griffe de leur
      authenticité.

   Et je sentais que [c'] ce [était la] devait être
   [probablement] la [signe] griffe de leur authenticité.
         (16726:4. Words in brackets crossed out; those
         underlined, above-1).

   Again, I do not note that 16706:81 originally gave the
   beginning of the duc de Guermantes's speech on II 487 as
   - C'est très bien, not: - C'est très sain; compare too
   Plate 2 (Part I, p.260), with the relevant section of the
   tables.
   However, in II 779a, I do note the following: where 16711:48
   had: elle a répondu exactement à chaque chose, 16739:45
   corrects to: elle a saisi exactement chaque chose. I used
   this because the revision suggests, more than these other two,
   a new attitude, implying that the grandmother is more
   attentive in her response, yet at the same time now silent
   and not replying.

finally, even if they had been composed separately, they must

have been contemporaneous with the manuscript in order to be

incorporated into it in this manner. Sometimes, however, I do

note these fragments, especially when they are of the same

paper as the layers proper, and where the context shows that

they comprise a new theme.[1] In this event, I write in the

notation: 'Glued in', and often add in brackets 'Probably not

late'. This difficulty arises especially with the MSS for La

Fugitive.

The MSS also include sheets which have the appearance of

layers, except that they are glued into the notebook, not on to

the end of a page; again, these must be partly addition, but it

is impossible to know if they are wholly late.[2]

---

1   E.g. III 808a, where an unlined fragment glued centrally on
    to 16725:23 carries the passage
        aussitôt, se rappelant sans doute que ... l'ombre de
        dilettantisme à me reprocher.
    On the one hand, both the context and the fact that the MS
    would otherwise have to break off after 'quelque chose
    d'analogue à la littérature, car', make it most unlikely that
    this is a true addition; on the other hand, it contains enough
    of a slight departure from the rest of Charlus's speech to
    suggest that it was at least conceived separately. The MSS
    abound in awkward cases such as this.

2   For example, 16716:29 is a page made up of layers glued into
    the MS; it gives the first and last lines of the passage
    running from Certes, à ces moments (III 149) to and including
    la voir dans sa loge? (III 151). I note this in the table as
    III 149-51a, but have used discretion in other cases.

Another difficult case was handwritten pages fixed into typescripts; but normally I do count these as additions, and in most instances it is very obvious that they are.[1]

There are, therefore, some passages entered in the tables which may not be late, and others which are certainly not, e.g. II 783-84a. The only way of escaping the risks of this is to supply conspicuous pointers in the tables, and to select for discussion those additions about which there is a minimum of doubt; this is what I have tried to do in Part I.

3   THE PLÉIADE TEXT

The documents in the Bibliothèque Nationale do not always correspond to those from which the Pléiade editors worked. What they refer to as the twenty-volume manuscript for Sodome et Gomorrhe on is clearly n.a.fr. 16708-16727. But sometimes they seem to have had access to documents which are not in the BN - not as yet, at any rate; at other times, the BN has material which they could not consult; and at others, there are curious discrepancies between their descriptions of the manuscript and the

---

1   Thus, for II 751-52a, 16739:14-16 are glued-in pages, written on in (probably) Céleste's hand, with no type; and for II 851-53a, the added passage is on handwritten pages that must have been interpolated - 16739:114-117 - since the typist has numbered 16739:113 as 82, and 16739:118 as 83. Usually the paper for these additions is of a different kind from the typing paper; so there can have been no question of, say, the typist leaving certain pages blank.

volumes in the BN, doubtless to be explained by the loss or

discovery of various layers or portions of MS since the Pléiade

editors worked on them.[1]

No doubt a great deal of this will right itself when a

complete concordance is set up between the descriptions of the

documents given by those who have at one stage or another had

access to them.

As the novel goes on, my notation of additions starts

sometimes to coincide with the Pléiade notes indicating them,

since Proust joins them with the existing MS less and less

carefully; but the Pléiade edition does not point them out

consistently, as I said in Chapter 1.[2]

The manuscripts have been cleaned since the Pléiade editors

consulted them, and the reading of doubtful words thereby made

much easier. I have restricted myself in the tables to correcting

---

1 For example, I have not been able to find II 755n.1 in the MS
   for Sodome et Gomorrhe (n.a.fr. 16711), nor III 747d,n. in the
   MS for Le Temps retrouvé (n.a.fr. 16724). On the other hand,
   page 83 (BN p. 91) of n.a.fr. 16718 most certainly is there -
   see III 375n.1; so, too, glued in, is 16719:97 - see III
   487n.8; 16721:27 seems, in its present state, at least, to be
   very firmly part of the Cahier - see III 586n.2; and 16722:9
   gives the MS for III 655n.2, which the Pléiade editors did
   not have.
   For discrepancies in descriptions, see III 102n.1, where Pl.
   gives as 16716(Cahier 9):65 and 66 what would be at the
   beginning of n.a.fr. 16716 as BN has it, between 16716:3-4.

2 Part I, p. 10.

the rare serious Pléiade misreadings only when they fall in
additions I cover - to take a short example, in III 911-12a,
Proust had written his last _temps_ with a small _t_, but the Pléiade
text gives it a capital.[1]

If the Pléiade notes quote an important but eventually dis-
carded development which is _in_ the base version, not added, I do
not note it. Similarly, footnotes to which the tables do not
refer were part of the main MS.[2]

Anyone who has worked on the material used by MM. Clarac
and Ferré owes a debt of gratitude to them for the labour and
patience that must have gone into their virtually impeccable
transcriptions; purely from the point of view of the researcher,
the outstanding accuracy of both notes and text in the Pléiade
edition is invaluable.

---

1   For a few words or phrases which are now more legible, see:

III 489_n_.3: this can now be seen to be (probably):
éliminent ou renfoncent, on 16719:103. (See III 489a.)

III 562_n_.1:16720:102 has: _qui se dérobe si mince_.

III 569_n_.1:16720:113 has: _lisent mon article_.

One important misreading is that Pléiade has, on III 640,
hérité de ma grand'mère; whereas 16721:99 has _hérité de
ma gd (sic) tante_.

2   E.g. the footnote running from III 570-71.

4 POINTS TO NOTE

(i) Individual volumes

Special features of, or difficulties arising from, the
separate volumes are discussed under the heading Notes and
Descriptions for each one as it starts in the tables.

(ii) 'Missing' notations

If, in the detailed MS location in the right-hand column,
one particular document in the sequence is not mentioned - e.g.
for Le Côté de Guermantes, 16760 might be omitted altogether -
this means that the relevant section of typescript, proof or
manuscript is missing at that point. This applies to all six
volumes except A l'ombre, for which, as its Notes and
Descriptions explain (under (4)), a rather different method has
been adopted.

If I write, as for II 695a: Not in 16709:69, nor 16766:67,
and do not say where the passage is, that is because there was
no document available in the Fonds Marcel Proust to show the
missing stage.[1] · This has, again, been necessary on a large scale
for A l'ombre.[2] When I say, for example: Not in 16715:26, I give
the page reference to show where the passage would be by rights,
if it were in. Between some of the documents I consulted there
may be one, or even two, further drafts which are not in the BN.

The notation: Margin, 16739:23 (see II 756b), means, of

---

1 At the time I was working there, at least.
2 See Part I, Ch. 1, p. 28n.3.

course, that this is the first time the passage occurs in the
material I have studied (listed in <u>Volume References,</u> p. 1) -
that this passage is not in 16711:19, for example - unless I
indicate otherwise in brackets.

Sometimes a passage is noted as an addition to the MS and
as not appearing in the TS, say; this means that Proust went back
to the MS later to insert it, and suggests that, here at any
rate, the two versions were used almost concurrently.

(iii)   <u>Single additions per page</u>

Even where there is only one addition per page, as for
example on II 695, it is still entered as II 695a, so that
references to additions in the discussion, Part I, are immediately distinguishable from references to the base versions.

(iv)   <u>Indentations</u>

The reader should be careful to bear in mind that anything indented below a given addition was not at first part of
it. Still further indentations in the tables were necessary
when there were three stages towards the completion of the added
passage - e.g. II 753b-f.

In a very large block missing from the base document - MS
or TS - there would be too many indented sub-additions for a
comfortable grouping under one heading. To avoid obscurity, I
divide these blocks into sections: for example III 38-55, and
the Elstir sections in <u>A l'ombre,</u> I 825-66. This method makes
it quite as clear what was added when; the extent of the sequence
missing from the base document is not, however, presented so

immediately, although still easy to assemble.

(v)   Individually composed additions

I try to break down additions into their smallest units:
thus, if there are two separate additions in one margin, I put
them under separate headings even when they run into each other
in the text (e.g. III 193b, III 193c). I do the same with
layers that were evidently not written contemporaneously, but
which have been attached together: when the tables refer to a
'Separately composed layer', this means that it is glued to the
one immediately preceding, but is in a different handwriting
or ink.

(vi) Internal chronology

'Later than [...]' means that one addition was without
doubt composed or joined to the text after the other, which may
be in the same margin or attached to the same page.[1]

---

1 E.g. for III 481a: 16719:85 started in the top margin:
       arriver, elle était trop heureuse la pauvre, elle n'a
       pas su connaître son bonheur." Enfin l'
   Then the main MS has
       [L'] obscurité était venue; mais il suffisait d'une
       étoile [...]   (L' crossed out).
   Thus originally the layer on 16719:84 starting Françoise
   devait (III 480) must have ended in the margin, 16719:85;
   but with the next addition, III 481a, the whole was
   incorporated into another layer on 16719:85; and since we
   can see that the MS at first resumed its course taking
   account of only the first addition, we can assume that the
   second came later.
   E.g. also: III 849a; this is probably later than anything in
   the margin of 16725:82, since it should be in the margin of
   16725:82, but was put in the margin of 16725:81 because there
   was no room; therefore it is later than III 849b, c and d,
   all of which are in the margin of 16725:82.

(vii) <u>Linking additions</u>

If two additions obviously belong together, I give them
the same entry - e.g. II 412d. One of the pair is usually only
a single word.

(viii) <u>Additions merging with MS</u>

In the MSS from about III 408 on, the writing is sometimes
very cramped; Proust has probably left a space into which he is
copying lines for which there is not quite room on the page.
These may be incorporated additions which at an earlier stage
one would have found in a margin or layer. From about this
point too, many pages are left blank after being a third or half
filled, and a diagonal line is then drawn from top left to
bottom right of the blank. Again this suggests that Proust was
copying in fragments, for which, here, he overestimated the
space needed.

If there is an addition in the margin, but a large part or
all of the MS page is blank, I note the fact in brackets, since
it might mean that the margin additions are not late - or no
later than whatever Proust proposed to insert in the main body
of the MS. Indeed, some lines in margins must have been in the
main flow of the narrative, which would be meaningless without
them (e.g. III 9a). Where the marginal passage is unequivocally
part of the main narrative, I do not always note it.[1]

---

1 A.R. Pugh discusses certain of these features, as well as
   those mentioned above under <u>Some difficulties</u>, in 'The
   Composition of Marcel Proust's <u>A la Recherche du Temps
   Perdu</u>' (unpublished Ph.D. thesis, University of Cambridge,
   1959), pp. 423-25.

(ix) Paraphrasing

When some indication of what was in the MS is essential,
I paraphrase excised passages in brackets - e.g. III 936-37a.
If the verbatim version is as short as a paraphrase would be,
I quote that.

(x) Irregular order of notations

A reader following sequentially the manuscript notations
in the right-hand column may come across apparently surprising
changes: the numbers occasionally seem to go back and forth,
jumping pages here, moving back ten or twenty there; but this
is because Proust did not always follow his original order of
composition, and subsequently transferred certain sequences.[1]
This, as I explained in the introduction,[2] is an aspect I have
been unable to cover fully.

(xi) Names

Alterations of names are marked only very rarely, since
this would take considerable space, and is in the province of
a study dating the MSS, rather than this one. However, I do

---

1 One spectacular example is I 953c, d, and I 954a, which jump
   back from 16761:65v to 16761:52i, and from 16735:312 to
   16735:230. This is because (as is well-known) the passage
   starting with ma grand'mère, sur l'ordre du médecin, I 953,
   and finishing at the end of the volume, I 955, originally
   came after quelques promenades en voiture, I 704; and the
   ending of the volume was then a long sequence now divided among
   other parts of the novel. For a summary of this first ending,
   and some quotation from it, see A. Feuillerat, Comment Marcel
   Proust a composé son roman (New Haven, 1934), pp. 65-67.

2 Part I, p. 5.

give the introductions of Aimé's name, partly because these
coincide with his assuming a more significant rôle in the
novel, but mainly because there is play on his name.[1] And in
Notes and Descriptions for each volume, early names under which
the characters may still be found are briefly mentioned: e.g.
Montargis for Saint-Loup, Borniche for Jupien.

   (xii) Rows of stops

   It is evident from the text which rows of stops are
mine and which Proust's. In excised passages quoted, all
interrogation marks in parentheses are mine, unless otherwise
indicated.

---

1 E.g. I 690a.

A l'ombre des jeunes filles en fleurs

A l'ombre des jeunes filles en fleurs

Notes and Descriptions

(1) n.a.fr. 16732, 16735. These are, respectively, the continuations of n.a.fr. 16730, 16731, and n.a.fr. 16733, 16734, typescripts of Du Côté de chez Swann. (The two volumes Du Côté de chez Swann and A l'ombre des jeunes filles en fleurs were, of course, originally together.) A l'ombre proper starts only on 16732:47 and 16735:50.

These typescripts are exact copies of each other, and appear to have been corrected concurrently, since additions in the one nearly always appear as additions in the other, transcribed neatly by Proust or someone else. Although the BN calls 16730-16732 the first typescript, and 16733-16735 the second, neither is consistently the base copy; they alternate with each other for rough workings, first-draft marginal additions, etc.

Although this TS is clearly pre-1913, I give, for interest, principal additions to it (usually with less detail than for the later documents). Where one of the two typescripts was obviously the first on which a given insertion was made, that typescript appears first in the notation.

(2) n.a.fr. 16754. This should perhaps be classified by the BN as anterior to 16753; it is the uncorrected 1913 Grasset galleys, whereas 16753 is the corrected 1913 galleys.

16754 also contains the galleys of
Du Côté de chez Swann, from 2i to
60viii, dated 1.4.13 to 28.5.13; the
galleys for A l'ombre run from 61i
to 95vii, and are dated 28.5.13 to
11.6.13.

(3) n.a.fr. 16753.

This is a truncated duplicate of
16754, with some additions and
corrections by Proust. It contains
the first galley of Du Côté de chez
Swann (dated 31.3.13), which is not
in 16754.

(4) n.a.fr. 16761.

The 1914 Grasset galleys. In their
entirety, 16760 and 16761, they
cover A l'ombre and the first part
of Le Côté de Guermantes. 16761,
that is, galleys 29i-66vi, are
A l'ombre. (The printers, as
Feuillerat explains (p.5, n.4),
mistakenly set the A l'ombre galleys
after the Côté de Guermantes ones:
see under Notes and Descriptions (2)
for Le Côté de Guermantes.)

The A l'ombre galleys are dated from
12.6.14 to 22.6.14; they carry no
corrections except on 29i and 56vii.

A considerable number of BN volumes
come chronologically before 16761.
Where relevant, I have not, therefore,
written in detail, as for all other
volumes in the tables: 'Not in 16732,
16735, 16754, 16753, nor 16761'; I
have used the briefer formula: 'Not
in 16761:29i, nor prior' (e.g.).
Similarly, if I write, when noting
an excised passage: '16761:29ii has
[...]', this means that the passage
appears in 16761:29ii and all
volumes preceding it.

(5) Names.

In 16732, 16735, 16754, and
occasionally later:

Norpois sometimes appears as Montfort;
Balbec as Bricquebec or Cricquebec;
Mme Trombert as Mme Bontemps; Vinteuil
as Vington; M. de Cambremer as M. de

Soulangy; Mlle de Stermaria as
Mlle de Silaria; Mme de Cambremer
as Mme de Chemisey; Carqueville as
Briseville; Saint-Loup as M. de
Beauvais or Montargis; and
Charlus as Fleurus.

A l'ombre des jeunes filles en fleurs

Table of Additions

I	431-34a	Ma mère, quand .. ≏qui était le marquis de Norpois (434) [But in 16761:33v-vi is an account of Swann's new social attitudes, comprising the sections ≏au "fils Swann" ... mari d'Odette (431), ≏ c'était avec d'inélégants fonctionnaires ... faire sonner bien haut (432),≏nos vertus elles-mêmes ... aux dominos (432)]	Not in 16761:29i, nor prior
I	434a	- et même comme ... d'importants services -	Margin, 16761:29i
I	435a	à "percer" [16761:29ii has: à se faire connaître]	Not in 16761:29i, nor prior
I	435b	dans la Carrière [16761:29ii has: y]	Not in 16761;29ii, nor prior
I	436a	dans un protocole [16761:29iii has: dans un document]	Not in 16761:29iii, nor prior
I	436b	l'amitié [after félicitait celui-ci de. 16761:29iii has: la sympathie]	Not in 16761:29iii, nor prior
I	436c	étant généralement peu aimable	Above-1, 16732:50, 16735:53
I	436d	où il n'a de ... guerre de 70." [16732:51 & 16735:54 had: où il ne parle avec personne]	Above-1, 16732:51, 16735:54
I	437a	Et je dois dire ... - mais des expressions	Not in 16761:29iv, nor prior
I	437b	avait conscience de remplir [16761:29iv has: remplissait]	Not in 16761:29iv, nor prior
I	438a	(de même que ... au courant de tout)	Not in 16761:29v, nor prior
I	438b	Gilberte & et ses parents [I.e. simply has Swann]	Not in 16761:29v, nor prior
I	439a	comme elle me l'avait annoncé elle-même	Above-1, 16732:53, 16735:56
I	439b	si hostile [16761:29vi has: qui jusque-là avait toujours fait une violente opposition]	Not in 16761:29vi, nor prior
I	439-40a	≏et je ne pouvais supporter ... me distrayait de mon chagrin (440)	Layer & margin, 16735:57-58; above-1, 16732:54-55
I 439c		avait fait une constante opposition [16761:29vi has: s'était montré entièrement hostile]	Not in 16761:29vi, nor prior
I 440a		opposé [after n'est pas du tout. 16761:29vii has: hostile]	Not in 16761:29vi, nor prior
I 440b		ma foi [16761:29vi has: dame]	Not in 16761:29vi, nor prior
I	442a	qu'en somme une ... annuler, par compensation	Margin, 16732:59, 16735:62
I	443a	il faut y aller"	Not in 16761:30iv, nor prior
I	443b	ayant pour but la vérité ... et ne me semblait plus	Above-1 & margin, 16732:60, 16735:63
I	444a	depuis peu si cruelle	Margin, 16732:62, 16735:65
I	444b	de stylite	Margin, 16753:61iv

I	445-46a	Ma mère ne l'avait pas ... du chercheur. Sans doute (446)	Not in 16761:30v, nor prior
I	446a	- contrairement à ce que ... enfantines -	Above-1 & margin, 16732:63, 16735:66
I	446-47a	⌐ce qui m'expliqua ... Françoise voir (447) [16761:30vii has: <u>tout adolescent qui y va</u> <u>pour la première fois, tout domestique qu'on</u> <u>envoie [...]]</u>	Not in 16761:30vii, nor prior
I	448a	avec satisfaction	Above-1, 16732:65, 16735:68
I	448b	dédoublait la profondeur de [16761:30viii has: <u>protégeait]</u>	Not in 16761:30viii, nor prior
I	448c	à ce qu'il voulait dire	Above-1, 16732:66, 16735:69
I	449a	⌐le bras levé à la hauteur du visage [16735:70 has above-1: <u>dans une attitude</u> <u>d'offrande.</u> (16753:61viii addn gives <u>de</u> <u>l'épaule)]</u>	Margin, 16753:61viii
I	449b	baignée grâce à ... une lumière verdâtre	Not in 16761:31ii, nor prior
I	450a	la monotonie voulue ... imposée aux [16761:31ii has: <u>la façon dont elle avait</u> <u>dit les [...]]</u>	Not in 16761:31ii, nor prior
I	450b	Ce qui est du reste ... ne s'accroît plus. N'importe	Not in 16761:31iii, nor prior
I	450-51a	disait à côté de moi ... assez commune	Interline, 16732:68, 16735:71
I	451a	auquel je devais ... ⌐d'aller à <u>Phèdre</u>	Above-1, 16732:68, 16735:71
I	451b	pourrait dire plus tard, quand ... ou à Sofia	Above-1 & margin, 16732:69, 16735:72
I	451c	il exerçait sur ... il avait à faire	Margin, 16732:69, 16735:72
I	452a	il ne me détourna pas [TS had: <u>il me conseilla de m'y adonner]</u>	Above-1, 16732:70, 16735:73
I	452b	il m'en parla au contraire ... me ferait passer	Not in 16761:31iv, nor prior
I	452-53a	Je voulus lui expliquer ... ne me quittaient pas un instant	Not in 16761:31v, nor prior
I	453a	<u>mutatis</u> mutandis	Not in 16761:31v, nor prior
I	453b	⌐(et il prit ... n'en mourait pas)	Above-1 & margin, 16732:70, 16735:73
I	453c	quitter le quai d'Orsay ... à produire [16761:31v has: <u>ne pas suivre la carrière des</u> <u>Ambassades qui était celle de son père et il</u> <u>s'est mis à écrire]</u>	Not in 16761:31v, nor prior
I	453d	- il est d'ailleurs ... naturellement, -	Above-1, 16732:70, 16735:73
I	453e	relatif au sentiment de l'Infini [16761:31v has: <u>sur le sentiment religieux]</u>	Not in 16761:31v, nor prior
I	453f	parfois même acérée, sur ... à répétition [16761:31v has: <u>sur la réforme du</u> <u>recrutement]</u>	Not in 16761:31v, nor prior
I	453g	il n'est pas homme ... en route	Not in 16761:31v, nor prior
I	453h	qui n'avait rien de défavorable [16732:71, 16735:74 have: <u>d'une façon</u> <u>favorable]</u>	Corr. 16753:62iv
I	453i	En somme, sans ... récompensé son effort	Not in 16761:31v, nor prior
I	454-55a	Ma tante Léonie ... une indulgence aveugle (455)	Not in 16761:31v, nor prior
I	455a	⌐n'hésita-t-il pas ... qu'il me le rendit	Above-1 & margin, 16732:71, 16735:74

I	455-56a	Ma mère, pleine de ... de Mozart (456)	Not in 16761:31vi, nor prior
I	456a	pour me faire briller	Above-1, 16732:72, 16735:74
I	456b	≙technique et mystérieuse	Not in 16761:31vi, nor prior
I	456c	cette petite escapade [16761:31vi has: cette journée]	Not in 16761:31vi, nor prior
I	456d	de santé, car vous ... avance sur nous [TS does not make sense without it]	Margin, 16732:71, 16735:74
	I 456e	un peu frêle	Not in 16761:31vi, nor prior
	I 456f	à cet égard comme à bien d'autres	Not in 16761:31vi, nor prior
I	456g	Et vous avez été ravi, naturellement?	Above-1, 16732:72, 16735:75
I	456h	en répondant à ... cette vérité consistait	Above-1, 16732:72, 16735:75
I	457a	pouvait produire [16761:31vii has: produisait]	Not in 16761:31vii, nor prior
I	457b	et qui lui vaut toujours ... et de bon·aloi	Not in 16761:31vii, nor prior
I	457c	Bien qu'elle ait fait ... déteint sur elle	Not in 16761:31vii, nor prior
I	457d	je serais presque ... en musicienne!	Above-1, 16732:73, 16735:76
I	457e	≙n'avait cessé de ... de plus, il	Margin, 16732:73, 16735:76
I	458a	au bon goût	Not in 16761:31viii, nor prior
I	458b	Non, je n'ai pas été déçu." [16761:31viii has: quelle grande artiste!]	Not in 16761:31viii, nor prior
I	458c	Le boeuf froid ... quartz transparent [16761:31viii mentions chicken, not beef]	Not in 16761:31viii, nor prior
I	458d	Et ce n'est pas peu ... conviés là	Not in 16761:31viii, nor prior
I	458-59a	- Voilà ce qu'on...≙susciterait des commentaires (459)	Not in 16761:31viii, nor prior
I	459a	discrétion [after entouré de. 16761:31viii has: mystère]	Not in 16761:r31viii, nor prior
I	459b	Ma mère insista ... un véritable oukase."	Not in 16761:31viii, nor prior
I	459c	les "feuilles" [16761:31viii has: les journaux]	Not in 16761:31viii, nor prior
I	459d	(vous savez qu'il ... l'Europe)	Above-1 & margin, 16732:74, 16735:77
I	460a	Vous voyez que ... en s'adressant à moi	Not in 16761:32i, nor prior
I	460b	Pour ma part j'y applaudis des deux mains	Not in 16761:32ii, nor prior
I	461a	Il faut avouer que ... dans leur quiétude	Not in 16761:32ii, nor prior
I	461-63a	vous savez qu'il avait été fort attaqué ... qu'il avait escompté (463) [However,≙"Qui sème le vent récolte la tempête" (462) is in margin, 16760:24vi, and margin, 16760:24viii; and "Les chiens aboient, la caravane passe", "Faites-moi de bonne ... le baron Louis", "La Victoire est ... disent les Japonais" (461-62), are in margins (inter alia), 16760:24vii-viii. And crossed out in layer, 16719:125, is: (il faudra pendant que j'y pense regarder si dans un tt autre ordre d'idées qd elle [i.e. Albertine] est partie j'ai songé à dire: Ce serait à celui qui saurait tenir et comme M. de Norpois devait le dire sans cesse q.q. années p [page cut here; doubtless plus]	Not in 16761:32ii, nor prior

	tard celui qui "saurait souffrir un quart d'heure de [page cut here] que l'autre mais qu. See also III 782-83, where these clichés are in main MS (16725:7-8)]	
I 463a	(ce qui après ... fort beau)	Not in 16761:32ii, nor prior
I 463b	maître en l'art de dire [16761:32ii has: un maître diseur]	Not in 16761:32ii, nor prior
I 463c	⌒et qui met en relief une fois de plus	Not in 16761:32ii, nor prior
I 463d	ce mot qui était une véritable trouvaille	Not in 16761:32ii, nor prior
I 463e	Une personne digne ... même confié [16761:32iii has: On m'a même affirmé]	Not in 16761:32iii, nor prior
I 463-64a	Il est d'ailleurs ... à l'emporte-pièce (464)	Not in 16761:32iii, nor prior
I 464a	"D'abord ... dans l'inconnu."	Not in 16761:32iii, nor prior
I 464b	Je craignais un peu ... du séjour. Mais	Not in 16761:32iii, nor prior
I 464c	j'ai appris qu'on... ⌒par son état [Had: Mais justement ce confort, on dit qu'il y a un excellent hôtel]	Above-1 & margin, 16732:77, 16735:80
I 464d	Ah! il faudra ... à en faire fi	Not in 16761:32iii-iv, nor prior
I 464e	véritables bijoux ciselés [TS had: merveilles]	Above-1, 16735:80, 16732:77
I 465a	réprima un frémissement ... que chez nous. Mais	Not in 16761:32iv, nor prior
I 465b	et en jetant ... la malice	Above-1 & margin, 16732:77, 16735:80
I 465c	faisaient mine de & et exagéraient habilement	Not in 16761:32iv, nor prior
I 465-66a	Je trouve que Swann ... qu'il n'est pas cependant (466)	Not in 16761:32v, nor prior
I 466a	et même d'amies	Not in 16761:32v, nor prior·
I 466b	auquel cas	Not in 16761:32v, nor prior
I 466c	⌒ vraisemblablement, plus ... aurait suivi	Above-1 & margin, 16732:78, 16735:81
I 466d	Comment? encore ... à relever le gant	Not in 16761:32v, nor prior
I 466-67a	Il y a eu, il est vrai ... qui est arrivé (467) [But this is ⌒in 16732:84, 16735:87, narrated, not told by Norpois]	Not in 16761:32v, nor prior
I 467a	on en fait même ... le trouve exagéré	Not in 16761:32v, nor prior
I 467b	loin d'être un maître sot [16761:32v has: très fin]	Not in 16761:32v, nor prior
I 467c	qui, vous pouvez le penser, vont leur train	Not in 16761:32vi, nor prior
I 467d	et, contrairement aux ... douceur d'ange	Not in 16761:32vi, nor prior
I 468a	au point que le nom ... celui de son couturier	Above-1, 16732:80, 16735:83
I 469a	⌒Elle se plaignait que ... où ils abondaient	Interline & margin, 16732:81, 16735:84
I 471a	le regard bleu où ... leur élément vital	Not in 16761:33vi, nor prior
I 471b	ajouta-t-il ... à mon père	Above-1, 16732:86, 16735:89
I 471c	(sans cependant ... qu'elle soit)	Above-1 & margin, 16732:86, 16735:89

I	472a	s'il en fut [16761:33vii has: bien loin d'être un sot - see I 467b]	Not in 16761:33vi, nor prior
I	472b	l'Ambassadeur [after a-t-elle été, monsieur]	Not in 16761:33vii, nor prior
I	472c	se prolongea pendant ... de fibrilles rouges [TS had: humecta un moment ses yeux bleus au- dessus de son nez rouge]	Interline, 16732:87, 16735:90
I	472d	tout à fait [after Elle est]	Not in 16761:33vii, nor prior
I	473a	de l'afféterie	Above-1, 16732:88, 16735:91
I	473b	Jamais on ne trouve ... de base du tout	Not in 16761:33viii, nor prior
I	473c	Je sais que c'est ... l'Art pour l'Art	Not in 16761:33viii, nor prior
I	473-74a	Je comprends mieux ... me semblent bien vaines (474)	Margin, 16732:89, 16735:92
I	474a	toutes ces subtilités ... déliquescent	Not in 16761:34i, nor prior
I	474b	Pour quelques feux ... un seul dans son oeuvre	Not in 16761:34i, nor prior
I	474c	ce qu'au moins ne sont pas les siens	Above-1, 16732:89, 16735:92
I	474d	ce que nos pères ... diseur de phébus et	Above-1, 16732:89, 16735:92
I	474e	Je ne sais si ... ne le Cachet rouge	Margin, 16753:64viii
I	474f	rebutait par le même travers [16761:34i has: était de même]	Not in 16761:34i-ii, nor prior
I	474g	où certaines pages ... d'anthologie	Not in 16761:34i, nor prior
I	475a	Sans doute autrefois ... et restreint	Margins, 16732:89-90, 16735:92-93
I	475b	puisque l'Ambassadeur ... pas dupe	Not in 16761:34ii, nor prior
I	475c	disons, pour être exacts ... bien faible	Not in 16761:34iii, nor prior
I	475d	tranchons le mot, moralisateur	Not in 16761:34iii, nor prior
I	475e	et d'ailleurs, entre nous ... languissantes	Not in 16761:34iii, nor prior
I	475f	de véritables prêchi-prêcha ... l'aune)	Not in 16761:34iii, nor prior
I	476a	auprès du personnage [16761:34iii has: auprès de Bergotte]	Not in 16761:34iii, nor prior
I	476b	En effet, je ... de notre amphitryon	Not in 16761:34iii, nor prior
I	476c	elle est allée se coucher ... je ne me rappelle pas bien [16761:34iii has: elle est partie après le dîner]	Not in 16761:34iii, nor prior
I	477a	du vieillard dont Minerve emprunte les traits [16761:34iv has: du sage Mentor]	Not in 16761:34iv, nor prior
I	477b	J'en ébauchai ... à avoir remarqué	Not in 16761:34v, nor prior
I	477-78a	à plus forte raison d'une chanteuse ... de célébrité" (478)	Not in 16761:34v, nor prior
I	478a	et qu'on connaît encore intégralement	Margin, 16753:65iv
I	478b	quelques années [16761:34v has: dix ans]	Not in 16761:34v, nor prior
I	478c	≏où M.de Norpois, qui ... à la discrétion	Not in 16761:34v, nor prior
I	478d	je ne rougis pas ... est fait l'esprit humain	Not in 16761:34v-vi, nor prior
I	478e	dans un livre de Maspéro	Not in 16761:34vi, nor prior
I	478f	ce ne serait pas assez ... ma gratitude	Not in 16761:34vi, nor prior

I	478g	Mais je tiens à... ≙Mais en les prononçant	Above-1 & margin, 16732:93, 16735:96
I	480a	même transmis ... aussi brutale	Not in 16761:34viii, nor prior
I	480b	≙et que mon esprit ... de l'eau	Above-1, 16735:99, 16732:96
I	480c	au cours de sa prestigieuse carrière	Not in 16761:34viii, nor prior
I	481a	ou évoquent tel ... dans leur prose	Not in 16761:35i, nor prior
I	481b	sans se rendre compte ... point écrites	Not in 16761:35i, nor prior
I	481-83a	Ma mère ne parut pas ... définitivement, etc." (483)	Not in 16761:35i-ii, nor prior
I	483a	"poncif" comme vous dites [16761:35ii has: vieux jeu]	Not in 16761:35ii, nor prior
I	483b	parce que la cordialité ... à déprécier	Not in 16761:35ii, nor prior
I	483c	Comment a-t-il ... de la vie	Above-1 & margin, 16732:98, 16735:101
I	483d	avec quelle malice [16761:35ii has: avec quelle finesse]	Not in 16761:35ii, nor prior
I	483e	ne pouvait pas ... sérieux" [16761:35iii has: riait]	Not in 16761:35iii, nor prior
I	484a	comme un ministre ... à la vérité, l'accorda	Not in 16761:35iii, nor prior
I	484-86a	Elle avait bien ... le Café Anglais (486) [However, 16761:52vi has: mother forbade people to stand at windows, looking]	Not in 16761:35iii, nor prior
I	486a	avec maman, qui ... ce jour-là)	Not in 16761:35iii, nor prior
I	487a	comme au temps de la Création [16761:35iv has: comme au premier jour du monde]	Not in 16761:35iv, nor prior
I	487b	≙d'un univers...≙pas satisfait	Above-1, 16735:105; in handwritten page, 16732:101
I	487-88a	≙ J'avais beau dédier ...≙des anciens jours (488)	Above-1 & layer, 16735: 105-6; in handwritten page, 16732:101
	I 488a	je sentais qu'il ... ne m'était pas nouvelle	Margin, 16753:66iii
I	488b	Je revins à la maison ... l'inefficacité	Not in 16761:35v, nor prior
I	488c	≙les troubles bien connus - ... insoupçonnée -	Above-1, 16735:106; in handwritten page, 16732:101
I	488d	émerveillés	Above-1, 16735:106; in handwritten page, 16732:101
I	488-89a	Je rallumai ma bougie ... des bois" (489)	Margin, 16735:106-7; in handwritten page, 16732:102
I	489a	A ce moment-là ... l'avait réclamé	Not in 16761:35vi, nor prior
I	489b	Je continuai à ... impression de beauté [Some of this, however, appears very roughly in 16761:35iii]	Not in 16761:35vi, nor prior
I	489-90a	Gilberte cependant ... problème de mon amour (490) [16761:35vi has: Gilberte came back to Champs-Élysées]	Not in 16761:35vi, nor prior
I	490a	"Vous savez ... pas!" [16732:102, 16735:107 have simply: they do not like Marcel]	Margin, 16753:66iv
I	490b	et glissante comme ... une surface invisible	Not in 16761:35vi, nor prior
I	491a	(qui ne sont ... se voit lui-même)	Not in 16761:35vi, nor prior

I	491b	longue [after <u>écrire dans une</u>] & en seize pages	Not in 16761:35vi-vii, nor prior
I	491c	la lettre que je ... plus de succès	Margin, 16735:108; in handwritten page, 16732:103
I	491d	le lendemain, après ... qu'elle me rapportait	Margin, 16735:108; in handwritten page, 16732:103
I	491e	j'étais indigné	Not in 16761:35vii, nor prior
I	491f	Je sentais que ... ≏chez les autres	Margin, 16735:108; in handwritten page, 16732:103
I	492a	par lequel - et ... expérimentalement les conséquences	Margin, 16735:108; in handwritten page, 16732:103
I	492b	j'étais désespéré ... ≏un instant Gilberte [Water-closet episode originally comes earlier, on 16732:17-19, 16735:16-19]	Not in 16761:35vii, nor prior
I	492c	ce qu'on appelle ... mal informée	Not in 16753:54viii, nor prior
I	492d	m'allégeant aussitôt ... par Gilberte [See note to I 492b]	Not in 16753:55i, nor prior
I	492e	Françoise la croyait ... Cette marquise	Not in 16753:55i, nor prior
I	493a	par qui maman ... "jardinières"	Not in 16753:55i, nor prior
I	493b	en leur ouvrant ... comme des sphinx	Not in 16753:55i, nor prior
I	493c	Un instant après ... à Combray [See note to I 492b]	Not in 16761:35vii, nor prior
I	493-94a	≏Je lui demandai ... ≏tranquille auprès d'elle (494)	Margin, 16735:108, & inserted page, 16735:109. In handwritten pp., 16732:103-104
I	493d	puisqu'ils ... pas trouvée."	Not in 16761:35viii, nor prior
I	493e	en soulevant les nattes ... rajeunir elle-même	Not in 16761:35viii, nor prior
I	494a	≏ses pommettes ... voulu grimper	Margin, 16753:66vi
I	494b	obscurément	Margin, 16753:66vii
I	494c	(et un certain ... de le craindre)	Not in 16761:35viii, nor prior
I	494d	≏et je remis à ... odeur de moisi	Not in 16753:55i-ii, nor prior
I	496a	Françoise, au retour ... et froid", et	Not in 16761:36ii, nor prior
I	496b	et "larvées"	Margin, 16753:66viii
I	496c	outre la caféine ... à respirer	Not in 16761:36ii, nor prior
I	496d	du champagne ou du cognac	Not in 16761:36ii, nor prior
I	497a	≏J'eus presque chaque jour ... me quittant brusquement [very approximately]	Above-1 & margin, 16735:111; in handwritten pp., 16732:105-6
I	497b	≏Je l'embrassai pourtant ... me dit-on, à sortir [very approximately]	Not in 16732:106, nor 16735:111; in 16761:36iii
I	497-99a	≏Je trouvai que c'était ... un grand clinicien (499)	Not in 16761:36iii, nor prior
I	499a	Françoise s'approchait ... et professionnel	Not in 16761:36iii, nor prior
I	499-503a	≏Or, au bas du papier ... trouva l'occasion	Interline, unnumbered p. between 16735:111 & 112, & inserted handwritten p., 16735:112; in handwritten pp., 16732:106-7

I 499b	⌓ au bas du	Not in 16761:36iii, nor prior
I 500a	⌓ Ce fut justement la signature ... je vis	Not in 16761:36iii, nor prior
I 500b	Mais parce que je ... l'autre Monde	Not in 16761:36iii, nor prior
I 500-502a	Tandis que je lisais ... me rendait si joyeux (502)	Not in 16761:36iv, nor prior
I 503a	Les nattes de Gilberte ... très ennuyeux	Not in 16761:36v, nor prior
I 504a	- Comment allez-vous ... la liaison du t	Margin, 16753:67iv
I 504b	liaison qu'on pense bien ... supprimer)	Not in 16761:36vi, nor prior
I 504c	Enfin comme la série ... je voyais revenir	Not in 16761:36vi, nor prior
I 505a	qui avait été si longtemps ... bientôt se déprendre	Not in 16761:36vii, nor prior
I 506a	comme un dévot ... de Renan	Not in 16761:36viii, nor prior
I 506b	dissolvante	Above-1, 16735:116, 16732:111
I 506c	Cependant, ces jours ... plus vils réflexes	Above-1, 16732:111, 16735:116
I 506d	débonnaire et	Margin, 16753:67vi
I 506e	découronner de ses créneaux ... palais de Darius [16761:36viii has simply:manger]	Not in 16761:36viii, nor prior
I 506f	pour procéder à ... la pâtisserie ninivite	Not in 16761:36viii, nor prior
I 506g	tandis qu'elle extrayait ... le goût oriental	Not in 16761:36viii, nor prior
I 506h	comme si je l'avais encore sue	Margin, 16735:116, 16732:111
I 507a	Malheureusement cette ... décision est impossible	Not in 16761:37i, nor prior
I 507b	phrase très répandue à cette époque	Not in 16761:37i, nor prior
I 507c	du cake	Not in 16761:37i, nor prior
I 507-8a	et Mme Bontemps, tu sais ... me voir revenir? (508)	Not in 16761:37i, nor prior
I 508a	bavarder avec vous ... beaucoup plus)	Above-1, 16732:112, 16735:117
I 508b	comme vous le prenez dans votre petit "studio"	Not in 16761:37i, nor prior
I 508c	(fût-ce celle ... un ou non)	Not in 16761:37i, nor prior
I 508d	"Quand viendrez-vous? ... ce mot désignait Françoise	Not in 16761:37i, nor prior
I 508e	Moi qui, aux Champs-Élysées ... chez les Swann	Margin, 16753:67viii
I 508f	sur ma "nurse" [Has: de notre vieille servante]	Not in 16761:37ii, nor prior
I 509-11a	Si j'avais déjà ... ne connaissait pas (511) [In 16709:55, the duc de Guermantes says: Ce sont des gens de fort bon bien - probably not bon lieu, as II 673 Pl. note 4 has]	Not in 16761:37ii, nor prior
I 511-16a	⌓ son mari qui venait... ⌓ revêtir pour nous (516)	Inserted handwritten pp., 16735:118-20; almost all in handwritten pp., 16732: 113-114
I 511a	C'est odieux. (A la ... l'o bref.)	Margin, 16753:67viii
I 512a	qui ne perdait jamais ... à ses parents	Above-1, 16735:118; not in 16732:113
I 512b	C'est un homme délicieux ... un oeil de verre	Margin, 16753:68i
I 512c	- Je vous dirai ... je connais Mme Bontemps, et	Not in 16761:37iii, nor prior

I 513-15a	Ce n'est pas ainsi ... concerne Mme Bontemps (515)	Not in 16761:37iv, nor prior
I 515-16a	"Malgré la situation du professeur (516)	Not in 16761:37iv, nor prior
I 516a	ou que M. Verdurin lui-même ... du roi Théodose	Layer, 16753:68iii
I 516b	elle ne supposait ... flatteurs pour elle	Not in 16761:37v, nor prior
I 516-23a	D'ailleurs Mme Swann ... c'était les Cottard (523)	Not in 16761:37v, nor prior
I 523a	⌒De ses visites ... aussi trompé davantage [Part in rough in margins, 16735:117-118, and on versos, 16732:111-112]	Layer, 16753:68iii
I 523b	complétée au besoin ... peut me faire?"	Not in 16761:37vi, nor prior
I 523-24a	Pas immédiatement pourtant...⌒se présentait justement, car (524)	Not in 16761:37vi, nor prior
I 524-25a	⌒Swann aimait une autre femme ... ce nouvel amour (525)	Layer, 16753:68iii
I 525a	Mais alors qu'autrefois ... qu'il n'avait plus d'amour	Not in 16761:37viii, nor prior
I 526a	à une réunion mondaine ... meeting")	Not in 16761:38i, nor prior
I 526-36a	Ces jours où ... au fond d'une victoria (536)	Not in 16761:38i, nor prior
I 536-37a	Pendant ces minutes ... parce qu'il est trop bon (538)	Margins, 16732:115, 16735:121, & layer, 16735:124
I 537a	Ses parents ne me ... du côté de Méséglise	Not in 16761:38ii, nor prior
I 537b	le grand crack ... les Anglais	Not in 16761:38ii, nor prior
I 538a	Et Swann avait dû ... à connaître mon bonheur [In rough on verso, 16732:116]	Margin, 16753:68vi
I 538b	Et pourtant ... perdu tout mystère [In rough on verso, 16732:116]	Margin, 16753:68vi
I 539a	mais tout autour de moi ... je le perçois encore	Above-l, 16732:117, 16735:123
I 539b	un peu "toc", bien "à côté" [16761:38v has: tocards]	Not in 16761:38v, nor prior
I 540a	⌒que j'avais perçu autrefois ... massif de lauriers -	Above-l, 16732:119, 16735:125
I 540b	dont j'avais tant désiré porter le pareil et	Above-l, 16732:119, 16735:125
I 540c	bien que j'eusse protesté ... à beaucoup près	Not in 16761:38vi, nor prior
I 540d	Quand je disais ... qu'elle se sentait bien	Not in 16761:38vi, nor prior
I 541-43a	Souvent dans les allées ... du tout". A ce moment (543)	Not in 16761:38vii, nor prior
I 543a	nous fûmes salués ... qu'il s'appelait Bloch	Layer, 16753:68ii
I 543b	- ou bien elle ... peu "chic", de Bloch -	Not in 16761:38vii, nor prior
I 543-44a	La princesse redressa ... un seul mot (544)	Not in 16761:38vii, nor prior
I 544-46a	Une fois, à propos ... en se dégageant vivement (546) [However, after qu'elle revêtît, I 540,16732: 119 has this note: Placer ici histoire du concert jour de l'anniversaire de son gd père; and an addn starting Une fois can be seen to have been removed from 16735:125]	Not in 16732:119, nor 16735:125; in 16754: 68viii-69ii
I 546-47a	Je ne savais pas quels ... que se trouvât Bergotte (547)	Not in 16761:39i, nor prior
I 547a	"nommer", comme elle disait	Not in 16761:39i, nor prior

I	547b	d'où s'envole une colombe	Above-l, 16732:120, 16735:126
I	547-48a	Tout le Bergotte ... ≙ "Également" (548) [Also in glued-in page between 16735:125 & 126]	Margin, 16753:69iii
I	548a	si bien connus de moi ... douce et divine sagesse	Not in 16761:39ii, nor prior
I	548b	Sans doute, les noms ... la force de s'élever	Not in 16761:39ii, nor prior
I	549a	Je me disais ... les diverses personnalités	Margin, 16753:69iii
I	549b	Cependant on était ... placé loin de moi	Not in 16761:39iii, nor prior
I	551a	Il en est ainsi ... chez les maîtres	Not in 16761:39v, nor prior
I	551b	≙en négligeant tous ... déjà connus	Above-l, 16732:123, 16735:129
I	552a	D'ailleurs toute nouveauté ... de plus habituel	Not in 16761:39v, nor prior
I	553a	≙comme dans ceux ... autres auteurs	Above-l, 16735:130; in handwritten p., 16732:124
I	554a	bruit [after qu'il soit, tout ce]	Above-l, 16732:125, 16735:132
I	554-55a	Ces jeunes Bergotte ... il les survolait (555)	Not in 16761:39vii, nor prior
I	555-56a	C'était, non plus avec ... ce genre d'effets (556)	Handwritten, apparently addns, 16732:126, 16735:134-35
I	556a	(et restait ... et Dostoïevski)	Not in 16761:39viii, nor prior
I	556-57a	Il disait aussi ... limites de sa vertu (557)	Not in 16761:40i, nor prior
I	557a	malgré tant de correspondances ... dans la suite	Above-l, 16735:136; in handwritten p., 16732:127
I	557b	≙ (sans être d'ailleurs snob)	Above-l, 16735:136
I	557c	≙par le suffrage des autres	Above-l, 16735:136; in handwritten p., 16732:127
I	557-58a	Il n'y réussissait ... le charme des pauvres (558)	Not in 16761:40i, nor prior
I	558a	la vie frivole et choquante	Not in 16761:40ii, nor prior
I	559a	que j'avais tant admiré à Combray	Not in 16761:40ii, nor prior
I	559b	et quand il avait été ... envers elle [TS had simply: he had 'attentions' for her that she had never had from anyone]	Interline, 16732:129, 16735:136
I	560a	- précisément ... applaudi -	Above-l, 16732:130, 16735:139
I	560b	- Ce peut être ... dans les musées	Interline, 16735:139
I	560c	Ce serait intéressant ... à distance)	Not in 16761:40iv, nor prior
I	560d	≙- Vous pensez ... l'ancien Érechthéion	Margin, 16735:140
I	560e	et je reconnais ... "antiques"	Margin, 16753:70v
I	560f	la verticalité ... si, tout de même [16753:70v has simply: avec son bras levé]	Not in 16761:40iv, nor prior
I	561a	Pour se mêler à ... commentaire de l'autre	Not in 16761:40v, nor prior
I	561-64a	≙Souvent Bergotte ... d'en dire davantage(564) [Has: Marcel admitted disappointment; and Bergotte described Norpois as assommant]	Not in 16761:40viii, nor prior
I	564-67a	≙Cependant Gilberte ... sur la Berma (567)	Interline, 16732:131 & inserted pp., 16732:132-33; layer & margin,16735:140-41

I 564a	– par exemple le nez ... plusieurs générations –	Not in 16761:40v, nor prior
I 564b	pour prendre une comparaison ... autre art	Not in 16761:40v, nor prior
I 565a	survivance toute physique de sa mère	Not in 16732:132 nor 16735:140 layer; in 16753:70vii
I 565b	– celui-là du moins –	Not in 16761:40vii, nor prior
I 565-66a	Sans doute on sait ... les explications (566) [But 16732:132-33 have: her frivolity belied, some days for hours, the hopes of an eternal friendship Marcel had formed the day before]	Not in 16761:40vii, nor prior
I 566-67a	Swann était de ... pensait sans doute Swann (567)	Not in 16761:40vii, nor prior
I 567a	mais d'un ton détaché ... de ce qu'il disait	Margin, 16753:70vii
I 567b	"Mon Dieu ... conversation plus intellectuelle	Not in 16761:40viii, nor prior
I 568-69a	⌐J'aurais peut-être dû...⌐paru stupide à Bergotte (569) [16735:142 had: Marcel told Bergotte that he had been disappointed (cp. under I 561-64a), but could not say why; and he believed he had made a bad impression on him]	Layer, margin & interline, 16735:142-43
I 568-69b	qui d'ailleurs n'a rien ... me dire tout cela (569)	Not in 16761:41i, nor prior
I 569a	– Où allons-nous ... par hasard contrariés	Margin, 16753:71i
I 569b	⌐Comme je ne distinguais pas ... profondes et durables	Interline & margin, 16732:135, 16735:143
I 569c	⌐où j'aurais été lié ... de Guermantes et	Interline & margin, 16732:135, 16735:143
I 570a	Or, dans cet idéal ... aucune place	Interline & margin, 16732:135, 16735:143
I 570b	⌐Il ne me persuadait ...⌐crue sans appel	Margin, 16735:144; in handwritten p., 16732:136
I 570-73a	"Êtes-vous bien ... une grande ressemblance (573)	Not in 16761:41iii, nor prior
I 573a	⌐cette faveur que ... énorme et décisive	Not in 16761:41iii, nor prior
I 573b	"Swann t'a ... que cela!" [16761:41iii has: "Mauvaise relation, dit ma mère]	Not in 16761:41iii, nor prior
I 573c	Mon pauvre fils ... de te détraquer	Not in 16761:41iii, nor prior
I 573d	La présentation à Bergotte ... de circonspection"	Margin, 16735:144; in handwritten p., 16732:136
I 573e	Quand mon père... ⌐l'imminente introduction	Margin, 16732:139, 16735:145
I 573f	dans ma si douce vie	Not in 16761:41iv, nor prior
I 574a	un peu honteux [16761:41iv has: désespéré]	Not in 16761:41iv, nor prior
I 574b	à mots couverts	Above-1, 16735:145
I 575a	Ma mère d'ailleurs ... ne pas inviter Gilberte	Margin, 16735:146
I 575b	Ayant quitté mes ... pour aller à table	Not in 16761:41vi, nor prior
I 575-77a	Ce fut vers ... que je vous unis à "Rachel quand du Seigneur"? (577)	Not in 16753:71v; in 16761:41vi-viii
I 576-77a	Et avec une exaltation ... sans qu'elle me vît (577)	Not in 16761:41vii, nor prior
I 577-79a	Comment dites-vous ... la résistance du coeur (579)	Not in 16761:41viii, nor prior

I	579a	pour donner plus d'intérêt ... d'heureuse repartie _[TS had: que pour les rendre plus frappants, je faisais précéder de gestes fictifs, dont ils n'étaient que des réponses]_	Margins, 16732:140, 16735:146
I	579b	où tout se plaçait si bien ... pas encore	Above-1, 16732:141, 16735:147
I	580a	Malheureusement ... vingt-quatre heures de plus	Margin, 16732:141, 16735:147
I	580b	espoir qu'ils le seraient ... plus autant de	Above-1, 16732:141, 16735:147
I	580c	Elle sentit que ... une volonté	Above-1, 16732:141, 16735:147
I	580d	me disais-je	Not in 16761:42ii, nor prior
I	581a	La personne du reste ... c'était Mme Swann	Not in 16761:42ii, nor prior
I	581b	Cela sera même mieux ... right place	Not in 16761:42iii, nor prior
I	581c	Et elle ajoutait ... avec Bergotte	Margin, 16732:142, 16735:148
I	581-92a	Ainsi, pas plus ... avant ma brouille avec sa fille (592)	Not in 16761:42iii, nor prior
I	592a	J'avais donc l'air ... ne penserais qu'à elle	Not in 16761:42iii, nor prior
I	593a	Il faisait penser ... Enfin, au fond de ce jardin d'hiver	Not in 16761:42iv, nor prior
I	593-96a	elle croyait montrer... ⌐elles lui ressemblaient bien peu (596)	Margin & inserted page, 16732:143-44, 16735: 149-50
I 593-94a		Il y avait une autre ... et dissolue des violettes de Parme (594)	Not in 16761:42v, nor prior
I 594-95a		Dès la fin d'octobre ... d'Henry Greville (595)	Margin, 16732:144, 16735:150
I 594a		⌐pour le thé, qu'on ... five o'clock tea	Not in 16761:42v, nor prior
I 594-95b		Elle s'imaginait ... complètement oubliée (595)	Not in 16761:42v, nor prior
I 595-96a		une de ces tristes visites ... une visite" - (596) _[16761:42v-vi has simply: une visite]_	Not in 16761:42v, nor prior
I 596a		et malgré toute ma tristesse	Not in 16761:42vi, nor prior
I	596b	⌐ se faisait caressante ... il n'est pas tard	Above-1, 16732:145, 16735:151
I	596c	qu'est-ce que vous ... à faire?"	Not in 16761:42vi, nor prior
I	596d	avec ma petite jugeotte ... intérieur!"	Not in 16761:42vi, nor prior
I	596e	approuvée par ... la "défensive"	Margin, 16732:145, 16735:151
I 596f		ce qu'elle appelait	Not in 16761:42vii, nor prior
I	596-97a	car elle employait ... Pendant ces apartés (597)	Not in 16761:42vii, nor prior
I	598a	nièce Albertine _[16761:42viì has: fille]_	Not in 16761:42vii, nor prior
I	598b	- Oh! j'aime ... à Mme Cottard	Not in 16761:42vii, nor prior
I	598c	v'lan, elle ne lui ... comme un singe	Not in 16761:42vii, nor prior
I	598d	ajoutait-elle d'une voix ... de son mari	Above-1 & margin, 16732:146, 16735:152
I	598e	au professeur _[16761:42vii has: docteur]_	Not in 16761:42vii, nor prior
I	599a	- Ah! oui ... entre eux ...	Margin, 16732:146, 16735:152

I	599b	Oui, zut pour le ministère!	Above-1, 16732:146, 16735:152
I	599c	sans cela la vie serait bien monotone	Above-1, 16732:146, 16735:152
I	599d	Du reste c'est un retapage	Not in 16761:42viii, nor prior
I	599e	⌒- Eh bien! cela a un chic!	Above-1, 16735:152
I	599f	... Non, changez le premier chiffre	Above-1, 16732:146, 16735:152
I	599g	- Comment, mais ... la femme du docteur	Not in 16761:42viii, nor prior
I	599-603a	Dans l'entre-bâillement ... donner quelques indications (603)	Not in 16761:42viii, nor prior
I	603-4a	Allons, rasseyez-vous ... dîner, répondait Mme Bontemps (604)	Not in 16761:42viii, nor prior
I	604-5a	- Vous allez me trouver ... Hé bien alors (605)	Not in 16761:43i, nor prior
I	605-6a	- Écoutez, disait Mme Cottard ... modéré en toutes choses (606)	Not in 16761:43i, nor prior
I	607a	satanique [TS has: un fou rire]	Corr. 16735:153
I	607b	l'hôtel particulier que vient d'acheter	Above-1, 16732:147, 16735:153
I	607c	Je ne le tiens ... tamisera la lumière	Not in 16761:43i, nor prior
I	607d	n'en fût-il plus au monde	Not in 16761:43i, nor prior
I	607e	platement	Not in 16761:43i, nor prior
I	607f	ne retenez plus ... que je m'arrache	Not in 16761:43ii, nor prior
I	607g	Et moi aussi .. ⌒fallu bifurquer?	Margin, 16732:148, 16735:153-54
I	607h	Et elle finissait ... good bye!"	Not in 16761:43ii, nor prior
I	607i	inconnus	Margin, 16753:72vii
I	607j	et que ma tristesse ... privé d'eux	Not in 16761:43ii, nor prior
I	607-15a	Du moins le but ... sa "petite inspection" (615)	Not in 16761:43ii, nor prior
I	615-16a	Dans la chambre où ... être inutiles) (616)	Not in 16761:43iii, nor prior
I	616a	(aimant cette dernière ... trouver charmantes [However, TS mentions her English accent, and her magots and potiches]	Margin & interline, 16732:148, 16735:154
I	616-17a	Elle avait l'habitude ... je vous assure." (617)	Margin & above-1, 16732:149, 16735:155
I	617a	Elle semblait avoir ... qu'autrefois!	Not in 16761:43iv, nor prior
I	617-18a	Swann avait dans ... cadence botticellienne (618)	Not in 16761:43v, nor prior
I	618-19a	Mais Mme Swann ... qui ne se portaient plus (619)	Margin & interline, 16735:156-57; in handwritten p., 16732:151
I	618a	et étant assuré que ... avec des amies	Not in 16761:43vi, nor prior
I	619a	avant ma brouille avec sa fille	Not in 16761:43vi, nor prior
I	619b	Pour peu qu'elle sût ... une époque?"	Not in 16761:43vi, nor prior
I	620a	Quand Gilberte ... "Choufleury" de Mme Swann [16761:43vii has: Mme Swann left her visites and came to Gilberte's tea]	Not in 16761:43vii, nor prior
I	620b	je la trouvais ... phalanges de ses mains	Layer, 16735:158; in handwritten p., 16732:152

I 621-35a	[Et si je le lui ... certaines promenades avec elle (635)	Not in 16761:43viii, nor prior
I 635a	Gilberte étant allée ... chez des amies	Not in 16761:44i, nor prior
I 636a	[≙et leur noire ou grise ... sa multiple escorte	Interline, 16732:155, 16735:161
I 636b	son regard heureux et ... de sourire encore	Above-1 & margin, 16732:156, 16735:162
I 637a	et pour connaître ... mobile et bleu	Margin, 16732:156, 16735:162
I 637b	et me disait: "Good morning"	Not in 16761:44iv, nor prior
I 638-40a	[Ce qui augmentait ... sa soeur ne pourraient pas fréquenter (640)	Not in 16761:44iv, nor prior
I 640a	hommes de cercle	Not in 16761:44iv, nor prior
I 640b	- Antoine de ... tant d'autres -	Not in 16761:44iv, nor prior
I 641a	[comme la durée moyenne... ≙le plaisir que j'éprouve	Not in 16761:44iv, nor prior

I 642-44a	[J'étais arrivé... ≙s'apercevoir qu'il est
	  guéri (644)
	  [16761:44iv has: <u>Quand nous partîmes cette</u>
	  <u>année-là pour Balbec</u>]
		Not in 16761:44iv,
		nor prior

I 646a	[D'ailleurs, la contemplation ... dormir dans mon lit	Not in 16761:44v, nor prior
I 646b	concevait naturellement ... différente et	Not in 16761:44vi, nor prior
I 646c	aussi <u>&</u> qu'autrefois	Not in 16761:44vi, nor prior
I 646-47a	[Elle se réjouissait ... aura compris.") (647)	Not in 16761:44vi, nor prior
I 647a	[≙où il me donnait chaque fois ... vers le couchant	Margin & layer, 16732: 169, 16735:176
I 647b	[dont on se plaît à ... l'amitié [16761:44vii has: <u>auquel on rêve sans cesser</u>]	Not in 16761:44vii, nor prior
I 648a	Pour la première fois ... prendre ma valise	Margin & interline, 16732:172, 16735:179
I 649a	- Ma fille ... pas un instant	Not in 16761:45ii, nor prior
I 650a	On n'aurait pu ... que du savoir	Not in 16761:45iii, nor prior
I 650b	Et puis ce n'est pas ... tu n'as pas."	Not in 16761:45iii, nor prior
I 651a	[me résolvant soudain ... passer sans protestation	Above-1 & margin, 16732:175, 16735:182
I 651b	≙que j'aurais voulu refaire ... de les revoir	Above-1, 16732:176, 16735:183
I 651-52a	[et tourna les yeux vers ... dans les clairières (652)	Not in 16761:45v, nor prior
I 652a	Alors je lui parlai ... Et à moi pourtant	Margin, 16732:176, 16735:183
I 652-54a	["Allons, repose-toi ... <u>Lettres de Madame</u> <u>de Sévigné</u> (654)	Not in 16761:45vi, nor prior
I 655-56a	≙Je ressentis devant elle ... en vivant auprès d'elle (656) [Proust notes before this on 16732:180: <u>Ici</u> <u>s'ajoute la page 21 bis du gros cahier rouge</u>]	Glued in, 16735:187
I 656a	Mais ici encore ... pour une grande part	Not in 16761:46ii, nor prior

I	656b	⌐ △Je faisais bénéficier ... △et à l' imagination	⌐ Margin, 16732:180, 16735:188
	I 656c	- s'élevant toutes ... niveau inaccoutumé -	⌐ Not in 16761:46ii, nor prior
I	657a	⌐ △me sentir connu ... △premières heures du jour	Above-1 & margin, 16732:180, 16735:188
I	657b	je ne pouvais détacher ... et de rouge	⌐ Not in 16761:46iii, nor prior
I	657c	il faisait grand jour ... de l'aurore	⌐ Not in 16761:46iii, nor prior
I	657-58a	⌐ Que mon exaltation ... de nouveau du dehors (658)	⌐ Layer, 16732:181; margin & interline, 16735:189
	I 657d	même à son insu	⌐ Not in 16761:46iv, nor prior
I	659a	⌐ Et l'église - entrant ... tournait autour d'eux	⌐ Margin, 16732:182, layer, 16735:190
	I 659b	⌐ comme celle d'un mort [16761:46vi has, after autour d'eux: comme il arrive quand on a tourné autour d'un chien mort]	⌐ Not in 16761:46vi, nor prior
I	660a	et Françoise [after attendre ma grand'mère]	⌐ Interline, 16732:183, 16735:191
I	661a	⌐ △car elle avait ... peut-être à Bordeaux [TS had simply: with all the complications, she had misled Françoise, who had taken the wrong train and must be speeding towards Mantes (sic)]	⌐ Above-1 & margin, 16732: 184, 16735:192
I	661b	Au terme, encore ... très vague de contours	Margins, 16735:192-93
I	661c	⌐ (Incarville ... Maineville) [16761:47i has: (Bergeville, Criqueville, Equemanville, Couliville)]	⌐ Not in 16761:47i, nor prior
I	662a	ou s'accommodant ... où l'on vient d'arriver	Above-1, 16735:193
I	662b	en face de l'escalier ... imitait le marbre	⌐ Above-1, 16732:186, 16735:194
I	662c	⌐ sorte de poussah [16732:186, 16735:194 have: homme]	⌐ Corr. margin, 16753: 78iv
I	663a	Oubliant sans doute ... mais à contresens	⌐ Not in 16761:47ii, nor prior
I	663b	⌐ sans se froisser ... une intonation artificielle	⌐ Not in 16761:47ii, nor prior
I	663-64a	⌐ Et en même temps ... ordonné d'y pénétrer (664)	⌐ Not in 16761:47iii, nor prior
I	664a	son image au milieu d'	⌐ Above-1 & margin, 16732:187, 16735:195
I	665a	A chaque étage ... l'horreur de mon néant	⌐ Not in 16761:47iv, nor prior
I	665b	souci de l'étiquette	⌐ Above-1, 16732:189, 16735:197
I	665c	crainte du danger	⌐ Above-1, 16732:189, 16735:197
I	665-66a	⌐ Il n'est peut-être ... quand il le voit derrière lui (666)	⌐ Above-1 & margin, 16735:197
	I 666a	△(en réalité ... originalité roumaine")	⌐ Not in 16761:47v, nor prior
I	667a	Ils donnaient à ... nullement à mon sommeil	⌐ Not in 16761:47vii, nor prior
I	667b	par la présence de ... le long des murs	Above-1, 16735:198
I	668a	Quand j'avais ainsi ... d'un enfant qui tète	Margin, 16735:200
I	668b	Et tout ce qui ... caressé sa bonté	Margin, 16735:201
I	669a	qui faisait tous ses manèges	⌐ Above-1, 16732:193, 16735:202
I	670a	⌐ un jour que j'étais particulièrement souffrant	Margin, 16753:79vi
I	673a	D'autres fois ... mobilité de la lumière	⌐ Margin, 16732:198, 16735:207

I	674–75a	Malheureusement ce n'était pas ... défaut à l'avis de (675)	Not in 16761:48viii, nor prior
I	675a	avec [after les mêmes chambres, et]	Not in 16761:49i, nor prior
I	675b	la grand'ville [16761:49i has: la grande ville]	Not in 16761:49i, nor prior
I	675c	âmes [16761:49i has: habitants]	Not in 16761:49i, nor prior
I	675d	et qui allez retrouver ... du monde parisien?	Not in 16761:49i, nor prior
I	676a	Plusieurs d'ailleurs ... Car -	Above-1, 16732:201, 16735:210
I	676b	à part au milieu ... une corbeille des saisons	Above-1, 16732:201, 16735:210
I	676c	leur ami [after interrogeaient sur son compte]	Above-1, 16732:201, 16735:210
I	676d	- Aimé -	Above-1, 16735:210
I	677a	au fond du "Joli Monsieur!" ... de chagrin ses parents	Margin, 16732:202, 16735:211
I	677–79a	⌒D'autre part... ⌒pour les faire habiller; mais (679)	Handwritten glued-in pp., 16732:204-207, 16735:212-217
	I 678a	le dédain mal informé d'autrui est négligeable	Not in 16761:49vi, nor prior
I	680a	⌒de veiller à ce que ... eussent pris sa table [TS had: he complained about grandmother's opening the window]	Margin, 16732:208
I	680–82a	⌒Et certes dans le sentiment... ⌒séparait du monde (682)	Handwritten inserted pp., 16732:203-4, 209; 16735:212, 216
	I 681a	où, les sources électriques ... une La Rochefoucauld	Not in 16761:50ii, nor prior
I	682a	sa femme et	Not in 16761:50ii, nor prior
I	682–83a	Il avait, d'ailleurs ... s'asseoir sur le sable (683)	Not in 16761:50ii, nor prior
I	683a	D'ailleurs (au contraire ... de bains de mer	Not in 16761:50iii, nor prior
I	684a	ce qu'il y avait ... d'un cru célèbre [TS had simply: all her movements, which obeyed a certain rhythm and no doubt also the traditions of a special education]	Interline & margin, 16732:211, 16735:218
	I 684b	la "race" [16761:50iii has: Cette hérédité et cette éducation]	Not in 16761:50iii, nor prior
I	684–85a	On peut penser ... de Mlle de Stermaria (685)	Not in 16761:50iv, nor prior
I	686a	Elle s'éloigna, et ... sans s'être arrêté	Not in 16761:50v, nor prior
I	687a	n'est-ce pas? Je les ai bien reconnus	Interline, 16732:213, 16735:220
I	687b	comme l'humble violette	Not in 16761:50vi, nor prior
I	687c	Ils ne vous auraient pas mangés	Above-1, 16732:216, 16735:221
I	688a	Aimé [twice]	Above-1, 16735:221; in 16754:82i
I	688b	ce n'est pas pour moi	Above-1, 16732:216, 16735:221
I	688c	qui comme beaucoup ... à jamais la méfiance	Not in 16761:50vii, nor prior
I	689a	fût-ce un comédien ... un jour son mari	Above-1 & margin, 16732:218, 16735:223
I	689b	Obligée à une attitude ... le sexe et l'âge	Margin, 16732:218, 16735:223

I	689c	nous lier davantage	Above-l, 16732:218, 16735:223
I	689d	sans ses parents	Above-l, 16732:218, 16735:223
I	689e	romanesque	Above-l, 16732:218, 16735:223
I	689f	Ensemble nous ... de ses yeux	Margin, 16753:82iv
I	690a	Quant au bâtonnier ... comprenait la plaisanterie	Layer & margin, 16735: 224-225· above-l & margin, 16732:219
I	691-94a	Si intimidants ... mais par ma grand'mère (694)	Not in 16761:51ii, nor prior
I	694a	entrecoupent leurs propos ... suivi le dialogue	Not in 16761:51iii, nor prior
I	694b	(car Mme de Villeparisis ... mourir de faim")	Not in 16761:51iii, nor prior
I	694c	Tout au plus ... des serviettes défaites	Margin, 16753:82vi
I	694-96a	Pour ma part, afin de... ⌐aussi continuellement aimable	Not in 16761:51iii, nor prior
I	696a	Et quand nous la voyions... ⌐au bord de la mer." [But 16732:221 has a note to the effect that this is to be inserted]	Not in 16732:221; in 16754:82vi-vii
I	696b	- Mais il me semble ... cette côte! Ah!	Margin, 16753:82vi
I	696-97a	elle qui répétait ... venir de Paris (697)	Not in 16761:51iii, nor prior
I	697-98a	Quand Mme de Villeparisis ... chaque trait (698)	Not in 16761:51iv, nor prior
I	698a	- Il faudra que ... de l'imagination	Margin, 16732:221
I	698b	des prunes glauques ... d'un outremer céleste?	Margin, 16753:82viii
I	698c	quoique les prunes ... de nuages roses	Margin, 16753:82viii
I	698d	autant que je pouvais pour atteindre	Above-l, 16732:221, 16735:225
I	699a	qui nous annonçait ... oeufs à la crème	Above-l, 16735:226
I	699b	Elle sortait tous les matins ... déserte et brûlante	Not in 16761:51v, nor prior
I	699-700a	et, de temps en temps ... sa bienveillance (700) [However, 16761:51vi does compare Marcel and his grandmother to Jardin d'Acclimatation animals in the princesse's eyes; and the approximate substance of most of this and the first part of I 700 is in the proofs]	Not in 16761:51vi, nor prior
I	700a	⌐du genre de ceux ... aux canards	Not in 16761:51vi, nor prior
I	700b	et me dit: "C'est pour ... et les animaux	Not in 16761:51vi, nor prior
I	700c	et elle fit payer ... l'émerveillement de la plage	Not in 16761:51vi, nor prior
I	700d	Par un merveilleux progrès ... un "baby"	Not in 16761:51vi, nor prior
I	700-701a	C'était ma première ... de l'amabilité (701)	Not in 16761:51vi, nor prior
I	701-2a	Ma grand'mère prit congé ... aux déguisés (702)	Glued-in layer, 16735:229
I	702a	et comme n'en ont que ces demoiselles	Above-l, 16732:225, 16735:230
I	702b	- Ouil you ... patatras! [TS had: Aï, aï, aï!]	Above-l, 16732:225, 16735:230
I	703-4a	C'est agréable d'avoir ... en grande partie invisibles (704)	Not in 16761:52i, nor prior
I	704a	pour un accès ... que j'avais eu	Not in 16761:52i, nor prior
I	704b	tint compte du conseil ... d'hygiène et	Not in 16761:52i, nor prior

I 705-6a	⌐≃ Si c'était dimanche ... c'est autrement └ intéressant (706)	Margin, 16735:235
I 706a	j'aurais bien changé avec vous	] Not in 16761:52vi,] nor prior
I 706-7a	⌐ A côté des voitures ... son immobilité └ végétale (707)	] Not in 16761:52vi,] nor prior
I 707a	qu'un jour je devais	] Not in 16761:52vii,] nor prior
I 708a	≃ une fois l'une ... et surtout	] Not in 16761:53i,] nor prior
I 708b	⌐≃ avec ce petit geste... ≃ les choses dont └ elle parlait	Margin & interline, 16732:233, 16735:238
I 708c	⌐ tous les artistes connus ... l'album └ familial	] Not in 16761:53i,] nor prior
I 708-9a	⌐≃ par grâce, bonne éducation... ≃ désir de │ les voir (709) │ [Some in direct speech here, Mme de └ Villeparisis's words]	Above-l, 16732:234, 16735:239
I 709a	- pas jusqu'au... de Mme de Villeparisis -	] Not in 16761:53iv,] nor prior
I 710a	⌐ nous n'étions pas loin...ma grand'mère et │ moi │ [16761:53v has: je n'étais pas loin]	] Not in 16761:53iv,] nor prior
I 710b	Nous la croyions ... de Louis-Philippe	] Not in 16761:53iv,] nor prior
I 710c	niaises [after aussi bien que dans leurs]	] Not in 16761:53v,] nor prior
I 710d	Salvandy	] Not in 16761:53v,] nor prior
I 710e	⌐ - C'est comme ... homme de bonne compagnie │ [However, 16732:238, 16735:243 mention │ Stendhal's vulgarity; and 16732:252, 16735: └ 252 mention Balzac's praises]	] Not in 16761:53v,] nor prior
I 711a	Parfois, comme ... fleurs apprivoisées	] Handwritten,probably addn,] 16732:238, 16735:243
I 711b	maintenant que j'étais ... pas seul	Below-l, 16732:239, 16735:244
I 711c	⌐ un enfant né ... dans un hôpital └ [TS had: like a prisoner or a patient]	Corr.16732:239,] 16735:244
I 712a	Car un désir ... imaginer l'assouvissant	Margin, 16732:239, 16735:244
I 712b	⌐ et, comme elle ne possédait ... m'avait └ déjà oublié	Margin, 16732:239, 16735:244
I 712-13a	⌐ Peut-être. D'abord ... surexcitée par └ le regret (713)	] Not in 16761:53viii,] nor prior
I 713a	(Et alors ... sur l'inconnu.)	] Not in 16761:53viii,] nor prior
I 713-14a	⌐ quelques années après ... me dire bonjour!" └ (714)	] Not in 16761:53viii,] nor prior
I 714a	⌐ Et j'ajoutais la belle fille... ≃ cette └ sagesse incomplète, car	] Not in 16761:53viii- 54i, nor prior
I 715-17a	⌐≃ Le jour que ... la possession physique + │ Pl. n.2, 717 │ └	Glued-in pages, 16732: 243-247, 16735:246-247;] margin, 16735:248
I 715a	⌐ et qui sous sa patine ... tout entier └ ancien	Not in 16732:243; in] 16735:246
I 715-16a	⌐ Moins bien vêtue ... ce qu'elles lui └ disaient -	Not in 16732:244; in] 16735:246
I 716a	avait devant elle ... de pêcher	] Not in 16732:244; in] 16735:246
I 716b	⌐ mais un regard dédaigneux ... qui └ l'entourait	Not in 16732:244; in] 16735:246
I 718a	Il me semblait même ... enfin une vraie vie	] Not in 16761:54vi,] nor prior
I 719a	⌐ Elle m'entraînait loin ... ressemblait à └ ma vie	] Not in 16761:54vii,] nor prior

I 719-20a	même [last word of 719] ... des demeures aristocratiques (720) [But 16732:254 has, in margin: sur les routes comme sans doute dans les musées]	Not in 16761:55ii, nor prior
I 721a	"génial", comme vous dites?	Not in 16761:54viii, nor prior
I 721b	vous me citez ... pour y être réfractaire	Above-1, 16735:252
I 722a	Il fallait entendre ... que M. de Chateaubriand	Not in 16761:54viii-55i, nor prior
I 722b	ce monsieur qui a ... pour le lecteur!	Interline & margin, 16735:253
I 722c	C'est comme Musset ... et d'impertinence	Not in 16761:55i, nor prior
I 723a	Et quand la voiture .. ≙ sommes actuellement	Margin, 16735:256
I 723b	Seul "le chasseur" ... contre le froid	Not in 16761:55v, nor prior
I 723c	Nous descendions de ... d'y jouer un rôle	Above-1 & margin, 16735:256
I 723d	≙ qui avait fini par ... m'offraient l'image	Not in 16761:55v, nor prior
I 723-24a	en filant les sons (724)	Above-1, 16735:256
I 724a	et les effusions verbales	Above-1 & margin, 16732:256, 16735:257
I 724b	Et par là - tout ... la vie de bains de mer	Not in 16761:55vi, nor prior
I 724c	et à cause de ... paraissait souffrir [16761:55vi has simply: he took them, murmuring he was not a servant]	Not in 16761:55vi, nor prior
I 725a	si souples que l'ébéniste ... nouent un bouquet	Margin, 16735:257
I 725b	qui viennent d'un autre temps et	Below-1, 16735:258
I 725c	Et par le fait ... est presque la même	Margin, 16735:258
I 727a	maladif [after par mon penchant]	Above-1, 16735:260
I 727b	un Verlaine, un Rimbaud	Not in 16761:56i, nor prior
I 727-28a	J'espère, au contraire ... leur future réunion (728) [Perhaps not late, since space is left in TS]	Handwritten, possibly addn, 16732:261, 16735:262
I 727c	en détournant les yeux	Not in 16761:56iii, nor prior
I 728a	mince, le cou dégagé ... fièrement portée	Not in 16761:56iv, nor prior
I 728b	aux yeux pénétrants	Not in 16761:56iv, nor prior
I 729a	Chacun le regarda ... passionnément les femmes	Not in 16761:56iv, nor prior
I 729b	Je fus ravi ... toute son affection	Not in 16761:56iv, nor prior
I 729c	pelouse de polo, de golf ... pont de yacht	Margin, 16732:262, 16735:263
I 730a	Mon intelligence aurait pu ... appris quelque chose	Not in 16761:56v, nor prior
I 731a	Ces manières glacées ... Gros-Jean comme devant	Not in 16761:56vi, nor prior
I 731-32a	Je crus qu'il ... le salut de la veille (732)	Not in 16761:56vi, nor prior
I 732a	≙ Les premiers rites ... celui que je soupçonnais [16761:56vii had: Mais ces formalités remplies [...]]	Margin, 16761:56vii
I 732b	Nietzsche et	Not in 16761:56vii, nor prior
I 732-33a	C'était un de ces ... m'ennuyait un peu (733)	Margin, 16761:56vii
I 732c	"intellectuels" [16761:56vii has: jeunes gens]	Not in 16761:56vii, nor prior
I 733-34a	Je peux dire que ... ne le fusse pas davantage (734)	Not in 16761:56vii, nor prior

I	734a	Ne jugeant chaque chose ... m'y intéresser	Margin, 16761:56vii
	I 734b	- moi à qui ... tellement inférieur -	Not in 16761:56vii, nor prior
I	734c	sans "sentir l'argent"	Margin, 16735:266
I	735a	au moins à l'époque où je me liai avec lui	Not in 16761:56viii, nor prior
I	736a	⌐≏Une fois que ... ne s'en est pas emparé [TS had: if he seemed to admire what I had said, or was pleased with a particular conversation, I persuaded myself I ought to be happy, but felt no pleasure]	Margin & above-l, 16732:267, 16735:268
I	737a	dont j'aurais compris l'harmonie	Above-l, 16735:269
I	738a	Un jour que ... mon camarade Bloch	Not in 16761:57iv, nor prior
I	738b	au Concours général ... d'honneur, puis	Not in 16761:57iv, nor prior
I	738-40a	Personnellement, je ... s'y prononce toujours aî (740)	Not in 16761:57iv, nor prior
I	740a	apprenant un jour ... n'était pas lord	Not in 16761:57iv, nor prior
I	740b	Ce que Bloch prouva ... quelquefois le suicide	Interline & margin, 16732:270, 16735:270
I	740-48a	Puis Bloch me dit ... ≏remettre le dîner parce que (748)	Not in 16761:57v, nor prior
I	748a	en couchant la nuit dans les fermes	Margin, 16735:278
I	748-49a	Et Saint-Loup, n'osant ... à sa maîtresse (749)	Not in 16761:58viii, nor prior
I	749a	documentaires et pittoresques ... ou un coutumier	Above-l & margin, 16732:277, 16735:278
I	749b	des gens du monde ... essuyé un refus [TS had: his brother thought he ought to warn guests]	Above-l & margin, 16732:278, 16735:279
I	750a	Saint-Loup me parla ... "les trois Grâces" [Space is left in TS, however]	Margin, 16735:280
I	750b	par un froid de dix degrés ... de zéro	Not in 16761:59ii, nor prior
I	750c	C'est même le côté ... de l'orgueil plébéien	Not in 16761:59ii, nor prior
I	750-51a	"Il paraît qu'on ... pleurée pendant des années (751)	Margins, 16735:281-82 (noted in margin, 16732:279)
I	751a	Quand il est à Paris ... presque chaque jour."	Not in 16761:59iii, nor prior
I	751b	≏Par moments, ils ... ou des espions	Above-l & margin, 16732:280, 16735:281
I	752a	rassurante pour mon veston ... humilié par	Margin, 16732:281, 16735:282
I	753a	ses yeux, émoussé, comme ... qu'ont certains sots	Margin, 16732:282, 16735:283
I	753b	et sans doute c'est ... il y avait autre chose:	Margin, 16732:282, 16735:283
I	753c	pour une raison quelconque	Above-l, 16732:282, 16735:283
I	754a	≏qui est on ne peut plus ... chefs des bandes	Margin, 16732:283, 16735:284
	I 754b	qui devint ensuite Passavant	Not in 16761:59vii, nor prior
I	754c	Ainsi s'apparentait ... d'Ovide	Not in 16761:59vii, nor prior
I	755a	Entre nous, je trouve ... un peu falotes	Not in 16761:59viii, nor prior
I	755b	C'est beau comme ... l'échelle des grandeurs	Not in 16761:59viii, nor prior
I	755c	tout cela [after mon oncle a sur. 16761:59viii has: sur la noblesse]	Not in 16761:59viii, nor prior

I	755d	⌒ Il n'y a pas selon lui ... barons de France	Margin, 16732:284, 16735:284 bis
I	755e	alors qu'ils l'étaient ... avec un sourire	Not in 16761:59viii, nor prior
I	755f	de plus périmé ... trop courte [But in 16732:270, 16735:271, he said that life was too short to talk about genealogies]	Not in 16761:59viii, nor prior
I	756a	sinon légitimes [TS had: qu'elle jugeait après tout légitimes]	Corr. margin, 16732: 285, 16735:285
I	757a	⌒ Peut-être aussi ... l'indulgence, la criminalité	Margin, 16732:286, 16735:286
I	757b	Il n'en était pas ... mondain qu'artistique	Not in 16761:60iii, nor prior
I	758a	par conséquent des connaissances ... de notre érudition	Margin, 16732:287, 16735:287
I	758b	à son culte [16761:60iii has: à son admiration]	Not in 16761:60iii, nor prior
I	758c	Devant le Grand-Hôtel ... rejoignit la marquise	Not in 16761:60iv, nor prior
I	758-59a	Quoique ce fût ... lui faire que du bien (759)	Margin, 16735:287
I	759a	⌒ J'avais pensé ... du matin. Mais [16761:60iv has: Marcel thought Mme de Villeparisis was trying to compensate for Charlus's rudeness]	Not in 16761:60iv, nor prior
I	759b	assez malveillante pour un de ses parents	Not in 16761:60iv, nor prior
I	759-60a	Cependant j'étais ... difficile à déchiffrer (760)	Not in 16761:60v, nor prior
I	761a	Sans doute, s'il ... mes illusions	Margin, 16735:288; in handwritten p., 16732:288
I	761b	en danger [after d'un homme puissant]	Not in 16761:60vi, nor prior
I	761c	"gigolos"	Not in 16761:60vi, nor prior
I	762a	cita par hasard le nom [TS had: parla]	Corr. 16735:289; in handwritten p.,16732:289
I	762-63a	C'est si beau ce qu'elle dit ... affinent les hommes (763)	Not in 16761:60vii, nor prior
I	763a	ajouta M. de Charlus d'une voix mélancolique	Above-1, 16735:290; in handwritten p., 16732:290
I	763b	reprit-il d'un ton ... et presque tranchant	Above-1, 16735:290; in handwritten p., 16732:290
I	763c	- Tu aimes beaucoup ... "énorme" le consolait	Not in 16761:60viii, nor prior
I	764a	imprévue [after prenait une douceur]	Below-1, 16735:291; in handwritten p., 16732: 291
I	764b	dans sa voix [TS had: dans son coeur]	Corr. above-1, 16735:291; in handwritten p., 16732:291
I	764c	"Israël, du moins ... Cela ne fait rien!	Not in 16761:61ii, nor prior
I	764d	⌒ Naturellement je ne veux rien ... qui n' existent plus	Margin, 16735:292; in handwritten p., 16732:292
I	766a	Il marchait de long ... en quels termes le faire	Margin, 16735:294; in handwritten p., 16732:294
I	766b	- J'ai un autre ... M. de Charlus marchait	Not in 16761:61iv, nor prior
I	766c	après quelques instants ... sur lui-même et	Not in 16761:61iv, nor prior

I	767a	en s'éloignant d'un pas	Above-1, 16735:294; in handwritten p.,16732:294
I	767b	aviez pris cette précaution ... un instant *[TS had: l'aviez fait en ce moment]*	Corr. above-1, 16735: 294; in handwritten p., 16732:294
I	767c	à tort et à travers *[TS had: tout seul]*	Corr. above-1, 16735: 294; in handwritten p., 16732:294
I	767d	Je vous ai prêté ... à cette heure-ci	Not in 16761:61iv, nor prior
I	767e	de maroquin ... en demi-relief *[16761:61v-vi has: sur laquelle mes initiales étaient entourées d'une branche de myosotis [...]]*	Not in 16761:61iv, nor prior
I	767f	non par Aimé qui ... par le liftier	Not in 16761:61v, nor prior
I	767-79a	Une fois M. de Charlus ... étaient au contraire absolu (779) *[However, in rough on verso of 16732:277 is, very approximately: A propos, demanda-t-il ... la plus haute lignée (I 777)]*	Not in 16761:61v, nor prior
I	779-80a	Françoise ne se trompait pas...≏entre les classes (780) *[16761:57v has simply: Personne moins que lui n'avait le préjugé des classes]*	Not in 16761:57v, nor prior
I	780a	≏d'avoir traité un peu durement *[16761:57v has: Un jour qu'il s'était emporté contre son cocher [...]]*	Not in 16761:57v, nor prior
I	780b	avec une femme "de théâtre" *[16732:270 & 16735:271 have, above-1: avec une actrice]*	Not in 16761:57vi, nor prior
I	780c	et notamment d'avoir ... le trouvait "aigri"	Margin, 16732:271, 16735:272
	I 780d	Aussi, bien des hommes ... que nous aimons."	Not in 16761:57vi, nor prior
I	781a	(les électriciens ... Chevalerie véritable)	Not in 16761:57vii, nor prior
I	781b	La maîtresse de Saint-Loup ... bons avec les bêtes	Margin, 16753:89iii
I	781c	ou soi-disant telle	Not in 16761:57viii, nor prior
I	781d	- qu'elle fût ... j'ignorais - *[16753:89iii had: - une cocotte y eût suffi -]*	Margin, 16753:89iii
I	782a	savait le forcer *[16761:57viii has: apprenait]*	Not in 16761:57viii, nor prior
I	782b	et dont il ne ... dans ses lettres	Not in 16761:57viii, nor prior
I	782c	et le torturait	Not in 16761:58i, nor prior
I	783a	de naissance	Above-1, 16735:274
I	783-84a	laquelle me paraissait ... - ou son malheur (784)	Margins, 16753:89iv-v
	I 783b	Je ne songeais pas ... de gagner de l'argent	Not in 16761:58i, nor prior
I	785a	avaient changé l'antipathie ... gens du monde en *[TS had simply: they excited his horror]*	Corr. above-1 & margin, 16732:275, 16735:276
I	785b	Il passait la plus ... mes torts"	Margin, 16753:89vii
I	785c	le chagrin qu'il ... avait mal agi	Not in 16753:89viii, nor prior; in 16761:58iv
I	785d	Mais elle lui faisait ... dénuées de sens	Not in 16761:58iv, nor prior
I	785e	(Les dépêches ... plus de chemin.)	Not in 16761:58iv, nor prior

I	786a	le dîner chez les Bloch [16761:61v has: le départ de M. de Fleurus - i.e. Charlus]	Not in 16761:61v, nor prior
I	786b	qui m'étonnait tellement de sa part	Interline, 16735:295; in handwritten p., 16732:295
I	786c	sa vieille Françoise [TS had: je]	Above-1, 16735:296; in handwritten p., 16732:296
I	786d	ironiques et blessantes [16761:61vi has: désagréables]	Not in 16761:61vi, nor prior
I	787a	Et quand, ayant passé ... dans les larmes	Margin, 16735:297
I	787b	si & de sa part	Not in 16761:61vi, nor prior
I	787c	le coeur palpitant ... qui restait muet	Not in 16761:61vi, nor prior
I	787-98a	Ce jour-là ... vers laquelle il navigue (798)	Not in 16761:61vi, nor prior
I	798-99a	sieste que le médecin ... devant le bureau (799)	Not in 16761:61vii, nor prior
I	799a	j'adressai un sourire ... hideuse et sommaire	Not in 16754:92viii; in 16761:61vii
I	799b	"Il y a plus ... il y a un mois [16761:61vii has: Cela commence à devenir vide]	Not in 16761:61vii, nor prior
I	799-800a	et qu'il eût quelques jours ... ne parlais plus au lift (800)	Not in 16761:61vii, nor prior
I	800-802a	Je me demandais si ... listes d'étrangers (802)	Not in 16761:61viii, nor prior
I	803a	≙ le ciel violet, semblant ... du maître-autel	Margin, 16732:299, 16735:299
I	804a	j'oubliai que sous ... plus frivole encore	Not in 16761:62iii, nor prior
I	805a	d'aussi délicats, d'aussi étonnants que [TS had: de plus jolis que]	Corr. above-1, 16732: 302, 16735:302
I	806a	≙ et je trouvais du charme	Above-1, 16732:303, 16735:303
I	806b	c'est avec joie que ... entier et dispos à	Above-1 & margin, 16732:303, 16735:303
I	806c	≙ entre les espèces ... tous les pays	Interline & margin, 16732:303, 16735:303
I	806-8a	Et tout à la fin ... dîner à Rivebelle (808) [However, comments on Saint-Loup's fidelity and the reasons for it are in 16732:276, 16735:277]	Not in 16761:62v, nor prior
I	809a	pour ne pas être fatigué le lendemain	Above-1, 16732:305, 16735:305
I	809b	- à cause de l'excitation ... vers la sagesse -	Not in 16761:62vii, nor prior
I	809c	comme s'il ne devait ... de lendemain	Margin, 16732:305, 16735:305
I	809d	≙ Vous feriez peut-être mieux de le garder [tu here]	Above-1, 16732:305, 16735:305
I	809e	A partir de ... allaient nous servir	Not in 16761:62viii, nor prior
I	809f	à plus forte raison de champagne	Not in 16761:62viii, nor prior
I	810a	en y ajoutant ... de porto	Not in 16761:62viii, nor prior
I	810-11a	Quelques-uns des garçons ... remplissait d'orgueil (811)	Not in 16761:62viii, nor prior
I	811a	J'avais déjà bu ... verres précédents	Not in 16761:62viii, nor prior
I	811-12a	Si, pareil à ... de langueur et de vivacité (812)	Margin, 16732:306, 16735:306
I	812a	je leur trouvais bien, à ... remplit tout entier	Interline, 16735:306

I	812-14a	Le restaurant n'était pas ... mis à chanter (814)	Not in 16761:63ii, nor prior
I	814a	- en faisant machine ... un engrenage -	Above-1, 16732:307, 16735:307
I	815a	C'est que, pas plus que ... hasard d'un accident	Not in 16761:63ii, nor prior
I	815b	mes livres à composer [TS had: mon oeuvre à réaliser]	Corr. 16735:308
I	816-17a	Je dois du reste ... à défaut de moi, par Saint-Loup (817)	Not in 16761:63iii, nor prior
I	817-18a	Et l'une chuchotait: ... parler de moi." (818)	Interline & margin, 16732:308, 16735:308
	I 817a	sa grue [16761:63iii has: son actrice]	Not in 16761:63iii, nor prior
	I 818a	Il faut qu'il ... une fameuse truffe	Not in 16761:63iv, nor prior
	I 818b	des moustaches à l'américaine [16761:63iv has: des faux sourcils]	Not in 16761:63iv, nor prior
I	818-25a	Quant à Robert ... tant d'autres, si aisément (825)	Not in 16761:63v, nor prior
I	825a	Je n'avais pas revu ... souvent entendu parler	Not in 16761:63v, nor prior
I	825b	⌒ Déjà, deux ou trois ... dis-je à Saint-Loup [But in pencil in margin of 16754:94vi is v.C, and a cross (the C of Jean Santeuil, perhaps?)]	Not in 16753:94vi [p.90 of 16753], nor prior; in 16761:63v
	I 825c	à la barbe grisonnante	Not in 16761:63v, nor prior
	I 825d	obscur [after qui était ce dîneur]	Not in 16761:63v, nor prior
	I 825e	comme celle d'un membre ... une lecture	Not in 16761:63v, nor prior
I	825f	Aussitôt passa ... bains de mer. Mais	Not in 16761:63v, nor prior
I	825-26a	⌒ attardés à un âge ... pas une fortune (826)	Not in 16753:94vi [p.90], nor prior; in 16761:63v-vi
I	826a	et qu'il le fut ... d'années plus tard	Not in 16761:63v, nor prior
I	826-28a	Nous le vîmes lire ... que nous l'avons connue (828)	Not in 16753:94vi [p.90], nor prior; in 16761:63vii-viii
	I 827a	Nous ne pensions pas .. ⌒ jamais rien vu d' Elstir	Not in 16761:63vii, nor prior
	I 827b	C'était tout au plus ... l'homme adulte	Not in 16761:63vii, nor prior
	I 827c	J'étais transporté ... ne le connaissait pas	Not in 16761:63vii, nor prior
	I 827d	invitation qu'il ... que j'aimais les arts	Not in 16761:63vii, nor prior
	I 828a	Peut-être alors ... d'un héros	Not in 16761:63vii, nor prior
I	828-40a	Elstir ne resta pas ... les lacets intermédiaires (840)	Not in 16761:63viii, nor prior
I	840-42a	⌒ L'effort qu'Elstir ... "église presque persane" (842)	Not in 16753:94vi [p.90], nor prior; in 16761:63viii-64i,ii
I	842-54a	Les joies intellectuelles ... de cette plage (854)	Not in 16761:64ii, nor prior
I	854-55a	⌒ "Depuis que j'ai vu... ⌒ quelle douceur." (855)	Not in 16753:94vi [p.90], nor prior; in 16761:64vii-viii
	I 854a	et du reste extrêmement ... sont désolés	Not in 16761:64vii, nor prior
I	855-66a	Le soir tombait ... du départ de Saint-Loup (866) [16761:64viii-65i has: Elstir gave Marcel two "Variations en opale" he had just finished. Cp. I 860, §2]	Not in 16761:64viii-65i, nor prior

I	866a	penché à la ... rejoindre sa garnison [16761:65ii has: du wagon]	Not in 16761:65ii, nor prior
I	866-68a	Celle-ci était ... m'a invité." (868)	Not in 16761:65ii, nor prior
I	868a	de Marsantes	Not in 16761:65ii, nor prior
I	868b	grossière [after de cette vie]	Above-1, 16732:311, 16735:311
I	868c	où hélas, je me sens ... charme d'intellectualité	Not in 16761:65ii, nor prior
I	868d	qui m'a fait ... auprès de moi [16761:65ii has: que j'ai vue à mon passage à Paris]	Not in 16761:65ii, nor prior
I	869a	Au fond cette lettre ... ne devait pas être définitive	Not in 16761:65iii, nor prior
I	869-951a	Je restais maintenant ... Il est vrai que depuis longtemps (951) [16761:65iii has: Mais nous restâmes peu de temps à Briquebec [i.e. Balbec] après le départ de Montargis [i.e. Saint-Loup] dans l'hôtel qui n'allait pas tarder [...] etc. See I 951. Note: 16753:94vii-viii & 95i have in margin, after entamaient la conversation (952): (ce qui me donnait le plaisir de rester longtemps à table, au moment admirable et quotidien où sur la table desservie les couteaux traînent au milieu des serviettes défaites) - see I 869]	Not in 16761:65iii, nor prior
I	951a	Ce n'était pas l'avis ... passé à Combray	Not in 16761:65iii, nor prior
I	952a	entamaient la conversation	Above-1, 16732:312, 16735:312
I	952b	nous enseignaient un jeu	Above-1, 16732:312, 16735:312
I	952c	à combiner ensemble [16732:312 has above-1: s'ingéniaient à trouver]	Above-1, 16735:312
I	952d	Je fis même la connaissance ... dîner avec nous?	Margin, 16735:312
I	952-53a	≏Ce n'était pas l'avis .. ≏vivre définitive- ment (953)	Margin, 16732:312, 16735:312
I	953a	à laquelle j'avais... ≏promiscuité avec les flots	Interline, 16732:312, 16735:312
I	953b	Il avait fallu ... Albertine et ses amies	Not in 16761:65≏v, nor prior
I	953c	Le directeur donnait ... fussent obéis	Not in 16761:52i, nor prior
I	953d	≏malgré les couvertures ... qu'elle y ajustait	Margin, 16735:230
I	954a	Je savais que ... du concert." [However, 16761:52ii does have: Parfois c'était l'heure de la pleine mer. J' entendais du haut de mon belvédère le bruit du flot qui déferlait doucement, ponctué par les appels des enfants qui jouaient, des marchands de journaux, des baigneurs comme par des cris d'oiseaux de mer; and mentions concert]	Not in 16761:52ii, nor prior

Le Côté de Guermantes

Le Côté de Guermantes

Notes and Descriptions

(1) n.a.fr. 16736.

The typescript for the first part of Le Côté de Guermantes, ending at 'qui partit au grand trot', II 296. The BN does not have a complete MS for this part.

16736:21 starts with a different typewriter, from 'La vie que je supposais', II 30; the document being typed from here on may well be a copy, since there is now very little crossing-out in the TS.

The actual typing ends on II 283; Proust wrote in by hand the sequence going from roughly '- Je ne peux pas partir', II 283, to and including 'partit au grand trot', II 296 (see II 283-84a; II 284-96a).

Although this TS, like n.a.fr. 16732 and 16735, is pre-1914, I give additions in it for interest, again usually with less detail than for later documents.

(2) n.a.fr. 16760.

The 1914 Grasset galleys for the section given by the typescript, 16736. (16761, as has been explained, is a continuation of these galleys, covering A l'ombre.) The galleys run from 1i to 28iii, and are dated from 6.6.14 to 11.6.14; they are much corrected.

(3) n.a.fr. 16705-16707.

The manuscript for Le Côté de Guermantes from II 345 on. 16705 opens with the note reproduced (with some inaccuracies) by M. Bardèche (see Marcel Proust romancier (2 vols.,

Paris, 1971), vol. II, pp. 72n.4,
373-74).

After II 552, 'des rendez-vous
jusqu'à maintenant', Proust writes
at the bottom of 16707:46: 'Suivre
à environ 17 pages plus loin'; then,
in the margin of 16707:47:

> Tout ceci maintenant est la suite
> de 17 pages moins loin, j'ai
> laissé 17 pages de blanc bien qu'il
> ne doive y avoir aucun intervalle,
> mais parce qu'ayant écrit d'avance
> qui (sic) vient, j'avais mal
> calculé la place qu'il me faudrait.

That is to say, the Charlus interview
scene was written separately.

The sequence from 'sommes du même
sang', II 589, up to and including
'le printemps prochain en Italie',
II 593, is on paper with a double
red margin. In the documents I
studied, this paper is to be found
elsewhere only in n.a.fr. 16703,
some MS fragments of Du Côté de chez
Swann anterior to the typescripts
16730-16732 and 16733-16735, and at
a few points in the MSS of La
Fugitive and Le Temps retrouvé (see
Notes and Descriptions for these).
These passages are doubtless, then,
of a comparatively early date.

(4) n.a.fr. 16762, 16763. The first Gallimard galleys. They
are not generally dated, but a label
attached to the first galley of
16762 reads: 'Prière de retourner
ces épreuves corrigées et signées à
M. Gallimard', and then in ink: 'Le
8 décembre. M. Marcel Proust.' And
dates do appear at the top of five
galleys in 16763, starting with
'19 août 1919' (16763:28) and
ending with 'Le 29 Septembre (sic)'
(no year given: 16763:45).

There are two versions of galleys

25, 26, 27, 28, 29 and 30;[1] the
second ones, at the end of the
volume and composed from the
corrected first ones, are clearly
part of the second Gallimard galleys.
I distinguish this version by
'(2nd)' after the relevant figures.

On 16762:23vii starts the first
post-1914 version of the grandmother's death that the BN had during
the period I was doing my research.[2]
I have noted the additions, but this
copy is, obviously, a little late for
thorough comparisons between basic
composition and subsequent
elaborations.

(5) n.a.fr. 16765.   The third Gallimard galleys; they
                             start at II 313, 'Nous
                             retraversâmes'.

(6) Names.   In 16736, and occasionally in 16760:

                             Saint-Loup often appears as Montargis,
                             with Charles as a first name; Jupien
                             as Borniche; Charlus as Fleurus;
                             Balbec as Cricquebec; Norpois as
                             Montfort; Aimé as Clodion; Gilbert,
                             prince de Guermantes, as Gombard or
                             Astolphe; Mme de Marsantes as the
                             Vicomtesse de Saint-Loup, with Marie-
                             Louise as a first name; the prince
                             von Faffenheim-Munsterburg-Weinigen
                             as the prince Tchiguine; Lady Israëls
                             as Lady Jacob; and Doncières is not
                             named.

---

1 (And of 36, but this is simply a copy of the original
   galley 36.)

2 Since then, three corrected typescript copies of it have
   been bound and are available as n.a.fr. 16737.

In 16705-16707, and occasionally
later:

Mlle de Stermaria appears as Mlle
de Kermaria; Gisèle as Fernande; M.
de Souvré as M. de Beautreillis or
Florenville; Gilbert, prince de
Guermantes, as Bruno or Hubert; and
the prince von Faffenheim-
Munsterburg-Weinigen is not yet
nicknamed the prince Von.

Le Côté de Guermantes

Table of Additions

II	9-10a	Le pépiement matinal ... l'hôtel de Guermantes (10)	Not in 16736:1, nor 16760:1i; in 16762: 1vii-viii
II	9a	et en déclarant supérieure ... avait été la nôtre [However, her belief in the superiority of the house is in 16762:1vii]	Above-1: layer, 16762:1i
II	9-10b	et un rhume de cerveau ... ≏ voyageraient beaucoup. Aussi (10)	Margin, 16762:1viii, and layer, 16762:1i
II	10a	Avec la sensibilité ... à "digérer"	Layer, 16762:1i
II	10b	qu'elle avait cru ... notre ancien boulevard	Layer, 16762:1i
II	10c	que pour s'y rendre ... toute "déroutée"	Margin, 16762:1viii
II	10d	que jamais elle n'avait ... notre nouvelle maison [16762:1viii has simply: <u>elle déclara que la demeure quittée était affreuse et qu'elle ne voudrait pour rien au monde bouger de celle-ci où j'avais la fièvre mais qu'elle aimait déjà</u>]	Layer, 16762:1i
II	10e	- et nous étions ... air plus pur - [16736:7 has: they moved because grandmother gave in to Mme de Villeparisis's advice]	Later addn: layer, 16762:1i
II	13a	le seigneur et sa	Not in 16736:4, nor 16760:1iv; in 16762: 1ii-iii
II	13b	- tout au bout de ... le cours de la Vivonne -	Margin, 16760:1iv
II	13c	alors qu'au sommet de la colline ... les plaines de Champagne	Margin, 16736:4-5
II	14a	que j'avais peine à ... le désir de découvrir	Above-1 & margin, 16736:5
II	14b	je me rappelais les noms ... ≏ d'un phénomène mystérieux [TS & 16760:1v have: <u>phénomène acheté</u>]	Margin, 16736:5
II	14c	de l'Allemagne, de l'Italie et	Not in 16736:5, nor 16760:1v; in 16762:1iii
II	14d	≏ médiévales et bleues ... amarante et légendaire	Margin, 16736:5
II	14-15a	Quant aux tapisseries ... et de peluche (15)	Margin, 16736:6
II	15a	≏ comme il en existe peut-être encore [Had: <u>comme on pouvait en voir encore il y a quelques vingtaine (sic) d'années à Paris</u>]	Corr.16736:7
II	16a	des ateliers, voire quelque ... ou de tailleur	Above-1, 16736:7
II	16b	élégante et encore jeune	Above-1, 16736:8
II	16c	≏ et grâce à Françoise ... sur l'hôtel	Margin, 16736:8
II	16d	Car les Guermantes ... depuis le matin où	Margin, 16736:8
II	16e	(que Françoise ... <u>en bas</u>)	Not in 16736:8; in 16760:1viii
II	16f	pendant qu'elle coiffait maman	Margin, 16736:8
II	16g	<u>en dessous</u>" [Had: <u>chez la Duchesse</u>]	Corr. 16736:8

II 16h	il n'y a pas besoin ... d'où qu'ils deviennent	Above-1 & margin, 16736:8
II 16i	en bas *[Had: chez la Duchesse]*	Corr. 16736:9
II 17a	mais non pas sans dommage ... bien distinguer les mots	Margin, 16736:10
II 17b	Elle les développait ... des "messes basses"	Not in 16736:10, nor 16760:2i; in 16762:1v
II 17c	il est esquis"	Margin, 16762:1vi
II 17d	et elle regardait à l'angle ... sa cuisine, à Combray	Above-1 & margin, 16736:10
II 18a	Mais peut-être se fût-on ... les méridionaux!)	Not in 16736:10; in 16762:1vi
II 18b	de notre jeune maître	Above-1, 16736:10
II 18c	Et encore il ne trouve pas que je vas assez vite	Not in 16736:11; in 16762:1vi *[relevant pp. missing in 16760]*
II 18d	giletier *[after par les appels du. 16736:11 has: fleuriste]*	Corr. 16762:1vi
II 18e	ronchonneur *[after le visage]*	Margin, 16736:11
II 18f	alourdie par l'âge ... la chaleur du fourneau	Margin, 16736:11
II 18g	ce qui avait le don ... "tout un chapitre"	Not in 16736:11; in 16762:1vii
II 19a	tout en murmurant: ... sabraque! " et	Not in 16736:11; in 16762:1vii
II 19b	sauf pour certains ... n'était pas enrhumée)	Not in 16736:12; in 16762:1vii
II 19c	et une sortie le dimanche ... voir sa nièce *[Has: son neveu; corr. to nièce on 16762: 1vii]*	Above-1, 16736:12
II 19d	⌒-à un mal qu'elle ... leur fiancée, leur village	Margin, 16762:1vii
II 19e	Julien (Françoise assimilant ... connaissait déjà) *[16762:1vii margin has: Jupien]*	Not in 16762:1vii
II 20a	et ils le portent sur la figure."	Margin, 16762:1vii
II 20b	Cet ami de Françoise ... je dois reconnaître que	Margin & layer, 16762:1vii
II 20c	à ajuster un tour de taille avec des agrafes	Below-1,16762:1viii layer
II 20d	⌒ Jupien ne m'avait pas plu ... n'était pas sympathique	Not in 16736:12, nor 16760:2iv; in 16762:1viii
II 20-21a	et par quoi il avait ... au contraire charmantes (21)	Margin & layer, 16762:1viii
II 21a	Correspondant ... les plus généreux *[The approximate substance of this is in 16762:1viii; it is expanded to its present form in the layer attached]*	Not in 16736:12, nor 16760:2iv; in 16762:1viii
II 21b	peut-être	Above-1: layer, 16762:1viii
II 21c	(à laquelle ... le connaissait)	Margin & layer, 16762:1viii
II 21d	Son rôle dans la vie ... à le doubler	Not in 16736:12, nor 16760:2iv, nor 16762:1viii
II 21e	à ce que l'on sût que nous avions ... "apporter d'eau")	Margin, 16760:2iv
II 21-22a	assez rapidement (sans ... imaginables")	Margin, 16762:2i
II 22a	"Et après tout ... atroce et triomphant	Margin & layer, 16760:2iv
II 22b	en reprenant la conversation ... à l'andante	Layer, 16760:2iv
II 22c	Je ne sais plus ... une cousine au Duc	Margin, 16762:2i
II 23a	comme Pascal ... l'autorité des Écritures	Margin, 16736:14
II 23b	"eusse" *[16736:14 had: eux]*	Margin & layer, 16760:2v
II 23c	ça doit être parent ... parsemé d'erreurs.)	Not in 16736:14, nor 16760:2v; in 16762:2ii

II 23d	Comment donc qu'on ... aurait pu m'en dire *[16760:2v layer had simply:* <u>Antoine qu'on</u> <u>l'appelle</u>*]*	Margin, 16762:2ii
II 23-24a	ou qu'il a oublié d'apprendre ... c'est trois fois rien (24)	Margin & layer, 16760:2v
II 23e	Il ne vous fait ... Mme de Sévigné	Above-l: layer, 16760:2v
II 23f	tout ça n'est pas catholique ... un vrai feignant *[Had:* <u>il est bien impoli</u>*]*	Later addn: layer, 16760:2v
II 23g	On dit aussi qu'il ... la tête à la Duchesse	Margin, 16762:2ii
II 24a	Elle ne parlait pas ... la contemporaine *[But 16760:2v margin does mention* <u>chanoine</u> *and* <u>chanoinesse</u> *in this connection]*	Not in layer, 16760: 2v; in 16762:2ii
II 24b	plutôt que non pas ... personne les retient *[16736:14 has:* <u>quand ils seraient libres</u> <u>d'aller à Combray</u>*]*	Corr. margin, 16760: 2v
II 24c	comme si ce dernier trait ... à Venise *[TS had:* <u>avec un enthousiasme qui semblait</u> <u>déchaîné par ce dernier</u> *(blank left for word* <u>trait</u>*)]*	Margin, 16736:14
II 24-25a	D'ailleurs, plus récent ... de l'Altesse (25)	Margin, 16760:2v
II 25a	et dans quelle saison ... ma vieille carcasse. Là-bas	Margin, 16736:14
II 25b	on sonne pour les biens de la terre	Not in 16736:14, nor 16760:2vi; in 16762:2iii
II 25c	plus & que les bêtes	Above-l, 16736:15
II 25d	mais comment que ... d'y réussir	Margin, 16736:15
II 25e	t'en as eu entendu causer *[Margin, 16736:15, has:* <u>tu as entendu parler</u>*]*	Corr. 16760:2vi *[*<u>causer</u> *only; neither this nor* 16762:2iii *give* <u>en</u>, *although 16762 has* <u>tu as eu entendu</u>*]*
II 25f	que j'ai entendu causer *[Margin, 16736:15, has:* <u>j'ai entendu parler</u>*]*	Corr. 16760:2vi
II 25g	souventes fois causé *[Margin, 16736:15, has:* <u>souvent</u>*]*	Corr. 16760:2vi
II 26a	comme elle aimait peu ... "faire des manières"	Not in 16736:16, nor 16760:2vii; in 16762:2iv
II 26b	Elle ne souffrait plus ... chanter ses louanges	Margin, 16760:2vii
II 26c	et du bon *[after* <u>et du beau</u>*]*	Above-l, 16736:15
II 26d	une bonne femme ... ni les faisans, ni rien	Margin, 16760:2vii
II 26e	que *[before* <u>vous pouviez arriver</u>*]*	Above-l, 16736:15
II 26f	(Françoise employait ... avec la faim	Margin & layer, 16760:2vii
II 26g	Comme M. le curé ... bien des fois *[16736:16 has:* <u>Comme nous disait Monsieur</u> <u>le Curé</u>*]*	Margin, 16760:2vii
II 26h	sûr et certain que *[16736:16 has:* <u>c'est bien celle-là</u>*]*	Corr. 16760:2vii
II 26i	Bien sûr que ... fait à la sauvette	Margin, 16760:2vii
II 26j	Elle ne voulait pas ... aller au médecin	Margin, 16762:2iv
II 27a	Elle était surtout ... de cette trotte perpétuelle	Not in 16736:16, nor 16760:2vii; in 16762: 2iv-v
II 27b	a dit l'autre soir à Monsieur *[*<u>qu'il</u> *not written in]*	Margin, 16762:2iv
II 27c	Il ne se demandait ... l'eût mis dehors	Margin, 16762:2iv
II 27d	qui n'usait probablement ... de celle-ci	Margin, 16760:2vii
II 27e	timidement *[after* <u>Et elle sonnait</u>*]*	Above-l, 16736:16
II 27f	et qu'on sent qu'il ... plus sonore que les autres	Above-l & margin, 16736:16

II 28a	≏le valet de pied ... correspondance privée [16736:16 had simply: chacun [...] commençait à remettre ses affaires en place à la cuisine, à aller écrire ou porter à la poste ses lettres personnelles]	Corr. 16736:16
II 28b	après quelques réflexions ... la bougeotte"	Margin, 16762:2v
II 29a	j'en accusais l'impuissance ... je lui demandais	Addn, 16736:18
II 29b	avec amour-propre ... dans une comédie de cour	Margins, 16736:18-19
II 31a	en une matière précieuse, les colonnes qui soutenaient	Margin, 16736:21
II 32a	ce quidam [after de la part de. 16736:22 has: cet homme]	Not in 16760:3v, nor 16762:2viii
II 33a	ce particulier [after Patience! bientôt. 16736:24 has: ce quidam]	Not in 16760:3vi, nor 16762:3i
II 34-35a	Et alors vous remontez ... encore ce soir(35)	Margin, 16760:3viii
II 35a	Elle désirait ... devant un vitrail	Not in 16736:27, nor 16760:3viii, nor 16762:3ii
II 35b	Françoise apprit aussi ... presque décidé [Later than II 34-35a]	Margin, 16760:3viii
II 36a	Mon père avait ... se trouva possesseur d' [16736:29 has: Mon père reçut d'un ami un fauteuil]	Corr. 16762:3iii
II 36b	un acte de	Margin, 16762:3iii
II 36c	Et ce ne fut pas sans ... à ce que jadis [But small blank in TS]	Margin, 16736:29
II 36d	Mais celle-ci ne les ... chez Elstir [Some also in margin, 16736:30; but perhaps not addn, as there is a large blank in 16736:29]	Addn, 16736:29
II 36-37a	≏ma foi, mon désir ... ne l'habitait plus(37)	Margin, 16736:29
II 38a	Je gagnai ma place ... un seul pied	Margin, 16736:32
II 38b	les irréductibles aspérités ... magiquement	Not in 16736:32, nor 16760:4iv; in 16762: 3iv-v
II 39a	Ils ajoutaient que ... avaient eu de l'esprit	Handwritten page, 16736:33
II 39b	et des spectatrices	Not in 16736:33, nor 16760:4v, nor 16762:3v
II 39c	et dont il déchire ... écrase les bottines	Not in 16736:33, nor 16760:4v; in 16762:3v
II 39d	du genre napolitain	Not in 16736:33, nor 16760:4v; in 16762:3v
II 42-43a	Notre imagination ... fluidifier, à ces moments-là (43) [Perhaps not later addn, since typed page-number at top follows on from the previous, and TS does not make sense without it]	Handwritten page, 16736: 40, and margin, 16736:41
II 43a	la Déesse	Above-1, 16736:40
II 43b	Et j'aurais écouté ... et plus instructive	Above-1 & layer, 16736:40
II 44-45a	Phèdre, la "Scène ... ≏pareille aux autres (45)	Margin, 16736:43-44
II 45a	Saturé par ces rêveries ... j'allasse entendre la Berma	Margin, 16760:5iv
II 45b	les artistes étaient ... où ils étaient mêlés	Margin, 16736:44
II 45-46a	J'en éprouvais ... l'idée de perfection (46) [Some of this, referring to the searching after the artists and "psychological" exhaustion, is in margin, 16736:30]	Margin, 16760:5iv
II 46-47a	Cette fureur ne pouvait ... des provinces et des royaumes (47)	Margin, 16760:5v
II 47a	Tel pour un grand musicien ... donne sur un chef-d'oeuvre	Margin, 16760:5v

II 49–50a	Mon impression, à vrai dire ... justement cela, admirer (50) [In rough, crossed out, in margin, 16736:51]	2 handwritten pp., 16736:49–50
II 49a	C'était précisément ... l'intelligence de la diction	Not in 16736:50, nor 16760:5viii; in 16762:4v
II 51a	que j'avais connu à Balbec, Elstir	Above-1, 16736:53
II 51b	et la diction de la Berma ... l'autre de métrique?	Addn, 16760:6ii
II 51c	entrer les mots ... dans des ensembles [16736:53 has: obéir à des systémes (sic) plus vaste (sic)]	Corr. 16760:6ii
II 52a	grand artiste décorateur ... son metteur en scène [Had: du décorateur]	Corr. 16736:54
II 52b	Sans chercher à ... qu'elles m'apportassent	Margin, 16736:55
II 53a	enjoués [after les reflets]	Margin, 16762:4vii
II 54–55a	un plumet de corbillard ... la première flamme d'un incendie (55) [(et même ... velours) ≏ in TS, 16736:54]	Margin, 16736:58
II 55a	La raison pour quoi ... ce qu'elle croyait les Arts	Not in 16736:59, nor 16760:6vi; in 16762:5i
II 56a	son collier, son corsage et ... qu'elle y était encore	Layer, 16736:60
II 58a	je ne souffrais pas	Not in 16736:63, nor 16760:7i; in 16762: 5iii
II 58–59a	Même les premiers jours ... parcours habituel de la duchesse (59)	Margin & layer, 16760:7ii
II 59a	dans l'apothéose ... avec ses manches blanches [But a blank is left in TS; and this already has, crossed out: et, parmi le poudroiement du brouillard que blondissait le Soleil]	Interline, 16736:65
II 59b	je tâchais de me rappeler ... capable d' assouvir [Again, however, there is a blank in TS]	Interline & margin, 16736:65
II 60–61a	Mais, en attendant ... et ce que je voyais (61) [In rough in margin, 16760:7iii]	Layer, 16760:7iii
II 60–61b	≏il était doux seulement ... idées d'amour revenaient (61)	Further layer: layer, 16760:7iii
II 61a	pendant lesquels le souvenir ... toutes mes pensées d'amour [16760:7iv had: je ne m'occupais plus que de Mme de Guermantes]	Margin, 16760:7iv
II 62a	Une fois ce ne fut ... perçants et bleus	Margin, 16760:7iv
II 62–63a	Et quelquefois je la trouvais ... "pipelet" avait vendu (63)	Margin, 16762:5vi
II 63a	Dès que je lui demandais ... n'y arriverais pas	Margin, 16736:69
II 64–65a	Mes parents, il est vrai ... Pour en revenir à Françoise (65)	Layer, 16760:7vi
II 65–66a	Car elle savait la vérité ... pour les apercevoir (66) [Has (see II 66) dans le dernier volume de cet ouvrage; les derniers volumes comes only in 16762:6i]	Layer, 16736:74
II 66a	"sur" [16736:74 has dans]	Not in 16760:7vii, nor 16762:6i
II 66b	(En revanche ... plus où vivre.)	Margin, 16760:7vii
II 66c	comme chez tout le monde	Not in layer, 16736:74; in 16760:7vii
II 66–67a	Quand Françoise ... brillent la haine et l'amour (67)	Further layer & above-1, 16736:74
II 66d	lequel avait des parties ... que plus tard	Margin, 16760:7viii
II 66–67b	Ces paroles de Jupien ... encore que de Françoise (67)	Margin & layer, 16760:7viii

II 68a	parler tout haut, penser ... gesticulation inutile	Above-1, 16736:75
II 68-69a	J'y songeais quelquefois ... ne m'allait pas" (69)	Margin, 16760:8ii
II 69a, n.	Et comme ... j'étais dingo	Margin, 16762:6iii
II 69b	quand elle ne voulait pas rivaliser avec les modernes [But has: les "jeunes". See Pl.n.2]	Margin, 16762:6iii
II 69c	Ce qu'elle faisait ... tous les matins?	Above-1, 16736:76
II 70a	moins loin de Balbec ... ne l'aurait fait croire [16736:78 has: dans le nord]	Not in 16736:78, nor 16760:8iii; in 16762: 6iv
II 71a	car il connaissait ... adoucies à Balbec	Margin, 16736:80
II 71-72a	Ça "fait" ... indirectement inculqués (72) [16736:80 has simply: de vieilles tapisseries, c'est ravissant]	Margin, 16760:8v
II 72a	"D'ailleurs ... de rassurant." [16760:8v addn has: "D'ailleurs conclut-il c'est ravissant cet hôtel"]	Not in 16736:80, nor 16760:8v; in 16762:6v
II 73a	grouille-toi [But small blank in TS in 1st version of this paragraph, 16736:83]	Margin, 16736:82
II 73b	Nous allons monter ... vous n'ayez froid	Above-1, 16736:82
II 74a	du Premier Empire ... Place de la République!	Not in 16736:83, nor 16760:8viii; in 16762:6vii
II 74-75a	J'entendais le tic tac ... les sons n'ont pas de lieu (75)	Margin, 16736:84
II 75a	Du moins les rattachons-nous ... nécessaires et naturels	Not in 16736:84, nor 16760:9i; in 16762: 6vii
II 75-77a	Certes il arrive ... en dégoût le langage parlé (77)	Margin & layer, 16762:6vii-viii
II 75b	Le recul du bruit ... avec le zéphir	Not in margin & layer, 16762:6vii-viii
II 75-76a	Et à ce propos ... Pour revenir au son (76)	Not in margin & layer, 16762:6vii-viii
II 76a	comme si elles étaient ... anges musiciens	Above-1: layer, 16762: 6viii
II 76b	comme le Seigneur arrêtant les flots	Above-1: layer, 16762: 6viii
II 77a	enfle, arrondit ... en pétales de magnolia [Some of this is roughly in 16763:25iv, crossed out]	Not in layer, 16762: 6viii
II 77b	≏ Et pour ce sourd total ... fait son acquisition	Not in 16736:84, nor 16760:9i; in 16762: 6vii
II 77c	c'est avec délices ... n'est qu'un décor	Layer, 16762:6viii
II 77d	plus calmes que la mer immobile	Above-1: layer, 16762: 6viii
II 77e	D'eux-mêmes ... de la préhistoire	Above-1: layer, 16762: 6viii
II 77-78a	Si un jour il vient ... ≏la chasteté du silence (78)	Not in 16736:84, nor 16760:9i; in 16762: 6vii-viii
II 78a	ternisse & la chasteté [Had: ajoutent [...] la vulgarité d'aucun bruit à l'absolu du silence]	Corr. layer, 16762: 6viii
II 78b	Celui, bien plus relatif ... fut rompu	Layer, 16762:6viii
II 78c	- Oh! je l'adore! // - Non, c'est trop.	Margin, 16760:9i
II 79a	Remarquez que si ... la noblesse d'Empire	Margin & layer, 16760:9ii
II 80a	Plus tard, en regardant ... était touché de [Although this is not in 16736:87, there is, in the TS, a blank space before mon attendrissement]	Margin, 16760:9iii
II 80-82a	Et le lendemain matin ... bondir de joie (82)	Layer, 16760:9iii

II 82-83a	[En somme, l'idée ... trois marches ébréchées (83)	Margin, 16760:9iv

II 83a	[habituellement non perçu & une constante
	  volupté
	  *[TS, after minor correction, had: que
	  respirer est quelquefois un acte délicieux]*
		Not in 16736:90, nor
		16760:9iv; in 16762:
		7iv

II 83b	[pour parfumer le recueillement qu'on y vient chercher	Above-l, 16736:91
II 84n.1:II 1139a: le donjon [Had: le clocher]		Above-l, 16736:91
II 84-85a	[Je me couchai, mais ... le fil nouveau de mes rêves (85)	Margin, 16760:9vi
II 85a	Il en est du sommeil ... d'un empereur	Not in 16736:93, nor 16760:9vi; in 16762:7v
II 85b	ennuyé de penser ... du côté de Méséglise	Margin, 16762:7v
II 85c	- et je le dis ... cernée par la mer -	Margin, 16760:9vi
II 86-88a	[Ce qu'on aurait fait ... un phénomène de mémoire (88)	Margins, 16762:7vi
II 86-88b	Malgré tout ... avec nos yeux ouverts (88)	Probably later addn: margins, 16762:7vi-viii, & layer, 16762:7viii
II 88a	[≏étant dans un de ... pendant que nous dormons	Layer:margin, 16762: 7vi
II 89a	[Mon cabinet de toilette ... où affluait un air pur	Not in 16736:95, nor 16760:9vii; in 16762:7vi
II 89-90a	[et déjà il avait mis ... réactions appropriées (90)	Margin, 16736:96
II 90a	[mis martel en tête [Had: agité]	Corr. 16736:97
II 90b	≏ce qui sera excellent ... cellules nerveuses	Not in 16736:97, nor 16760:10i; in 16762: 7vii
II 91-92a	[Mais un peu plus tard ... dislocations organiques (92)	Layer, 16760:10i
II 92a	[Quelquefois ma fatigue ... me menaient fort loin	Not in 16736:98, nor 16760:10i, nor 16762: 7viii
II 92b	[C'était loin ... limpidité translucide d'émail	Margin, 16736:98
II 93a	à "la Paix" ... chez sa maîtresse	Above-l, 16736:99-100
II 93b	[époilant! [16736:100 has: épatant]	Corr. 16762:8i
II 94a	[≏il n'a encore rien d'épatant [TS had: n'est rien]	Corr. 16736:101
II 94b	par notre sacré cabot?	Margin, 16762:8ii
II 94c	Il a plus de braise ... pour sûr!	Margin, 16760:10iv

II 96a	[qu'il me semble que je saurais ... d'être
	  bien reçu
	  [TS had: à laquelle leur souvenir m'invite
	  à goûter]
		Margin, 16736:103

II 96b	[Mais un souvenir ... attention à d'autres choses	Margin, 16736:105
II 97a	Cette ruelle ... facile peut-être	Above-l & margin, 16736:107
II 97b	gothique	Not in 16736:107, nor 16760:11i, nor 16762: 8iv
II 97-98a	Dans le calme absolu ... sur la direction	Margin, 16760:11i
II 99a	Ajoutons qu'en raison ... de l'empyrée	Margin, 16760:11iii
II 99b	≏je me frayai un chemin jusqu'	Not in 16736:110, nor 16760:11iii; in 16762:8vi
II 100a	- Vous la connaissez ... première jeunesse."	Margin, 16760:11iv
II 101a	de désirer que ... intelligent, etc.	Not in 16736:113, nor 16760:11v; in 16762: 8vii

II	102a	≙je vous assure que ... pas d'explications [But TS does not make sense without it]	Margin, 16736:113
II	103a	- Mais voyons ... un demeuré	Above-1, 16736:115
II	103-4a	Et pourtant ... se voit dans une glace (104)	Layer, 16760:11vii
II	104a	Il m'arriva ... Telle est l'amitié	Margin, 16762:9i
II	104b	devant nos verres ... ne vidions pas	Above-1, 16736:115
II	104c	lorsqu'elles n'ont pas [Have: n'ayant pas]	Not in 16736:115, nor 16760:11viii, nor 16762:9i
II	104-5a	Je ne pus me tenir ... est plus grande	Margin, 16760:11viii
II	105a	d'un autre de ses camarades ... me dit mon nouvel ami & même [16736:116, after a minor correction, has: Saint-Loup m'avait parlé de ce jeune homme; je savais que seul d'eux tous il était partisan de la révision du procès Dreyfus. ["Il n'est pas de bonne foi me dit Saint-Loup; au début etc.]	Corr. margin, 16760: 11viii
II	105-6a	Voyez-vous, dis-je ... à la conversation(106) [16736:117 has, above-1: Vois-tu, dis-je à Saint-Loup]	Margin, 16760:12i
II	106-7a	A ce moment ... tout recommencer (107) [In rough in margin, 16760:12i]	Layer, 16760:12i
II	106a,n.	Saint-Loup ne ... Tu es inouï."	Margin & layer, 16762: 9ii
II	107a	Dites donc, ça ... n'a pas Duroc [Margin, 16736:117,had simply: Vous êtes épatant]	Margin, 16760:12i
II	107b	une "mentalité", comme on commençait à dire [Had simply: des opinions]	Above-1, 16736:118
II	108-117a	J'aurais voulu avoir ... une infatigable bonté (117)	Layer, 16760:12ii
II	109a	Or, il faut s'enquérir ... là où elles ont échoué	Further layer: layer, 16760:12ii
II	110a	Il faut étudier ... le même rire.)	Interline: layer, 16760:12ii
II	110b	Une action particulièrement ... de Napoléon.)	Not in layer, 16760: 12ii; in 16762:9v
II	110-111a	D'autre part, pour ... leurs habitudes, leurs doctrines (111)	Above-1 & further layer: layer, 16760: 12ii
II	111a	L'étude de l'action ... de son action stratégique	Not in layer, 16760: 12ii; in 16762:9vi
II	111-112a	Remarque que je ne parle pas ... tactique, si tu veux (112)	Further layer: layer, 16760:12ii
II	112a	la bataille d'Ulm ... de Leipzig, de Cannes	Above-1 on further layer: layer,16760: 12ii
II	112b	Quelques-uns ne ... moins crûment leurs vues, mais	Margin, 16762:9vi
II	112c	je te garantis bien ... que l'Iliade	Above-1 & further layer: layer, 16760: 12ii
II	112d	mon vieux	Further layer: layer, 16760:12ii
II	112e	J'ajoute qu'on est ... et de la victoire	Margin, 16762:9vi
II	112-113a	Elles me faisaient ... à revenir parmi eux (113) [Not really an addition, however; it appears almost exactly in TS, 16736:131-32, but without specific reference to l'art de la guerre. The galley-page which would have reproduced this is missing (16760:13vi)]	Further layer: layer, 16760:12ii
II	113a	≙Afin d'être plus ... au sens spirituel du mot	Further layer: layer, 16760:12ii
II	113b	- Vous m'intéressez, pardon	Further layer: layer, 16760:12ii

II 113c	Par exemple, vois à ... à Lannes. Mais	Above-1: layer, 16760:12ii
II 114a	Dix exemples de cela en 1870	Above-1: layer, 16760:12ii
II 114b	jeune [after plaisir de promenade] & (non, je ... pardon!)	Not in layer, 16760: 12ii, nor 16762:9viii
II 115a	quatre [after il y aura. Had: trois]	Corr. layer, 16760: 12ii
II 116a	tout ce qu'il y a ... dans la cavalerie	Above-1: layer, 16760:12ii
II 116b	- Saint-Loup a raison et	Above-1: layer, 16760:12ii
II 116c	Et puis j'ai peut-être ... dis-toi bien que	Margin, 16762:10ii
II 116d	ce qui précipite le plus ... la paix sera faite	Further layer: layer, 16760:12ii
II 117a	répondant à ce qu'il ... ces dernières paroles	Further layer: layer, 16760:12ii
II 117b	- Si tu veux bien ... voilà ce qui m'intéressait [Layer has: Mais surtout, not Mais pourtant; this latter appears, perhaps mistakenly, in 16762:10ii]	Further layer: layer, 16760:12ii
II 117c	ce qui, au dire de ... par Napoléon plusieurs fois	Further layer: layer, 16760:12ii
II 117d	⌐avec une infatigable bonté	Addn: layer, 16760: 12ii
II 118a	(Les hommes qui ... n'oseraient pas.)	Not in 16736:120, nor 16760:12iii; in 16762: 10iii
II 118b	froisser Saint-Loup [TS has: mon nouvel ami]	Not in 16736:119, 120, nor 16760:12iii; in 16762:10iii
II 118-21a	⌐Pourtant, une semaine plus tard ... chez sa tante (121) [But some pages of TS are missing here, so perhaps not all of this is addn]	Margin & layer, 16736:121
II 119a	Mais j'avais compté ... n'étaient pas de lui [16736:121 has: quand, non sans en être un peu agacé, je vis Saint-Loup, absolument etc.]	Margin, 16760:12iii
II 119b	Aussi en ce qui concernait ma modeste thèse	Not in 16736:121, nor 16760:12iii addns; in 16762:10iii
II 119c	sur moi [TS had: sur l'oeil de son ami]	Not in 16736:121 addn, nor 16760:12iii; in 16762:10iii-iv
II 119d	ce qu'il s'était ... si bien rappelé	Not in 16736:121 addn, nor 16760:12iv, nor 16762:10iv
II 119e	Je n'arrivais pas ... mêmes dispositions	Not in 16736:121 addn, nor 16760:12iv; in 16762:10iv
II 120a	assoupis qu'il réveille mais	Not in 16736:121 addn, nor 16760:12iv; in 16762:10iv
II 120b	petite [after je la savais une] & universel	Not in 16736:121 addn, nor 16760:12iv; in 16762:10iv
II 121-24a	⌐j'appris qu'une querelle ... au 1er janvier (124) [But 16736:121 has, crossed out: she wanted to spend Christmas Day at Bruges with him; and it refers to their plans for the Christmas period]	Glued-in handwritten pages, 16736:123-24
II 121a	Et les querelles, même ... donne des claques	Not in 16736:123, nor 16760:12vi, nor 16762: 10v

II 121-22a	⌐≙Saint-Loup souffrit ... partie pour les │ Indes \ (122) └	⌐Not in 16736:122, nor │16760:12vi; in 16732: ┘10v
II 122a	On a dit que ... silence sans fin	Layer, 16760:12viii
II 122-23a	⌐≙Il souffrait d'avance ... ressemblait à │ l'amour └	⌐Not in 16736:123, nor │16760:12vi; in 16762: ┘10vi
II 124a	Mon père avait ... que pût être celle-ci	Margin, 16762:10vii
II 124b	⌐D'autre part elle ... ne voulait pas lui └ accorder	Margin, 16762:10vii
II 125a	⌐Toute sa crainte ... presque un prêtre." │[In 16736:121 & 125, crossed out, Saint-Loup │ does, to some extent, describe her supposed └ intelligence and good qualities]	Margin, 16760:13i
II 125b	de sidéral et même	⌐Not in 16760:13i; in ┘16762:10vii
II 127a	et comme tu avais ... de le faire	⌐Not in 16736:130, nor ┘16760:13v; in 16762:11i
II 127b	En effet, au moment ... jamais à Robert	Margin, 16762:11i
II 132a	≙(à la condition ... francs-maçons)	Above-1, 16736:139
II 132b	⌐Et à propos ... de ses nouvelles │[A first version of this appears in the │DCS typescript, at the equivalent of I 19 └ (n.a.fr.16730:41)]	⌐Not in 16736:140, nor │16760:14iv, nor ┘16762:11iv
II 133-34a	⌐Le téléphone n'était pas ... j'arrivai au │ bureau de poste (134) │[The substance of the ensuing description of │Marcel's emotions, II 134-36, is in the TS │(16736:141-144), but is considerably └ reworked in the margins]	Margin & layer, 16762: 11iv
II 135a	par "principes" d'éducatrice	Above-1, 16736:142
II 136a	alors il arriva que ... plus seul encore	Above-1, 16736:144
II 136b	⌐≙elle n'était plus ... devaient s'égarer │[16736:144 has, above-1: [...] la └ communication avait dû être coupée [...]]	Margin, 16760:14vi
II 136c	⌐angoisse assez semblable ... le nom de la └ morte	Margin, 16760:14vi
II 136d	⌐Et pourtant, avant de ... Robert et de ses │ amis & leur └ [16736:145 had: je ne lui disais pas]	Margin, 16762:11vi
II 137-38a	⌐A peine disait-il ... faire une double erreur └ (138)	Margin, 16762:11vii
II 139a	C'est pas à nous ... à la noix de coco	Margin, 16762:11viii
II 139b	⌐ le Prince devait être ... quelque │ hallucination │[The TS here has: he saluted and gave a │military order; and it later attributes the \ └ 'hallucination' to Marcel alone (16736:150)]	⌐Not exactly in 16736: │149-50, nor 16760: ┘15i; ≙ in 16762:11viii
II 140a	où j'avais déjà ... parti pour Balbec	Margin, 16736:150
II 140b	⌐comment, puisque tout regard ... le miroir └ du passé	Margin, 16760:15iii
II 141a	une plaque photographique	Above-1, 16736:152
II 142a	Je reçus des marques ... de peu de temps	Margin, 16762:12ii
II 142b	Un matin, après ... premier beau jour	Margin, 16736:159
II 142-43a	≙Ce matin-là ... ce qu'il jouait (143)	Margin, 16760:15viii
II 143a	⌐J'avais voulu les cesser ... à cette même └ heure	Margin, 16736:161
II 145a	⌐et qui devenait précieuse ... les vieilles └ cités de l'Italie	Above-1, 16736:166
II 145-46a	⌐Comme je sortais le matin ... crépusculaire └ des eaux (146)	Layer, 16760:16iv
II 146a	≙il me semblait l'avoir ... souvent ce rêve	Above-1, 16736:158
II 146b	⌐Les amoindrissements ... que Swann m'avait └ données	Layer, 16760:16iv
II 147a	Tu lui fais beaucoup trop d'honneur	Above-1, 16736:166

II 147b	ajouta-t-il sans ... aucun plaisir	Above-1, 16736:166
II 147-48a	[C'est quelqu'un de gentil ... m'envoyer un pneu." (148)	Margins, 16762:12v-vi
II 147c	Quoique absorbée par ... par la loge -	Separate addn, 16762:12v
II 148a	"Sortir? ... à Combray. D'ailleurs	Margin, 16762:12vi
II 149a	par A. J.	Margin, 16762:12vi
II 149b	Du reste, j'ai été ... tout à fait en ami	Margin, 16736:169
II 149c	[Le père [Of Norpois. However, he is referred to as le père in 16736:168, not in dialogue]	Margin, 16736:169
II 149d	même si tu dois écrire	Above-1, 16736:169
II 149e	On peut trouver cela une belle carrière, moi	Above-1, 16736:169
II 150a	à la fin de la nuit ... pas trop d'excès	Above-1, 16736:170
II 150b	Mon père dans l'intervalle ... du reste, arriva	Above-1, 16736:171
II 150c	Ma grand'mère, qui ... puis s'en désintéressa	Margin, 16762:12vii
II 150d	Depuis que nous ... le soin de fermer	Not in 16736:171 addn, nor 16760:16vii, nor 16762:12vii
II 150-51a	[Mon père aurait bien ...≙tout autre fonctionnaire	Margin, 16762:12vii- viii
II 151-52a	[Mon père fit un autre ... qui les séparaient (152)	Not in 16736:171, nor 16760:16vii, nor 16762:12vii
II 153a	(dans la vie ... les contes arabes)	Margin, 16760:16viii (copy)
II 153b	[celui où Aimé ... du charme du voyage [16736:172, most of which is cut away, had: de préférence dans un grand - end of typed lines. 16736:183 does have: he was engaged at restaurant; but there he is called Clodion]	Added 16736:172
II 153c	Je quittai dès le matin ... il tenait à sa place	Margin, 16762:12viii
II 153d	que nous avions ... depuis Combray	Above-1, 16736:173
II 154a	Ce sont tous de ... de sombres idiots	Margin, 16762:12viii
II 154b	La vérité est que ... une autre sphère	Margin, 16736:17i
II 154c	Je suis d'une autre planète	Not in 16736:174, nor 16760:17i; in 16762: 12viii
II 154d	[Ce n'est pas ... de la Vivonne [Has: C'est d'assez mauvaise humeur contre Legrandin que je le quittai; mais [...]. 16762:13i is as text]	Margin, 16760:17i
II 154-61a	[≙Ayant quitté Paris ... en avant avec moi (161)	Inserted pages, 16736:175-82
II 156-57a	- Je lui ferai ... pour qu'il me le réserve(157)	Above-1, 16736:180
II 157a	[≙Je suis heureux de penser ... quelque chose de pythique!	Margin, 16760:17iv
II 158a	[il y a quelques années ... quand elles en changent)	Margin, 16760:17vii
II 158b	Et quand on était ... sans y réussir!	Margin, 16760:17vii
II 159a	les tendresses de	Margin, 16762:13iv
II 159b	[mystérieux [after en elle un être. 16736:181 has: inconnu]	Corr. 16762:13iv
II 159-60a	[≙Pour quel motif il ... les avoir toutes. Certes (160)	Margin, 16760:17viii
II 161a	elle te plaira ... une vibrante & si simple	Added 16736:183 [1st version of speech on 16736:171]
II 161-64a	[Je crois pourtant que ... et le train partit (164)	Not in 16736:183, nor 16760:18ii; in 16762: 13vi-viii
II 161b	viens, on ira ensemble au skating."	Margin, 16762:13vi
II 163a	après les plaisirs du skating	Not in 16762:13vii
II 164a	où il l'avait vue ... peintre impressionniste -	Margin, 16762:13viii
II 164b	≙C'était vrai qu'elle ... promener sa famille	Margin, 16760:18ii
II 164c	[Les larmes montèrent ... la sensibilité de Zézette	Further addn: margin & layer, 16760:18ii

II 165a	⌈ peut-être & mais que, plus probablement ... ⌊ chercher à désarmer	Margin, 16760:18ii
II 165b	⌈ grâce à quoi il se distinguait ... grands ⌊ prêtres d'opérette	Margin, 16760:18iii
II 166a	⌈ avec feu ⌊ [16736:185 has: avec émotion]	Corr. 16762:14i
II 167a	Elle l'étendait d'ailleurs ... que c'est bien."	Margin, 16760:18v
II 167b	⌈ Mais surtout ... qui est à tous ⌊ [Later than II 167a]	Margin, 16760:18v
II 167c	Elle était, en mangeant ... si différent du leur	Margin, 16762:14ii
II 167d	⌈ sur un ton de commisération ... souvent devant ⌊ lui -	Not in 16736:194, nor 16760:18v; in 16762: 14ii
II 167-68a	⌈ elle n'aime pas naturellement ... - cette ⌊ exception faite - (168)	Not in 16736:194, nor 16760:18v; in 16762:14iii
II 168a	⌈ je croyais - faisant erreur en cela - ⌊ [16736:194 has simply: je savais]	Not in 16736:194, nor 16760:18v; in 16762: 14iii
II 168b	Si nous n'étions pas ... le nouvel élu	Margin, 16760:18v
II 169a	A ce moment on ... faire de l'oeil, éclata	Margin, 16760:18vi
II 169b	en injures	Not in 16760:18vi; in 16762:14iv
II 169c	Ne vous occupez pas ... d'avoir l'air jaloux	Margin, 16760:18vi
II 170a	⌈ Si on était ... au fond assez terrible ⌊ [assez terrible underlined by Proust here]	Margin, 16760:18vi
II 170b	Tout ça, ça ... ce qu'il y a dessous	Above-1 & margin, 16736:197
II 170c	et ça finit	Margin, 16762:14v
II 170d	Robert devrait être ... toujours Aimé.)	Not in 16760:18vii; in 16762:14v
II 170e	"Bonjour, vous!" ... et de l'esprit	Not in 16736:197, nor 16760:18vii; in 16762: 14v
II 171-72a	A force de boire ... le cours de ma vie (172)	Margin, 16760:18vii-viii
II 172a	⌈ Robert était seulement ... tant parlé de ⌊ Françoise	Margin, 16760:18viii
II 172b	Et en prenant ... "Bonjour, vous!"	Not in 16736:199, nor 16760:18vii; in 16762: 14vi
II 173-74a	⌈ ≙Un numéro du programme ... bourreaux de cette ⌊ débutante (174)	Layer, 16760:19i
II 174a	la colère lui donne ... en extraire du plaisir	Above-1: layer, 16760: 19i
II 174-75a	⌈ Mais le commencement de ... camarades revenir ⌊ avec elle (175)	Margin & layer, 16760: 19i
II 174b	le monde n'étant qu'un plus grand théâtre -	Not in margin, 16760: 19i; in 16762:14viii
II 175a	de la ville de ... plusieurs années	Margin, 16762:14viii
II 175-76a	Il l'aimait déjà ... planches de la scène (176)	Further layer, 16760:19i
II 176a	⌈ il m'aimait profondément ... presque comme ⌊ s'il ⌊ [16736:203 has: il était véritablement mon frère]	Not in 16736:203, nor 16760:19ii; in 16762:15i
II 176b	mon frère [2nd time, before il l'avait été]	Not in 16736:203, nor 16760:19ii; in 16762:15i
II 177a	⌈ Les décors encore ... des taches, des ⌊ fondrières	Margin, 16760:19ii
II 177b	Ce n'était plus ... s'était réfugiée	Above-1: margin, 16760:19ii
II 177n.2:II 1146a:	≙Malgré l'incohérence ... mais les toiles peintes	Margin, 16760:19ii
II 178-79a	⌈ - Écoute, tu sais, je ... qui vous fait la barbe ⌊ (179)	Margin & layer, 16736: 206
II 178-79b	C'est bien ce qu'on ... ça sent la race (179)	Above-1: layer, 16736:206
II 179a	répondit Rachel répétant ... Lévy-Mirepoix.)	Not in 16736:206 addn, nor 16760:19iv; in 16762:15iii

II 179b	≏ Robert avait cent fois ... barre sur elle."	] Above-1: layer, 16736:206
•		
II 179c,<u>n</u>.	Lord Derby ... l'Irlande	] Margin, 16762: 15iii
II 179d	Et se tournant vers lui ... pour Saint-Loup	Margin, 16760:19v
II 181a	trébuchant sous la violence du coup	] Not in 16736:209, nor 16760:19vi; in 16762:15v
II 182a	ne prends pas la mouche ... mors aux dents!"	Margin, 16762:15v
II 182b	≏ J'avais compris ... naissaient de cet amour	Above-1 & margin, 16736:210
II 182-83a	[Nous quittâmes le théâtre ... Car au bout d'un moment (183)	Margins, 16762:15v-vi
II 184a	Certes je n'eus au bout ... à l'idée que	Margin, 16762:15vi
II 187a	Certes, si, à un moment ... dans la tombe	Margin, 16760:20iv
II 187-88a	≏ ne signifie d'ailleurs ... à sa situation (188)	Not in 16736:218, nor 16760:20iv; in 16762: 15viii
II 188a	Sans doute ... dire pourtant que	Layer, 16760:20v
II 189a	[≏ Dans ce salon légèrement ... en revenant de son château	Margin, 16762:16i
II 190a	Il est vrai que ... étaient déjà menacés	Margin, 16760:20vi
II 190b	laissant toute une partie ... contre les Juifs	] Above-1: margin, 16760:20vi
II 190c	[d'un "bouc" [16736:223 has: <u>d'une barbiche</u>]	Not in 16736:223, nor 16760:20vii; in 16762: 16ii
II 190d	≏ il portait un binocle	Layer, 16760:20vi
II 190e	Les Roumains ... l'Angleterre ou l'Espagne	Margin, 16762:16ii
II 190-91a	[restait pour un amateur ... de la couleur locale.) (191) [However, 16736:223 and 16760:20vii compare him to <u>quelque scribe assyrien peint en</u> <u>costume de cérémonie à la frise du palais de</u> <u>Darius</u>]	Layer, 16760:20vi
II 191a	antisémitique	Margin, 16762:16ii
II 191-92a	≏ Mais, au reste ... haute forme." (192)	Layer, 16762:16iii
II 191b	fille d'un riche banquier	] Above-1: layer, 16762: 16iii
II 192a	[qui était un peu sourd ... moment de révolte, mais	Not in 16736:221, nor 16760:20vi; in 16762: 16iii
II 192b	[Car on était poli ... M. Decazes accepta [This story is, incidentally, told with <u>Oriane</u> as its heroine in margin and layer, 16706:67]	Not in 16736:222, nor 16760:20vi; in 16762: 16iii
II 193a	[- Aristote nous a dit ... réglant les visites royales	Margin, 16736:223
II 193b	[Atteint depuis quelques ... allait voir le portrait	Margin, 16762:16iii
II 193-94a	et, en tout cas ... souffler un peu	Margin, 16762:16iv
II 194a	où avaient fréquenté le duc ... Mgr Dupanloup	Above-1, 16736:226
II 195a	"L'amour? avait-elle ... je n'en parle jamais."	] Above-1 & margin, 16736:227
II 195b	[comme la duchesse de Guermantes [after <u>elle se</u> <u>contentait</u>]	Not in 16736:227, nor 16760:21i, nor 16762: 16iv
II 195-98a	[Au bout d'un instant ... un prodigieux effet (198)	Layer, 16760:21i
II 197a	que de faire pénétrer ... de ces dames	] Not in layer, 16760: 21i; in 16762:16vi
II 197b	[Les hommes très âgés ... par l'Académie française	] Separately composed layer, 16760:21i
II 198a	[j'crrois [TS had: <u>je crois</u>]	Corr. 16736:228
II 199a	"Ce qui est assez ... ajouta-t-elle	Margin, 16762:16vii
II 199b	≏ - Ma chère amie ... effritée d'un parc	Margin, 16760:21ii
II 199-200a	[jeune [before <u>domestique</u>] & à l'air hardi et ... sculpturale incision) (200)	Margin, 16762:16viii

II 200-201a ⌈ Mme de Guermantes, elle ‾‾ ... jamais dire   Margin, 16760:21iii
            ⌊ autant (201)

II 201a   Cependant je causais ... vraiment ravissant."   Margin, 16762:16viii
  II 201b   Rare est le mortel ... tant de félicités."   ⌉Above-1: margin, 16762:
                                                                ⌋16viii

II 202a   - Ma chère ... la jetterait bas   Margin, 16760:21iv
  II 202b   Mme de Luynes me fait ... venue hier chez moi   Margin, 16762:17i
II 202-3a   - Tenez, Monsieur ... de cette parenté." (203)   ⌉Inserted handwritten
                                                                ⌋p., 16736:233

  II 202-3b   Je ne peux pas ... du British (203)   Above-1, 16736:233
  II 203a   ⌈ fourrer un carton chez   Corr. 16760:21v
            ⌊ [Had: rendre sa visite à]

  II 203b   ce monstre   Above-1, 16736:233
  II 203c   ⌈ des tartes aux fraises   ⌉Not in 16760:21v; in
            ⌊ [16736:233 has: des sandwichs]   ⌋16762:17ii

  II 203d   Mais bien entendu, voyons ... ferait dire ça ...   Margin, 16762:17ii
II 203e   ⌈ "Hé bien ... je vous y trouve."   Corr. 16760:21v
            | [16736:229 and 234 have: Hé bien, Monsieur,
            | voilà comme vous fuyez les salons; je vois qu'on
            ⌊ peut vous y trouver tout de même]

II 204a   ⌈ et d'une voix rageuse ... ne le saviez pas   Margin, 16760:21vi
            ⌊ coupable

II 204b   ⌈ Certes je savais ... dans celle-ci   Margin, 16760:21vi
            ⌊ [Later than II 204a]

II 204-5a   Plus tard quand ... je me disais que (205)   Margin, 16760:21vi
II 206a   ⌈ ≙L'excellent écrivain G... ... de le rencontrer   Layers, margin on
            ⌊ [Later than II 206-9a]   layer, 16760:21vi

II 206-9a   ⌈ Car la duchesse aimait ... ≙et surtout moins   Layer, 16760:21vii
            ⌊ futile (209)

  II 207a   (que Françoise ... la Sagante)   Margin, 16762:17iv
  II 207b   et Halévy   ⌉Not in layer, 16760:
                                                                ⌋21vii; in 16762:17v

II 209a   ⌈ que celui où elle vivait ... ou changer un   ⌉Separate layers,
            ⌊ dénouement   ⌋16760:21vii

II 209b   Si, dans le salon ... de vitrail gothique   Margin, 16760:21vii
II 210a   (dans le sens où ... d'un critique)   Above-1, 16736:239
II 210-11a ⌈ - Je disais justement ... la mort de son époux   ⌉New element in
            | (211) |inserted handwritten
            ⌊   ⌋copy of 16736:240-241

II 211-12a ⌈ - Je sais qu'elle ... éternellement à l'ancienne ⌉Margin & layer,
            ⌊ (212)   ⌋16760:22ii

  II 211a   ⌈ ajouta la duchesse ... du snobisme   ⌉Not in 16760:22ii addn,
            ⌊ aristocratique   ⌋nor 16762:17viii

II 212-13a ⌈ Grands, minces ... ≙comme Aristote, un chapitre   ⌉Margin & layer,
            ⌊ des chapeaux (213)   ⌋16736:240

  II 213a   à mi-voix   ⌉Not in layer, 16736:
                                                                ⌋240; in 16736:241

II 213b   Elle est vraiment ... qui tenait le cercle   Margin, 16760:22iii
II 213-14a ⌈ Chacun s'était approché ... l'incident des   ⌉Glued-in layer, 16736:
            | chapeaux (214) |242
            | [Also in rough, crossed out, in margin, |
            ⌊ 16736:245]   ⌋

II 214-15a ⌈ - Ça dépend, cela ne vous ... l'air parisien   ⌉Glued-in layer, 16736:
            ⌊ (215)   ⌋242

II 215a   - et, mon Dieu ... n'en doutât pas -   Margin, 16760:22v
II 215b   ⌈ L'historien de la Fronde ... celui d'un   Margin, 16762:18iii
            ⌊ vieillard

II 216a   ⌈ le mouvement, la nouveauté, les divertissements   Above-1, 16736:245
            ⌊ et

II 216-17a ⌈ Il avait dit tout haut ... allait le retenir   ⌉Not in 16736:245, nor
            | (217) |16760:22vi, nor 16762:
            ⌊   ⌋18iv

II 217a   Soit parce qu'elle ... soit par distraction   Margin, 16760:22vi
II 217b   qui avait peu l'usage du monde   Margin, 16760:22vi
II 217-18a ⌈ Malgré un officier ... connivence vague avec   Margin, 16762:18v
            ⌊ moi (218)

II 218a	≏ - J'aimais assez ... bien au contraire!	Margin, 16760:22vii
II 218b	comme il allait monter ... le fouet étincelant	Not in 16760:22vii addn, nor 16762:18v
II 218-19a	- Je l'ai appris ... formées soi-même (219) [However, 16736:252, after <u>de ma pensée</u> (II 229), has, largely crossed out: <u>et rien qu'à la chaleur factice avec laquelle je me les disais, je pouvais reconnaître que bien que n'empruntant pas le secours de la voix, ils étaient de purs mots</u> etc.]	Layer, 16760:22vii
II 219a	Pl.<u>n</u>.1 + Mais dis-moi ... ce qui vous enrhume."	Margin, 16762:18v
II 219b	Et je n'ai pas ... huile parfumée."	Not in 16736:246, nor 16760:22vii, nor 16762:18v
II 219-20a	Mme de Villeparisis regretta ... - Jamais de la vie! (220)	Margin, 16760:22vii
II 219-20b	quand elle vit que ... avoir pu entendre (220)	Margin, 16762:18v
II 220a	Et n'est-il pas un peu ... sur des roulettes [However, see II 219<u>n</u>.1; much is in margin, 16762:18v, but not about Norpois]	Not in 16760:22vii addn, nor 16762:18vi
II 220b	comme elle ne dissimulait nullement ... temps chez elle	Above-1, 16736:246
II 220-21a	- Vous n'êtes pas ... Bloch confus et ravi (221)	Margin & layer, 16736:247
II 220c	ma vésicule biliaire [Margin, 16736:247, had: <u>mon "foie"</u>]	Corr. 16760:22viii
II 221a	que je crus reconnaître	Margin, 16762:18vi
II 221b	≏ en emmenant M. de Norpois ... dans un salon voisin	Margin, 16760:23i
II 221c	Bloch, qui avait vu ... en être l'objet	Margin, 16762:18vii
II 221-22a	Elle tenait, malgré ... aussitôt son amant (222)	Not in 16736:248, nor 16760:23i; in 16762:18vii
II 222-23a	- Avez-vous quelque chose ... de Dagnan Bouveret (223)	Margins, 16762:18vii-viii
II 222a	où vous coupiez les cheveux ... quelque chose?	Above-1: margin, 16762:18vii
II 223a	et par les mots qu'elle ... vie de jeune homme	Margin, 16760:23ii
II 224a	de ses petites prunelles ... tireur qu'il était	Margin, 16760:23ii
II 224b	Vous savez que ... pour me flatter	Margin, 16762:18viii
II 224c	Formidablement riche ... quelque dieu grec	Margin, 16760:23iii
II 224d	(Mme de Guermantes ... comme faisait sa tante.)	Margin, 16736:251
II 225-26a	Avant que M. de Norpois ... un sens différent (226)	Margin & layer, 16762:18viii
II 225a	Il voulut d'abord ... Puis il m'écouta	Not in margin & layer, 16762:18viii
II 225b	très chers [after <u>compte auprès de mes</u>]	Further layer: layer, 16762:18viii
II 225c	quand même ce qu'on dit ... turlutaines	Not in addn, 16762:18viii
II 225d	Votre père a un but ... jardin d'Academus	Further layer: layer, 16762:18viii
II 225e	L'Académie aime ... il n'y a rien à faire	Further layer: layer, 16762:18viii
II 225f	Il m'a du reste semblé ... avec votre père?	Above-1: layer, 16762:18viii
II 226a	(nous sommes les deux ... <u>Arcades ambo</u>)	Not in layer, 16762:18viii
II 226b	Du reste, je crois ... de palinodie."	Not in layer, 16762:18viii
II 226-27a,<u>n</u>.	"Vous n'avez pas ... pour la voir peindre (227)	Margin & layer, 16762:18ii
II 227a	- Vous savez de qui ... de la grande lignée	Margin, 16736:251
II 227b	- C'était même drolatique ... pire des imbéciles	Not in 16736:251, nor 16760:23iii; in 16762:18viii

II 227-28a	avec une jolie moue ... le choix de Saint-Loup. // - Voyez-vous (228) [Had: ajouta-t-elle en philosophe]	Margin & layer, 16736:251
II 228a	Bloch entendant ... comme lui, Bloch?	Margin, 16762:19i-ii
II 228-29a	- Pourtant, voyez Swann ... D'abord, imaginez-vous (229)	Layer, 16736:251
II 228b	Maintenant, je reconnais qu'elle est immonde	Not in 16736:251, nor 16760:23iv; in 16762: 19i
II 229a	parce que c'était tellement ... n'était pas sans charme et	Not in 16736:251, nor 16760:23v; in 16762:19i
II 229b	Je sais bien qu'on ... le choix du flacon!	Margin, 16762:19i
II 229c	oh! oîl, oîl [Had: sapristi]	Corr. 16736:251
II 229d	L'auteur l'a envoyée ... de lui expliquer	Not in 16736:251, nor 16760:23v; in 16762: 19ii
II 229e	- Ce n'est pas ... sa question passa inaperçue	Not in 16736:251, nor 16760:23v, nor 16762: 19ii
II 230a	Ce que je ne regrette pas ... soit Marie-Hedwige	Margin, 16760:23vi
II 230b	- D'abord la veille ... monumental, cette réponse!	Margin, 16736:253
II 230-33a	- Ma tante, vous ... auxquelles il tenait beaucoup	Glued-on layer, 16736: 253, & above-1, 16736: 254
II 231a	Ce qui est bien désagréable	Margin, 16760:23vii
II 231b	- Non, répondit Mme de Villeparisis ... Mme de Cambremer	Margin, 16760:23vii
II 231c	herbivore [after cette énorme. 16736:253 addn has: Cambremer]	Corr. margin, 16760:23vii
II 232a	la contradiction du bons sens ... pour une vache	Not in 16736:253 addn, nor 16760:23vii; in 16762:19iii-iv
II 232b	le genre de gésier [16736:254 addn has: un peu du ventre]	Corr. margin, 16760: 23viii
II 232c	Du reste cette attaque ... ne jamais me servir	Margin, 16760:23viii
II 234a	Bloch avait pu ... Aux questions de Bloch	Margin, 16760:24i-ii
II 234b	Il arrivait là & il sortait de là [16760:24i has: on, in both cases]	Not in 16760:24i; in 16762:19v
II 234c	la divine Athênê, fille ... tels deux lions [16736:257 has: ils pensent exactement le contraire]	Margin, 16762:19v
II 234d	Le colonel Picquart ... la graisse des morts	Not in 16736:257, nor 16760:24ii, nor 16762: 18v
II 234-39a	- De quoi palabrent-ils ... sang juif dans notre famille (239)	Margin & layer, 16736:257
II 235a	Le duc se parait ... ≃dit-il enfin [16760:24ii had: - Mais ma chère, répondit le duc, il ne s'agit pas de Gombaud (sic), ni de Jérusalem, mais enfin]	Margin, 16760:24ii
II 235b	ajouta-t-il d'un ton radouci	Margin, 16760:24ii
II 235c	ma chère	Margin, 16760:24ii
II 235d	et j'ai la prétention de marcher avec mon temps	Layer, 16760:24ii
II 235e	que diable!	Not in 16736:257 addn, nor 16760:24ii; in 16762:19vi
II 235-36a	M. de Guermantes prononça ... le "quand on s'appelle" (236)	Layer, 16760:24ii
II 236-37a	- C'est surtout comique ... son état d'esprit (237)	Margin, 16760:24ii
II 237a	qui était secrétaire ... antirevisionnistes	Margin, 16760:24iii
II 237b	C'est le fin du fin ... le "dernier cri"	Not in 16736:257 addn, nor 16760:24iii, nor 16762:19vii

II 237c	Cependant, ayant entendu ... au "Syndicat"	Margin, 16762:19vii
II 237d	(Ce n'était pas ... les grands dîners.)	Not in 16736:257 addn, nor 16760:24iii; in 16762:19vii
II 237e	Comprenne qui pourra	Not in 16736:257 addn, nor 16760:24iii; in 16762:19vii
II 237f	[flairant une insolence ... tous ses membres [16736:257 addn has: <u>rougissant encore davantage répondit que non en balbutiant</u>]	Margin, 16762:19viii
II 238a	cela se dit sous le manteau	Not in 16736:257 addn, nor 16760:24iii; in 16762:19viii
II 238b	- Je vous trouve tous ... idée qui c'est	Margin, 16760:24iv
II 238c	[on ne s'amuse pas ... acrobaties de sensibilité [TS addn has: <u>on n'est pas dreyfusard</u>]	Not in 16736:257 addn, nor 16760:24iv; in 16762:19viii
II 238d	Elle est un peu roide!	Not in 16736:257 addn, nor 16760:24iv; in 16762:19viii
II 239a	Mais enfin il ne faut ... à l'oseille	Margin, 16762:20i
II 239b	[⌐il est bien certain que ... mais des complications	Margin, 16760:24iv
II 239-40a	- En tous cas ... comme un écrivain." (240)	Margin, 16762:20i
II 240a	[hors de conteste [16736:257 has: <u>certain</u>]	Corr. margin, 16762: 20i
II 240b	[du colonel devenait nécessaire ... lui-même, cette déposition	Margin, 16760:24v
II 240c	pour peu que ... anguille sous roche	Margin, 16762:20i
II 240d	[des plus favorables [after <u>une impression</u>. 16736:257 had: <u>singulièrement heureuse</u>]	Corr. margin, 16760:24v
II 240e	"Voilà & il n'y a plus l'ombre d'un doute"	Above-1, 16736:257
II 240f	[quand on le vit regarder ... la dragée haute et de	Margin, 16762:20i
II 240g	[le vent tourna ... bel et bien fiasco [Margin, 16760:24v, has: <u>Cette deuxième audience fut pour le lieutenant colonel Picquart un véritable fiasco et les suivantes furent à l'avenant</u>]	Margin, 16762:20i
II 241a	[⌐et qui ne mérite pas ... grandes questions extérieures	Margin, 16736:266
II 241-42a	[Mais où Bloch se trompait ... leur partisan Reinach (242)	Layer, 16760:24vi
II 242a	[- Tenez pour assuré ... rester maître [16736:266 has simply:"J'ai entendu dire ajouta-t-il que le Général Billot l'avait formellement désaprouvé (sic)"]	Margin, 16760:24vi
II 242-43a	- D'ailleurs elles ... de pronunciamento (243)	Margin, 16762:20iii
II 243a	[En revanche M. de Norpois ... suites de ce jugement	Margin, 16736:267
II 243b	Pour en finir sur ... voulais seulement dire qu'	Margin, 16762:20iii
II 243c	il y a dans toute ... de vos bracelets."	Not in 16736:261, nor 16760:24vii; in 16762:20iii
II 244a	avec un joli sourire de vieille femme	Margin, 16736:267
II 244b	(On: c'était ... de Sagan)	Margin, 16736:267
II 244c	au grand désespoir de M. de Norpois	Margin, 16762:20iv
II 245-46a	[- Je sais que le parti ... en mouvement Dame Justice (246)	Margin & layer, 16760:24viii
II 245a	[⌐Cette affaire-là ... c'est la bouteille à l'encre	Above-1: margin, 16760:24viii
II 245b	Je ne dis pas que ... n'est pas l'armée	Margin, 16762:20iv
II 245c	[ou il laisserait tomber en quenouille ... prérogative essentielle	Not in 16760:24viii addn; in 16762:20iv

II 245d	⌈ Les coq-à-l'âne .. "Présent!" │ [But 16760:24viii margin & layer has: <u>Mais ce</u> │ <u>jour-là saurez-vous l'écouter</u>; and adds: ⌊ <u>resterez-vous sourd à ses appels</u>]	Margin & layer, 16762:20iv
II 245e	≃et pouvait assumer la responsabilité	Not in 16760:24viii addn; in 16762:20iv
II 245f	des décisions qui seraient prises	Layer, 16762:20iv
II 245-46b	⌈ ≃collective de Bloch, si ... et brûliez vos ⌊ vaisseaux (246)	Layer, 16762:20iv
II 246a	⌈ Êtes-vous prisonnier ... sera saisie │ [Layer, 16760:24viii, has above-1: <u>si vous ne</u> ⌊ <u>manquez pas d'esprit politique</u>]	Above-1: layer, 16762: 20iv
II 246b	si vous ne vous laissez pas ... en eau trouble	Not in 16760:24viii addn, nor 16762:20iv
II 246c	vous aurez ville gagnée	Above-1: layer, 16760: 24viii
II 246d	Je ne réponds pas que ... le feu aux poudres	Margin, 16762:20iv
II 246e	qu'il appartient de dire ... crimes impunis	Above-1: layer, 16760:24viii
II 246f	⌈ L'action gouvernementale doit ... de M. de ⌊ Clemenceau	Not in layer, 16760: 24viii; in 16762:20v
II 246g	⌈ Il faut mater les agitateurs ... les dessous ⌊ dangereux	Margin, 16762:20v
II 246h	⌈ sortir de sa passivité ⌊ [Addn had: <u>agir</u>]	Above-1: layer, 16760:24viii
II 246i	⌈ Le gouvernement acceptera ... se donner du ⌊ champ	Later addn: layer, 16760:24viii
II 247-48a	⌈ Pour se rattraper Bloch ... quelque naïveté ⌊ (248)	Margin, 16762:20v
II 248a	Ce que lui avait dit ... que l'on se figure	Not in 16736:270, nor 16760:25i; in 16762: 20v
II 248-49a	⌈ ≃Comme Bloch s'approchait ... rapport avec la ⌊ vérité (249)	Layer, 16760:25i
II 249a	⌈ était "ramollie" │ [16760:25i layer has: <u>qu'elle venait d'avoir</u> ⌊ <u>une petite attaque</u>]	Not in 16760:25i, nor 16762:20vi
II 249b	Non, nous ne vous ... dans <u>les Sept Princesses</u>	Margin, 16762:20vi
II 249c	≃de cette ineptie	Margin, 16762:20vi
II 249d	un peu timide mais	Margin, 16762:20vi
II 249e	⌈ quand je devrais me faire ... risques, j'avoue ⌊ que	Not in 16736:271, nor 16760:25i; in 16762: 20vi
II 249f	infiniment [after <u>j'ai trouvé cela</u>]	Not in 16736:271, nor 16760:25i; in 16762: 20vi
II 250a	⌈ Pl. <u>n</u>.3 + Mme de Marsantes suivait ... que son │ frère le duc │ [However, M. de Guermantes's <u>joli petit nez</u> is │ mentioned in a similar discussion in crossed- ⌊ out pages, 16736:273-75]	Margin, 16736:273
II 250-52a	⌈ Mme de Marsantes avait ... que vous êtes très ⌊ riches (252)	Layer, 16760:25ii
II 251-52a	⌈ Mme de Marsantes agaçait ... de la stupidité ⌊ (252)	Further layer, 16760: 25ii
II 251a	⌈ et montrer qu'elle savait ... dans le voisinage │ [16760:25ii layer has: <u>et était remplie non de</u> ⌊ <u>simplicité mais d'affectation</u>]	Not in layer, 16760: 25ii; in 16762:20viii
II 252a	un nez tout petit ... le cou long et	Layer, 16760:25ii
II 252-53a	⌈ ≃- Écoute, dit Mme de Villeparisis ... Mais, à ⌊ propos de Robert (253)	Margin, 16760:25iii- iv
II 254a	Chaque fois que ... des fredaines de Robert	Margin, 16760:25iii
II 255a	⌈ sur un ton d'étonnement et de décision │ [Note:TS addn has <u>de dérision</u>, which makes more │ sense; 16760:25vi, evidently a misreading, has ⌊ <u>décision</u>]	Above-1, 16736:284

II 256a	de Faffenheim-Munsterburg-Weinigen [Had: Tchiguine]	Corr. 16736:284
II 256b	- Ah! je sais qu'il ... l'antisémitisme en personne	Margin, 16760:25vi
II 256-57a	⌂Le nom du prince ... chez Mme de Villeparisis (257)	Margin & layer, 16736: 285
II 256c	- comme on dit en musique -	Not in 16736:285 addn, nor 16760:25vi; in 16762:21iv
II 257a	le lundi & aux "mardis" des "Français" [16736:285 addn has: aux français]	Not in 16736:285 addn, nor 16760:25viii; in 16762:21iv
II 257b	Berlin [16736:285 had: St Petersbourg]	Corr. 16736:285
II 257c	quand ils y étaient tous deux ambassadeurs	Above-1, 16736:285
II 259a	perdue d'avance [16736:288 and 16760:26ii have: sans espoir]	Not in 16736:288, nor 16760:26ii; in 16762: 21vi
II 259b	un peu plus vivant	Not in 16736:288, nor 16760:26ii; in 16762: 21vi
II 259c	dans ce collège ... si j'escomptais	Not in 16736:288, nor 16760:26ii; in 16762: 21vi
II 259-61a	Je n'ai pas mis la main ... avertis par les Norpois (261)	Margin & layer, 16762:21vi
II 262a	notamment en l'honneur ... la reine d'Angleterre	Above-1, 16736:290
II 262b	happy few	Not in 16736:291, nor 16760:26iii; in 16762: 21vi
II 262c	Peut-être consentirait-elle ... grande-duchesse Jean	Above-1, 16736:291
II 263a	⌂Ma profonde désillusion ... ⌂la danse des Kobolds	Margin, 16760:26iv
II 263b	où l'on donne ... de Minerve	Not in layer, 16760: 26iv, nor 16762:21vii
II 263c	la danse des Kobolds [16760:26iv addn has: les murmures des gnomes dans la forêt]	Not in 16760:26iv addn; in 16762:21vii
II 263d	mais par une transposition ... concierge alsacien [But 16736:285 layer has: il était gros et court, et disait: "Matame"; and 16760:26iv addn has: En s'inclinant devant Me de Ville- parisis, le Prince du Burg [...] dit comme un concierge alsacien: 'Ponchour Matame']	Not in 16736:292, nor 16760:26iv addn; in 16762:21vii
II 263-64a	Elle venait d'apercevoir ... fait au nationalisme (264)	Margin, 16760:26v
II 264a	Tiens, voici mon oncle Palamède	Further addn: margin, 16760:26v
II 264-67a	La présence de Mme Swann ... la "Dame en rose" (267) [However, not in 16712:68, nor 16740:49, but in 16766:241-242, is a passage in which Morel (called Santois) reveals the identity of la "Dame en rose"; this mentions his urbanity and politeness, alongside de terribles défauts]	Layer, 16762:21viii
II 267-68a	M. de Charlus fut ... qu'il y eût là (268)	Margins, 16760:26v-viii
II 267a	procurait à M. de Charlus ... exemple, pour conséquence [Had: faisait]	Above-1: margin, 16760: 26vi
II 268-69a	Mme de Villeparisis n'était ... que l'autre avait de lui	Margin & layer, 16762:21viii
II 269a	Certes il s'agit là ... entre les peuples	Not in 16736:293, nor 16760:26v, nor 16762: 21viii

II 269b	– Mon Dieu ... vient les déranger	Margin, 16760:26v
II 269c	dans son innocence	Not in 16760:26v; in 16762:21viii
II 269d	Aux pures tout est pur!	Not in 16736:293, nor 16760:26v; in 16762: 21viii
II 269-70a	[Je regardais M. de Charlus ... d'amabilité pour eux [In the TS, he enters in a margin addn, 16736:281]	Margin & layer, 16736: 283
II 270a	[Mme Swann dont flottait ... couleur pensée [The story is being told to M. d'Argencourt in the TS addn]	Margin, 16760:26v & viii
II 270b	Néanmoins il ... de me présenter	Margin,16760:26vi
II 270c	≏ Je m'avançai alors ... de son sourire	Margin & layer, 16736: 293
II 270d	[Cette froideur ne fut pas ... départir de la sienne	Margin, 16760:26v
II 270e	et agité	Above-1, 16736:293
II 270-71a	≏ Et en effet ... en lui caressant la joue (271)	Margin, 16736:293
II 271-73a	[Mme Swann se trouvant ... je n'aimais plus Gilberte (273)	Layer, 16760:26vi
II 271a	Je ne perdais pas ... ≏ce pût être le chapeau	Margin, 16762:22i
II 272-73a	jusque dans un autre ... "C'est vous." (273)	Not in 16736:294, nor 16760:26vi; in 16762:22iii-iv
II 273a	D'autre part, je ... de mon enfance. Aussi	Margin, 16762:22iii
II 273b	je parlai de la femme ... de l'anglais + Pl.n.1	Not in 16736:294, nor 16760:26vi; in 16762: 22iii
II 273-74a	[Mme de Marsantes, qui ... lui être présenté (274)	Margin, 16762:22iii
II 274a	et, comme on dit ... de la palette	Not in 16736:297, nor 16760:26vii; in 16762: 22iv
II 274-75a	Même en supposant ... vraiment sentie (275)	Not in 16736:297, nor 16760:26vii; in 16762:22iv
II 275a	≏ – Je n'ai aucun ... pour la religion	Margin, 16760:26vii
II 275b	Je me rappelle ... sur les fleurs	Not in 16760:26vii margin; in 16762: 22iv
II 275c	Mais il s'amusait à ... dans votre pays	Not in 16760:26vii addn; in 16762:22iv
II 275d	[en souvenir d'une promenade ... sur ses genoux	Not in 16760:26vii addn; in 16762:22iv
II 275-76a	[Pouvons-nous dîner ... que je l'ai été pour toi (276)	Margin, 16762:22iv
II 275-76b	[Je ne crois pas ... à une chaude sympathie (276)	Not in 16736:298, nor 16760:26vii, nor 16762:22iv
II 276a	que je croyais [after notre départ]	Not in 16736:298, nor 16760:26viii, nor 16762:22v
II 276-77a	≏ M'ayant entendu ... eût pensé Bloch (277)	Margin, 16760:26viii
II 277a	et il me fit signe ... qu'un instant	Above-1 & layer, 16736:300
II 277b	Je vis avec inquiétude ... couronne ducale	Margin, 16762:22v
II 277-78a	– Vous ferez bien ... je n'insistai pas (278)	Margin, 16762:22vi
II 278a	Je lui dis ... à Saint-Loup	Layer, 16736:300
II 278b	["Il est en train ... auprès de Robert [Allez already in layer, 16736:300]	Margin, 16762:22vi
II 278c	≏ Je sais que vous avez ... que de l'eau	Margin, 16760:27i
II 278-79a	Je ne savais pas ... et ce n'est pas vrai	Margin & above-1, 16736:300
II 279a	[≏ si tu savais, elle a ... des choses adorables	Above-1, 16736:300

II 279b   En tous cas ... reconnaîtra-t-elle ses torts   Above-1, 16736:300
II 279c   tu sais, pour moi ... de cosmique   Margin, 16736:27ii
II 279d   chez le bijoutier et après cela   Above-1, 16736:301
II 279e   avec un sourire ... à un tel rêve   Above-1, 16736:301
II 279f   Mais on ne peut pas ... peut-être irrévocable   Above-1, 16736:301
II 279-80a   [Certes Robert ... Et aux paroles qu'il   Margin, 16760:27iii
             [prononça (280)
II 281a   Maintenant je me serais ... heures de distance   Margin, 16760:27iv
II 281-83a   Robert alla chez ... ruinés par Rachel (283)   Layer, 16760:27v
II 282a   [≏et faisait travailler ... venait de la   ] Not in layer, 16760:
             [quitter | 27v, nor in 16762:
                                                               ] 23i
II 283a   Tout ce que venait ... qui sait son métier   Layer, 16760:27v
II 283-84a   ≏- Je ne peux pas ... lui dis au revoir (284)   Above-1 & margin,
                                                               16736:305
II 283b   S'il ne s'était agi ... à tort et à travers   Margin, 16762:23ii
II 284a   Pensant que cela ... devenue soucieuse: Margin, 16762:23ii
II 284b   A côté d'elle ... à ceux des autres   Margin, 16760:27v
II 284c   [des Jésuites   ] Not in 16760:27v addn,
             [[16760:27v addn has: la bonne éducation]   ] nor 16762:23ii
II 284-96a   [Dans l'escalier ... qui partit au grand trot   ] Inserted handwritten
             [(296) | pp., 16736:307-310
             [[The TS ends with these handwritten pages; the |
             [actual typescript had been interrupted on |
             [16736:306, a crossed-out page of conversation |
             [about the prince's candidature and the weather]]
II 285a   Je vous ai trouvé ... appelée espadrilles   ] Not in 16736:307, nor
                                                               | 16760:27vi, nor
                                                               ] 16762:23ii
II 285b   répéta-t-il en scandant les mots avec force   ] Not in 16736:307, nor
                                                               | 16760:27vi, nor
                                                               ] 16762:23ii
II 285c   Pour les meilleurs ... vous connaître un peu   Margin, 16762:23iii
II 286a   trop peut-être   ] Not in 16736:307, nor
                                                               | 16760:27vii, nor
                                                               ] 16762:23iii
II 286b   [et en me disant ces paroles ... autour de lui   Above-1, 16736:307-8
             [et [afterthought?]
II 286c   [J'étais frappé ... à celle de Swann [after-   Above-1, 16736:308
             [thought?]
II 286-87a   [De ma famille ... c'est un sujet & dont (287)   ] Not in 16736:308, nor
             [[16736:308 has: Je n'aime pas beaucoup à | 16760:27vii, nor
             [parler de moi]   ] 16762:23iii
II 287a   [de nos jours [after un Guizot.   ] Not in 16736:308, nor
             [16736:308 has: un Henri Martin] | 16760:27viii, nor
                                                               ] 16762:23iv
II 287b   Et je ne parle pas ... mais de l'avenir   Margin, 16760:27viii
II 287c   [mais de l'enchaînement ... et leur   ] Further addn: margin,
             [enchaînement)   ] 16760:27viii
II 287-90a   [M. de Charlus s'interrompit ... à mes projets   Layer, 16762:23iv
             [sur vous (290)
II 288-   [Il pourrait même, pendant qu'il y est ... Quant] Further layer:
   89a   [aux yeux crevés (289) | layer, 16762:23iv
             [[Had: Je répondis que M. Bloch ne serait peut- |
             [être pas charmé d'avoir les yeux crevés]   ]
   II 289-   D'ailleurs M. Bloch ... dans une opale (290)   ] Not in layer, 16762:
     90a   ] 23iv
II 290-91a   [Il existe entre certains hommes ... la maladie] Margin & layer,
             [était nerveuse, il (291)   ] 16760:27viii
   II 290a   et peut nous amener ... Monsieur, parfaitement   ] Above-1: margin,
                                                               ] 16760:27viii
II 291a   [persuada son malade ... mais le rein perdu   Margin, 16762:23iv
             [[But this was almost certainly in 16760:27viii
             [layer, which is torn after nerveuse, il; and
             [16762:23iv leaves an appropriate blank]
II 291b   [Il y a longtemps que ... par la vertu   Above-1, 16736:308
             [[afterthought?]

II 291c	de jeunes parents *[16736:308 has: <u>un fils</u>]*	Corr. 16760:27viii
II 292a	Je voulais profiter ... sa belle-soeur, mais	Margin, 16760:28i
II 292b	presque ce regard destiné ... pour Bloch	Margin, 16760:28i
II 292c	à qui pourtant j'avais ... longuement de ma famille	Margin, 16762:23v
II 292d	≃et dès lors, pendant très longtemps ... qu'il me rencontrait *[<u>dès lors</u> not in 16760:28i addn, nor 16762:23v]*	Margin, 16760:28i
II 292e	Il m'observa ce soir-là ... rien de sympathique	Above-1, 16736:309
II 292f	qu'il retira aussitôt	Margin, 16762:23v
II 292g	ce contretemps *[16736:309 has: <u>cette rencontre</u>]*	Not in 16736:309, nor 16760:28i, nor 16762:23v
II 292h	bien né mais mal élevé ... comme dans une pièce	Margin, 16760:28i
II 293a	- La duchesse de Guermantes ... fréquentation mondaine	Margin, 16760:28i-ii
II 293b	Alors je n'ai pas ... maître de l'heure	Margin, 16760:28ii
II 293c	Actuellement vous ... éviter l'indécence	Not in 16736:310, nor 16760:28i, nor 16762:23vi
II 293-95a	≃Comme M. de Charlus ... je me fusse adressé & continua M. de Charlus (295)	Margin & layer, 16760:28ii
II 293d	- Mon Dieu ... mots, M. de Charlus	Not in 16760:28i, nor 16762:23vi
II 293-94a	≃Ma tante, qui peut ... il fit un choix autre et *[Addn has: <u>Ma tante a épousé par amour un M. Thirion [...] qui à [...] partir de ce moment là (sic) s'est appelé le marquis de Villeparisis</u>]*	Not in addn, 16760: 28ii, nor 16762:23vi
II 294a	Comme il n'y en a plus depuis 1702 & modestement	Not in addn, 16760: 28ii, nor 16762:23vi
II 294b	qu'il avait une étude ... plus d'aucune	Not in addn, 16760: 28ii, nor 16762:23vi
II 294c	comme notre excellente amie ... le bisaïeul de M. Thirion	Not in 16760:28ii, nor 16762:23vi
II 294d	Je trouvais injuste ... des amitiés royales	Further addn: layer, 16760:28ii
II 295a	qui ont l'air de petis (<u>sic</u>; Pl. misprint) truqueurs	Margin, 16762:23vii
II 295b	(Je ne savais pas ... que de naïveté.)	Margin, 16762:23vii
II 296-98a	Pour ma part ... grand'mère plus souffrante (298)	Margin & layer, 16762:23vii
II 298a	Le concierge les ... la domesticité des Guermantes	Not in layer, 16762: 23vii
II 298-99a	et qui nous avait agacés ... à la longue quelques vérités	Margin, 16762:23viii
II 298b	(Widal n'ayant pas ... ses découvertes)	Not in margin, 16762: 23viii
II 299a	un fébrifuge ... encore employée alors *[Had: <u>la quinine</u>]*	Margin, 16762:23viii
II 300a	Alors ma grand'mère ... voulu pouvoir remercier	Margin, 16762:23viii
II 300b	Et elle restait émue ... même des plantes *[Later than II 300a]*	Margin, 16762:23viii
II 301a	Je savais certes ... c'est certain."	Margin, 16762:24i
II 301b	Malgré cette compétence ... inventive et profonde	Margin, 16762:24i
II 301c	Ce qui décida ... du moins à ma grand'mère	Margin, 16762:24i
II 302a	(sa voix du reste ... de bonté)	Margin, 16762:24ii
II 303-4a	- Ta grand'mère ... sérénité philosophique *[Part in rough, crossed out, in margin, 16762:24iv]*	Margin & interline, 16762:24ii
II 304a	Mais les médecins sont susceptibles	Not in margin, 16762: 24ii
II 306-7a	Ne me dites pas que vous ... ne pas la penser (307)	Margin, 16762:24iv

II 307a	Françoise m'exaspéra ... les "racontages"	Margin & layer, 16762:24iv
II 307-8a	On commençait déjà ... le fût du tout (308) [Had: Des amis m'avaient]	Margin and above-1, 16762:24iv
II 308a	Comme Françoise n'avait ... que maman restât avec elle [Jupien's remark is in rough in margin, 16709:4]	Margin, 16762:24v
II 311a	après une grande demi-heure	Margin, 16762:24vii
II 312a	Et elle ajouta ... d'un adieu."	Margin, 16762:24vii
II 312b	rentrés. // Elle me sourit ... petite attaque [But most unlikely that this is a true addn. 16762:24viii is left blank]	Proust's writing, margin, 16762:24vii
II 313-14a	- Monsieur, je ne dis pas ... regarder avec méfiance (314)	Layer, 16763:25i (2nd)
II 316-17a	J'ai pensé, depuis ... a enfin abandonnés	Margin, 16763:25i
II 316a	C'est une terrible ... habiter chez nous	Layer: margin, 16763:25i
II 317a	Un matin, elle ... ses desseins?	Layer: margin, 16763:25i
II 317-18a	Je mis ma grand'mère ... vers la maison (318)	Layer, 16763:25iii (2nd)
II 320a	commençant la liste ... ne pouvons pas tenir	Margin, 16763:25iii
II 320b	Ma grand'mère se plaignait ... successifs du flux	Margin, 16763:25iii
II 320c	≙(de qui ... et offensante)	Margin, 16763:25iii
II 321a	Elle ne pouvait ni ... jeune valet de pied	Margin, 16763:25iv
II 321-22a	Certes elle avait ... ≙et non content d' (322)	Margin, 16765:25vii
II 322a	à l'exemple de Victor	Margin, 16765:25vii
II 322b	avoir [after non content d'] & pris mon papier ... même: bonjour	Margin, 16763:25iv
II 324a	Ma grand'mère essayait ... contraction - descendre	Margin, 16763:25v
II 324-25a	Dans un de ces moments ... étions déjà malades (325)	Margin, 16763:25vii (2nd)
II 325a	≙que le genre de hasard ... auprès ma grand'mère [auprès de here]	Margin, 16763:25v
II 325b	Madame Sazerat écrivit ... à jamais séparés	Margin, 16763:25vi
II 325-26a	Il avait toujours aimé ... des admirateurs nouveaux (326)	Margin, 16765:26i
II 326-28a	≙Les visites qu'il ... je n'éprouvais pas de remords (328)	Margin & layer, 16763:25vii-viii (2nd)
II 326a	Ce qui n'est pas ... fini de s'imposer	Margin, 16765:26i
II 329a	Je ne sais ce qui ... venu la veille	Layer, 16763:25viii (2nd)
II 329b	Nous eûmes ... agi d'elle-même	Margin, 16765:26iii
II 329c	attention de femme ... d'un peintre -	Layer, 16765:26iii-iv
II 329-30a	On verra plus tard ... n'aurait pas mieux dit (330)	Layer, 16765:26iii-iv
II 331a	c'était un effet du même code ... à l'égard du Japon	Margin, 16763:25vii
II 331-32a	Nous fûmes heureusement ... petit théâtre de province (332)	Layer, 16763:26i (2nd)
II 332a	et des yeux le mal nomade ... avec les yeux. Enfin	Margin, 16763:26i (2nd)
II 334a	Françoise espéra ... "esclarifié"	Margin, 16763:26ii (2nd)
II 334b	ce qui la déçut	Margin, 16763:26ii (2nd)
II 335a	Je savais quel ... l'air d'entendre	Margin, 16763:26i
II 335b	de plus en plus grave ... question d'essayage	Margin, 16763:26i

II 335-36a	Et quand luit cette brillante étoile ... "J'ai dormi." (336)	Margin, 16763:26i
II 337a	Son conseil du reste ... faire demander Dieulafoy	Margin, 16763:26ii
II 337b	(il est impossible ... duchesse de")	Later layer, 16763: 26ii
II 338-39a	eût fini par sortir ... naturel, de ma mère, qu' (339) [Had simply: he went]	Margin, 16763:26iii
II 338a	elle est bien bonne!	Margin, 16763:26v (2nd)
II 339a	télégraphia en Autriche ... obtenu l'autorisation	Margin, 16763:26vi (2nd)
II 340-41a	Françoise, quand elle avait ... le lui "raconter" (341)	Margin & layer, 16763:26iv
II 342-43a	A ce moment, mon père ... auprès d'elle (343)	Margin, 16763:26v
II 343a	Il n'avait pas eu ... et la bonté mêmes	Margin, 16763: 26viii (2nd)
II 343b	- et pour anticiper ... la malade agonisait - & Pour revenir ... de l'agonie	Margin, 16763:27i (2nd)
II 346a	Entre la couleur grise ... aujourd'hui ces souvenirs, car	Layer, 16705:3
II 346b	à peine distincts pour l'oeil ... mystérieux des pénombres	Margin, 16763:27i
II 347a	Depuis le matin ... me les rappellerait	Margin, 16705:5
II 347b	d'autant plus [after Il me pesait]	Layer, 16705:5
II 347-50a	que j'avais fait ... comme une sentence d' abandon (350)	Layers, 16705:5-6
II 347-48a	celle qu'il n'aimait déjà plus (348)	Margin, 16763:27ii
II 348a	depuis quelque temps	Margin, 16763:27iv (2nd)
II 348b	La lettre de Saint-Loup ... la conversation	Margin, 16763:27ii
II 348-49a	Ce n'est pas qu'il ... revenir en arrière (349)	Later layer, 16763: 27ii
II 351a	Sans doute, chaque fois que ... pas que cela. Certes	Margin, 16763:27iii
II 351b	même à Balbec, dans ... se dessinait à peine	Layer, 16705:6
II 351c	D'ordinaire elle ... de la belle saison	Margin, 16705:6
II 351-52a	Il suffisait qu'on ... sur la plage (352) [In the same ink as II 351b; in different ink from II 351c]	Layer, 16705:6
II 352a	Je peux le dire ici ... nouvelle et plus rare	Margin & layer, 16763:27iii
II 353a	Par exemple, son intelligence ... n'était pas développée	Margin, 16705:7
II 353b	des nouveautés plus attirantes [16705:7 has: d'autres changements]	Corr. 16763:27iv
II 353c	Ce n'était pas ... dans ma compagnie	Above-1, 16705:7
II 353-54a	sans que je lui eusse rien ... indéfiniment parallèles (354)	Above-1 & margin, 16705:7
II 354a	Il n'y a rien comme ... fait ce geste	Margin, 16763:27viii (2nd)
II 354-56a	Dieu y est partout ... le noir où on est toujours convenable (356) [On II 461 certain Guermantes say: Le plus fort c'est que pendant qu'elle l'imite, elle lui ressemble!; cp. II 355]	Margin & layer, 16705: 8
II 354b	(tandis que les traits ... de sa personnalité)	Later addn: above-1, 16705:8
II 355a	A propos d'un duel ... "porter la moustache"	Margin, 16763:27v
II 355b	Elle alla même ... certain "laps de temps"	Margin, 16763:28i (2nd)

II 355c	Tout cela est tiré du trésor social	Margin, 16763:27v
II 356a	[la famille Simonet	Corr. 16763:27vi
	[*[16705:8 layer has: le milieu d'Albertine]*	
II 356b	"Laps de temps" ... de meilleur augure encore	] Margin, 16763:28ii
		] (2nd)
II 356c	J'estime que c'est la meilleure solution	] Above-1: layer,
		] 16705:8
II 356d	la solution élégante	Margin, 16763:27vi
II 356e	C'était si nouveau ... je l'assis sur mon lit	Margin, 16763:27vi
II 356f	que la haine des Juifs et	] Further layer:
		] layer, 16705:8
II 356-57a	[et comme il faut ... ne réagirait pas de même	Margin, 16763:27vi
	[(357)	
II 357a	même sans les lui ... chardonnerets eux-mêmes	] Margin, 16763:28ii
		] (2nd)
II 357-58a	pourtant je crois que ... ≙ je me hâtai de (358)	] Margin & layer,
		] 16705:9
II 357b	tout en ayant maintenant ... de mon lit	Margin, 16763:27vi
II 357c	A l'entendre on ... dans sa bouche	] Margin, 16763:28iii
		] (2nd)
II 358a	devant "mousmé"	Margin, 16763:27vii
II 358b	avec l'humilité de la femme	Margin, 16763:27vii
II 359a	Sans doute Françoise ... Mais surtout	] Margin & above-1,
		] 16705:12
II 359b	(car le discours indirect ... avec impunité)	Margin, 16765:29i
II 359c	en les traitant ... de "fumier"	Margin, 16763:27viii
II 359d	Françoise ajoutait ... trouvée vexée."	Margin, 16765:29i
II 361a	≙Un autre l'eût ... couvrait de baisers	Margin, 16763:28i
II 361-63a	Et pourtant elle ... toute la plage de Balbec	] Layers & margin,
		] 16705:15 & 17
II 363a	[belle à réapercevoir	] Corr. 16763:28vii
	[*[Layer, 16705:15, has: si amusante à [...]]*	] (2nd)
II 363b	[- Dites-moi, encore ... les cris des enfants.	Margin, 16705:17
	[Mais	
II 363c	[aucun souvenir	] Corr. 16763:28vii
	[*[Margin, 16705:17, has: aucune idée]*	] (2nd)
II 364a	[je dus me dire	Margin, 16763:28iii
	[*[16705:17 has: je me dis]*	
II 364b	[Et puisque les cercles ... le goût de cette	Margin, 16705:18
	[rose charnelle	
II 364-65a	[Les dernières applications ... possibilités qu'	] Margin & layer,
	[il enferme (365)	] 16705:19
II 365a	(figurée par ... d'un solide)	] Margin, 16763:29i
		] (2nd)
II 366a	Cette raison me laissa perplexe	Margin, 16763:28v
II 367a	[une sorte de dévouement ... qu'elle était	Margin, 16705:22
	[revenue	
II 367b	immobilisée auprès de ... vous êtes gentil	Margin, 16705:24
II 367c	et pour quelques heures *[afterthought?]*	Above-1, 16705:24
II 368-69a	Elle me parla ... envers le même être (369)	] Margin & layer,
		] 16763:28vi
II 368-69b	[Du reste, les notions ... Delage, mais	] Margin & layer,
	[spontanément (369)	] 16765:29viii
II 369-70a	- Vous riez? ... que si vous le pouvez (370)	] Margin & above-1,
		] 16705:25
II 370a	Françoise m'apporta ... réelle à ressembler	Margin, 16705:26
II 371a	[≙en commentant la grande ... la duchesse de	Above-1, 16705:26
	[Guermantes	
II 371-72a	Un certain jour ... que de la commettre (372)	] Glued-on layer,
		] 16705:26
II 371b	Et quand ensuite ... à manches blanches)	Margin, 16765:30i
II 372a	Ce qui me faisait ... sortir avant le déjeuner	Margin, 16765:30ii
II 372b	[Même, comme Jupien ... ensuite les surprendre	Layer, 16765:30ii
	[*[Later than II 372a]*	
II 372-73a	[≙Souvent, dans ces sorties ... quelqu'un qu'elle	Margin, 16763:28viii
	[connût (373)	

II 373a	⌒ Tant que j'aimais ... d'aucune utilité	Not in 16705:27; in 16763:29i
II 373b	Mais, même dans ... l'art de parvenir [This, very approximately, is in MS, 16705:28]	Margin, 16763:29i
II 374a	ajouta-t-elle (car les ... maîtresse de maison)	Margin, 16763:29i
II 375a	(C'était du reste ... par la marquise.)	Margin, 16705:29
II 375b	Certaines personnes ... gens qui lui plaisaient	Margin & layer, 16763:29vi (2nd)
II 375c	J'avais beau savoir ... connaissance avec un songe	Margin, 16705:33
II 376a	mettant d'ailleurs devant ... au comte Mosca:	Margin, 16705:34
II 376b	⌒ Elle avait de ces ... collection d'autographes	Margin, 16705:35
II 376-77a	Elle ne pensait ... "gens agréables" (377)	Margin, 16705:35
II 377a	Il fallait voir ... accapare leur attention	Margin, 16763:29iii
II 377b	Le motif véritable ... Je ne sais. En tous cas	Margin, 16763:29viii (2nd)
II 378-80a	Cependant je dois dire ... ce que je ne pouvais comprendre (380)	Layer, 16705:39
II 379a	De plus, dans cette partie ... dont il ne parlait jamais	Margin, 16765:30vi
II 379b	Disons en passant que ... Chartres, Paris"	Further addn: layer, 16705:39 [not necessarily newer than rest]
II 379-80a	et, ce qui n'est pas très gentil ... crier un dément (380)	Margin, 16763:30ii (2nd)
II 379c	et dont j'admire la rare valeur	Above-1: margin, 16763:30ii (2nd)
II 380a	Il a beau aimer ... d'un fort! ...	Margin, 16763:30ii (2nd)
II 381a	Je terminerai ceci ... sorte de purification + Pl.n.1	Inserted page, 16705:40
II 381b	Mais si j'étais ... de Mme de Guermantes	Later addn on inserted page, 16705:40, & above-1, 16705:40
II 381-82a	Ajoutons, pour en finir ... de six mois (382)	Layer, 16763:30iii (2nd)
II 381c	à la fin de ce volume (Sodome I) [16763:30iii (2nd) layer has: dans quelques pages]	Corr. margin, 16765:30viii
II 382-83a	C'est qu'en général ... de toutes autres) (383)	Margin, 16705:40
II 383a	Ce qu'il me fallait ... prendre un autre sentier	Margin, 16705:41
II 383-84a	Du reste, les attitudes ... autant qu'elles (384)	Margin, 16763:30iii-iv (2nd)
II 385 n.1:II 1160a: Les dernières ... embrasser l'eau		Margin, 16705:48
II 385a	quand on sent ... qu'elle ne viendra plus [But approximately in margin, 16705:48: see Pl.n.1]	Margin, 16765:31iii
II 385b	au-dessus des peupliers ... le ciel apaisé	Above-1, 16705:48
II 385c	Quelques gouttes de pluie ... des nuages et des fleurs	Above-1, 16705:48
II 386a	(bien qu'à ... le restaurant désert)	Margin, 16763:30vii (2nd)
II 386b	Celle à qui on donne ... sans espoir d'avenir	Margin, 16763:30iii
II 387-88a	Et certes, si j'avais ... C'était inutile (388)	Margins, 16763:30iii-iv
II 388a	avoir raison de nos ennemis	Margin, 16765:31vii
II 389a	⌒ Ainsi qu'en bas ... de climats plus beaux	Margin, 16705:53
II 390a	il fit froid et beau ... dans l'après-midi [MS has: la brume reprit, s'épaissit dans l'après-midi]	Margin, 16705:54
II 390b	(et, de fait, la saison ... d'or vert)	Not in 16763:30iv; in 16765:31vii-viii
II 390-91a	Aussi n'était-ce plus ... éblouissant morceau symphonique, car (391)	Margin & layer, 16705:56
II 392a	ces tapis qui sont ... repas en famille [MS had, crossed out after de claustration: que m'aurait donnée une prison d'où je ne pourrais plus [...]]	Margin, 16705:58

II 392b	Bientôt l'hiver ... moineaux tout seuls	Margin, 16765:32i
II 393a	Combien y en a-t-il ... c'était bien plus et	Margin, 16705:59
II 393b	⌈ Elle allait faire à dîner ... réclusion ⌊ commençait	⌉ Above-1 & margin, ⌋ 16705:60
II 393c	pareil aux Juifs ... dans le deuil	Above-1, 16705:60

II 393-94a	⌈ Je [last word of page] frissonnais ... jamais
	  finir
	  [MS had, crossed out: <u>frissonnant de chagrin et</u>
	<u>de froid</u>]
		Margin, 16705:60

II 394a	⌈ ⌓ de quelque génie ⌊ [Had: <u>de valeur</u>]	Corr. 16705:61
II 395a	J'étais bien éloigné ... au moment où	⌉ Margin & above-1, ⌋ 16705:63
II 396a	⌈ Je me souvins d'une ... n'y songeais plus depuis ⌊ longtemps	⌉ Not in 16705:64, nor 16763:30viii; in ⌋ 16765:32iv
II 397-98a	⌈ Si en descendant ... ne les aperçoivent jamais ⌊ (398)	Layer, 16705:65
II 397a	⌈ avant que se déclarât ... est l'histoire [16705:65 addn has: <u>le but auquel je devais</u> ⌊ <u>parvenir un jour aurait-il été atteint</u>]	Corr. 16763:31i
II 398a	Et je me trouvai rejeté dans l'amitié	⌉ Later addn: layer, ⌋ 16705:65
II 398b	⌈ ⌓ A deux pas les réverbères ... contre lesquels ⌊ on lutte	Margin, 16705:66
II 399a	⌈ Une seule chose ... aux dépens des autres. Mais ⌊ déjà	Glued-in layer, 16705:66
II 399b	Du reste sa figure ... qui s'y reflétait	⌉ Margin & layer, ⌋ 16763:31ii
II 400a	aussi affamant que ... qu'une fois par an	⌉ Not in 16705:67, nor 16763:31iii; in ⌋ 16765:32vii
II 400b	Toute excitation mentale ... de l'oiseau Rock	⌉ Glued-in page, & crossed out in margin, ⌋ 16705:67
II 400-401a	⌈ Ils considéraient Dreyfus ... quelque rivalité ⌊ (401)	⌉ Margin, 16763:31iii- ⌋ iv
II 401a	⌓ Le malheur pour moi voulut que	Above-1, 16705:67
II 401b	Or, pour commencer ... la crainte de se perdre	Margin, 16705:67
II 401c	(Disons en passant ... <u>revolving door</u>.)	⌉ Not in 16705:67 addn, nor 16763:31iii; in ⌋ 16765:32viii
II 402a	⌓ au moment où il pénétrait ... d'un bivouac	⌉ Above-1 & margin, ⌋ 16705:69
II 402b	⌈ Les arrivants avaient ... le sentiment des ⌊ distances	Margin, 16705:70
II 402c	"Trois fois! ... touchant son chapeau	Above-1, 16705:70
II 402-6a	⌈ Il faisait partie ... d'un air rouge toutefois ⌊ et (406)	⌉ Margin & layer, ⌋ 16763:31iv
II 403-5a	⌈ A propos du prince ... se jetant sur les ⌊ militaires (405)	⌉ Not in 16705:70, nor 16763:31iv; in 16765: ⌋ 33i-iii
II 406a	⌓ En effet, il avait ... ou le client pas franc	⌉ Margin & layer, 16705: ⌋ 70
II 406b	Les historiens, s'ils ... En politique	⌉ Further layer: layer, ⌋ 16705:70
II 406c	⌈ "Bien dit ... sans faute) ⌊ [<u>mon prince</u> is in 16705:70]	Layer, 16705:70
II 406-7a	et parmi ceux-ci ... fort près de moi (407)	Margin, 16705:71
II 407a	⌈ pour qui Robert n'était pas ... beaucoup ⌊ d'argent	⌉ Above-1 & margin, ⌋ 16705:71
II 408a	Derrière moi le propos ... disent "je"	⌉ Not in 16705:74, nor 16763:31vi; in 16765: ⌋ 33iv
II 408-9a	⌈ Cependant je regardais ... mais encore ⌊ créatrices (409)	⌉ Margin & layer, ⌋ 16705:74
II 408b	les Juifs non assimilés ... question des autres	Margin, 16765:33v

II 408c	(par les voies ... uniquement prisée)	Margin, 16763:31vi
II 409a	(il insista beaucoup ... pas fameuses)	Not in 16705:74, nor 16763:31vii; in 16765: 33v
II 410a	[Je voulais raconter ... mais j'en fus empêché [par	Margin, 16705:76
II 410-11a	[Je fus peiné d'entendre ... qu'elle était une [invention pure (411)	Margin & layer, 16765: 33vi
II 411a	En attendant Saint-Loup ... "Monsieur le marquis"	Layer, 16705:76
II 411b	avec un air de tristesse pour rire	Margin, 16763:31vii
II 411c	[un commis, comme paralysé ... attendaient à [côté	Not in 16705:77, nor 16763:31vii; in 16765:33vi
II 412a	[- Dis-moi pendant ... ≏ onze heures chez mon [oncle	Margin, 16705:76
II 412b	≏ un gueuleton à tout casser	Layer: margin, 16705: 76
II 412c	Mais mon oncle ... te décommander?	Margin, 16765:33vii
II 412d	Je crois qu'il tient à te voir & n'oublie pas	Margin, 16765:33vii
II 412e	Du reste, moi ... et le Götterdämmerung	Layer, 16705:76
II 412f	Seulement cela ... moins longtemps	Margin, 16763:31viii
II 412-13a	Il me parla ... époque dans ma mémoire	Margin, 16705:78
II 412-13b	pour quelques mois ... ou ailleurs)	Further addn: margin, 16705:78
II 415a	(descendant de ... Charles VII)	Not in 16763:32ii; in 16765:34i
II 415-16a	[Elles ne m'étaient ... impondérable qu'elle [fût (416)	Margin & interline, 16705:85
II 416a	[La duchesse ne m'ayant pas ... assisterait au [dîner [[Above-l, 16705:85, has simply: I was afraid [lest, in spite of all that was said, her husband [might still be living with her, and might be [unpleasant because of his hostility towards his [wife]	Not in 16705:85, nor 16763:32iii; in 16765: 34ii
II 416b	≏ (puisqu'ils avaient dû ... reçu chez lui)	Above-l, 16705:85
II 416-17a	- Mme de Guermantes va ... ≏ qu'un avec lui (417)	Margin, 16705:86
II 416c	Permettez-moi de ... du peuple	Margin, 16765:34ii
II 416d	Ma femme craignait ... faux bond	Not in 16763:32iii; in 16765:34ii
II 417a	[ou une habile feinte ... par surprise & et ce [général	Margin & above-l, 16705:86
II 417-18a	Cet éloignement ... celle d'un chef-d'oeuvre (418)	Layer, 16705:86
II 418a	"Je suis à vos ordres ... Je suis fort marri	Layer, 16705:88, & above-l, 16705:89
II 418b	me faire la grâce de & et le prier à dîner	Margin, 16763:32iv
II 418c	[passer la soirée en votre compagnie [[16705:89 has: dîner avec vous]	Margin, 16763:32iv
II 418d	Fort peu ancien régime ... sans le vouloir	Layer, 16705:88
II 418-19a	[≏ s'effaçant gracieusement ... bien d'autres [visiteurs (419)	Layer & margin, 16705:88-89
II 419a	[en tête à tête avec [[16705:89 has: devant]	Not in 16705:89, nor 16763:32v; in 16765:34iv
II 419b	[≏ une chose par cette autre ... appelons vision [[However, MS does not make sense without this, [and it seems to have been copied into the margin [because there was no room on the page]	Margin, 16705:90
II 420-21a	[≏ Je fus ému de ... ≏ ce qu'est l'Instant, dans [(421)	Margin & layer, 16705:91
II 420a	[notoires [after seigneurs. [16705:91 has: célèbres]	Margin, 16763:32vi
II 420b	- et parfaitement ressemblants -	Not in 16705:91, nor 16763:32vi; in 16765: 34v
II 421a	qu'Elstir homme de goût ... du Moyen Age	Margin, 16763:32vi
II 421b	Tout le prix est ... du peintre."	Margin, 16763:32vi
II 422n.1:II 1162a:	≏ un passé dans les profondeurs ... Thésée [[MS does not make sense without it]	Margins & interline, 16705:93-94

II 422a	et je pensai avec effroi ... chez M. de Charlus	Margin, 16705:94
II 422b	(non sans que ... Madame la duchesse)	Margin, 16765:34vii
II 423a	et sans laisser apercevoir ... d'estomac	Not in 16705:95, nor 16763:32viii; in 16765:34vii
II 423b	(leur chair apparaissait ... d'une rose)	Margin, 16763:32viii
II 423c	Beaucoup n'en étaient pas ... demeuré intact	Not in 16705:97, nor 16763:32viii; in 16765:34vii-viii
II 424-26a	⌐ Tout d'abord ... qui devient essentielle et profonde (426) [16705:98-99, crossed out, & margin, 16705:99, have some brief comment on her great friendliness]	Layer, 16705:97
II 424a	à laquelle il semblait ... peau du cou"	Not in 16705:97 addn; in 16763:32viii-33i
II 424b	Pendant ce temps ... pouvait enfin cesser	Margin, 16763:33i
II 424c	elle ne me tendit pas ... la mienne et	Layer, 16763:33i
II 425a	Enfin le mot ... C'était une Altesse [16705:97 has simply: this scene was explained when I learnt that ... etc.]	Margin, 16763:33i
II 425b	elle avait épousé un cousin également princier	Not in 16705:97, nor 16763:33i; in 16765:35i
II 426a	Enfin j'ai connu ... dans Sardou	Not in 16705:97, nor 16763:33i; in 16765:35i
II 426-27a	A défaut d'être ... de la gare Saint-Lazare (427) [This briefly in 16705:101]	Margin & layer, 16705:98
II 427a	⌐(non seulement alliée ... princesse régnante)	Margin, 16763:33iii
II 427b	Tes aïeux étaient ... deux impératrices	Margin, 16763:33iii
II 427-28a	(car on ne peut ... besoin de pétrole) (428)	Margin, 16763:33iii
II 428a	presque à voix basse ... se montrer plus modeste	Margin, 16765:35iii
II 429a	C'était aussi parce qu'elle ... ou leur gesticulation	Margin, 16705:102
II 429b	- C'est une très bonne ... comme personne	Added at top of inserted page, 16705:103
II 429-31a	Pendant que j'étais ... c'était une fine mouche (431)	Layer, 16705:103
II 430a	Un instant le nom ... pour être "reçu"	Margin, 16763:33v
II 430b	Oriane décidément ... elle l'eût déclassé	Margin, 16763:33v
II 431a	Il était extrêmement ... ironique ou bonhomme, du	Margin, 16765:35v
II 431-32a	⌐prince de Faffenheim ... ⌐au lieu de Ferdinand (432)	Not in 16705:103, nor 16763:33v; in 16765:35v
II 432a	Il ne faudrait pas ... expliquer quelques-unes	Margin, 16765:35v-vi
II 433a	et que Mme de Guermantes ... reveniez souvent"	Margin, 16705:104
II 433b	(ce qu'il aurait ... des Elstir)	Margin, 16763:33vi
II 433-34a	Il faut ajouter ... restées filles." (434) [First sentence added earlier than rest. The substance of this passage appears also, crossed out, in 16765:38vii, but is not in the equivalent place in 16763:36v]	Margin, 16765:35vi
II 434a	un maître d'hôtel qui ... l'été à Robinson, que	Margin & interline, 16705:104
II 434b	la dernière, Mme de Guermantes ... que chez un ignorant	Margin & above-1, 16705:104
II 435a	de même que Mme de Guermantes ... à jet continu	Margin, 16705:105
II 435b	Ce n'est pas que ... ⌐meubles restés là	Margin & layer, 16705:105
II 436-37a	les Guermantes n'éprouvaient pas ... se faire inscrire (437)	Margin, 16763:33viii

II 437a	⌈ attendrissant de gentillesse et révoltant de dureté *[A first version, 16705:106, had: <u>rempli de</u> ⌊ <u>gentillesse et dénué de coeur</u>]*	In 16706:4
II 437b	c'est en toute sincérité qu'	Margin, 16763:34i
II 438-39a	⌈ Les Guermantes - du moins ... l'admiration et ⌊ l'envie (439)	Margin & layer, 16706:17
II 439a	⌈ l'époux aux idées surannées ... pourtant royal, ⌊ que lui	Margin, 16763:34iii
II 440a	Ce curieux effet ... à Monsieur le duc ..."	Margin, 16763:34iii
II 441a	le même chez la duchesse ... le maréchal	Margin, 16706:23
II 442-46a	⌈ Les Courvoisier, mieux que ... ≙ Pour en ⌊ revenir à (446)	Margin & layer, 16706:25
II 446a	(jugés ridicules ... M. de Charlus)	Margin, 16765:36vii
II 447-49a	⌈ On peut imaginer ... <u>Les Diamants de la</u> ⌊ <u>Couronne</u> (449)	Margin & layer, 16706: 28
II 448a	faux *[after <u>Aussi ces</u>]*	Margin, 16765:36viii
II 448b	⌈ (ce que jamais ... consenti à faire) │ *[Note: reference to wearing <u>cheveux sur le front</u>* ⌊ *is in MS, 16706:26]*	Margin, 16763:34viii
II 449a	≙ en vertu de cette éducation ... de la marquise	Margin, 16706:29
II 449b	qu'elle entrerait ... "les dévoyés"	Margin, 16706:29
II 450a	⌈ et comme si la marquise ... de la couronne │ ducale │ *[A little room was made for this on MS page,* ⌊ *however, and it is in the same ink]*	Margin, 16706:30
II 450-51a	Et à cet égard ... ≙ Or, pour en revenir à (451)	Margin, 16706:31
II 450b	richissime	Margin, 16763:35ii
II 451a	⌈ car ainsi cette philosophie ... du salon ⌊ Guermantes	Margin, 16763:35ii
II 452a	qui recevait poliment ... passer son seuil	Margin, 16706:34
II 454-56a	⌈ Les jours habituels ... à l'exigeante duchesse ⌊ (456)	Layer & margin, 16706:37
II 454a	(de très bonne heure ... habitudes anciennes)	Margin, 16765:37v
II 456a	Ces soirs-là, si ... D'avance, d'ailleurs	Later layer: margin, 16706:37
II 456b	⌈ beaucoup d'amis de la princesse ... A l'aide │ de celui-ci ⌊ *[Probably earlier than II 454-56a]*	Margin, 16706:37
II 457a	(comme, au bord de ... ne sait nager)	Not in 16706:39, nor 16763:35vi; in 16765: 37vii
II 458-59a	Chez certains ... ≙ le croyant du moins) (459)	Layer, 16706:40
II 458a	⌈ au fond un artiste ⌊ *[Had: <u>un intellectuel</u>]*	Above-l: layer, 16706:40
II 459a	≙ et que le "veto"... mourut Molière	Above-l: layer, 16706:40
II 459b	au reste, à tout ce qui ... peu "constitué"	Margin, 16763:35viii
II 460a	qu'un troisième avait ... chargé d'affaires	Margin, 16706:41
II 460b	en la retrouvant chez ... la meilleure part, encore que	Margin, 16706:42
II 460c	⌈ ≙ Encore faut-il reconnaître ... Certes, des ⌊ hommes d'esprit	Margin, 16706:42
II 461a	⌈ et tout le génie de l'autre │ *[16706:42 has: <u>ou tout leur talent</u>; 16763:36i* ⌊ *corrects <u>talent</u> to <u>génie</u>]*	As text in 16765:38i
II 461b	⌈ de Brichot, les ... d'Elstir │ *[16706:42-43 has: <u>les tirades de l'un et de</u>* ⌊ *<u>l'autre</u>]*	Corr. 16763:36i
II 461c	que s'ils eussent été ... et de femmes	Margin, 16763:36i
II 461d	⌈ un peu cultivés ⌊ *[16706:44 has, above-l: <u>plus cultivés</u>]*	Corr. 16763:36i
II 461-62a	(sans même aller ... le tiens") (462)	Margin, 16706:44
II 462a	⌈ telles les premières lueurs ... invasion non ⌊ espérée	Not in 16706:45, nor 16763:36ii; in 16765:38ii

II 462b   ⌈ avec prudence, et pour qu'on ... sans panique   ⌉ Not in 16706:46, nor
           ⌊ [16706:46 has: sans effrayer]   ⌋ 16763:36ii; in 16765:
                                                                   38iii

II 462-63a   A peine étaient-ils ... Ce quart d'heure (463)   ⌉ Margin & layer,
                                                                 ⌋ 16763:36ii

 II 463a   ⌈ disait-il à la vicomtesse ... dans la pièce   ⌉ Not in layer, 16763:
            ⌊ voisine   ⌋ 36ii; in 16765:38iii
    II 463b   ajoutait-il en se tournant ... et zélée)   ⌉ Not in layer, 16763:
                                                                 ⌋ 36ii; in 16765:38iii

II 463-65a ⌈ La princesse d'Épinay ... une autre fois à un   ⌉ Margin, layer, &
            ⌊ autre mot (465)   ⌋ above-1, 16706:46
II 466a   sans reproche, mais ... avait raté   Margin, 16763:36iv
II 466b   ou à la dernière ... Mme Carvalho   Margin, 16763:36iv
II 466c   ⌈ et le "mot" ... pendant la semaine   Corr. 16763:36iv
            │ [16706:47-48 have simply (after some
            │ correction): disait-on encore pendant toute la
            │ semaine comme dans ces maisons où l'on sert
            │ pendant plusieurs jours à la table de famille
            ⌊ les restes d'un grand dîner]

II 466-67a ⌈ ⌂ Même la princesse ... au bout de la visite."   ⌉ Margin & layer,
            ⌊ (467)   ⌋ 16706:48
II 467a   Un seul resta ... avec Oriane? ajoutaient-ils   Margin, 16763:36v
II 468a   Et quand elle ... mauvaise impression à Oriane   ⌉ Not in 16706:49, nor
                                                                 │ 16763:36v; in 16765:
                                                                 ⌋ 38vi-vii

II 468b   d'avoir eu chez soi ... ne connaissait   ⌉ Not in 16706:49, nor
                                                                │ 16763:36v; in 16765:
                                                                ⌋ 38vii

II 468c   ⌈ ⌂ les exploits de Bussy d'Amboise   Corr. 16763:36v
            │ [16706:50 cites, instead, un roman d'
            ⌊ Alexandre Dumas and maximes livresques]
II 468d   ou un dîner pour un prince   Margin, 16706:50
II 469a   comme à quelqu'un qui nage dans la tempête   ⌉ Not in 16706:53, nor
                                                                │ 16763:36vi; in
                                                                ⌋ 16765:38viii

II 470a   moi qui connaissais à ... en pensant que   Margin, 16706:54
II 470-71a ⌈ si depuis sa jeunesse ... sein d'une même   Margin, 16706:55
            ⌊ oeuvre (471)
II 471a   ⌈ les oisifs intellectuels   Corr. 16706:55
            ⌊ [Had: on]
II 472a   ⌈ Sans doute ces opinions ... au comble de la   Margin, 16706:59
            │ faveur
            │ [Some reworking in the margin, but as a whole,
            │ this might be contemporary with the main page,
            ⌊ which later gives the first few words]
II 473a   on lisait quelquefois ... inactif ou muet: Margin, 16765:39iii
II 474a   ⌈ celui qui est encore ... membre du Gouvernement   Margin, 16763:37i
            ⌊ [16706:61 had: M. le Ministre]
II 474b   quelques députés ... affirmatif.)   Margin, 16763:37i
   II 474c ⌈ le Sous-Secrétaire ... Télégraphes   Margin, 16765:39iii
           ⌊ [16763:37i has: le Ministre des Postes]
II 474d   Il faut d'ailleurs ... l'autonomie   Margin, 16706:62
II 475a   religieuse   ⌉ Not in margin, 16706:
                                                                │ 62, nor 16763:37ii;
                                                                ⌋ in 16765:39iv

II 475b   pour revenir à ces séances de la Chambre   Margin, 16706:62
II 475-76a ⌈ M. de Guermantes, à cette époque ... comme   Margin, 16706:63
            ⌊ celle des politiciens (476)
II 476a   sur la véritable position ... à son égard   ⌉ Interline & margin,
                                                                ⌋ 16706:64
II 476b   ⌂ pourquoi irais-je ... rien à y faire"   Above-1, 16706:64
II 477a   ⌈ au point que la marquise d'Amoncourt ... à ce   Margin, 16706:66
            ⌊ moment de l'année
II 477-78a ⌈ Les gens du monde en furent ... et de charme.   Layer, 16706:66
            │ Aussi (478)
            ⌊ [In rough in margin]

II 477-78b	Celle de la navigation ... de la <u>season</u> (478)	Above-1: layer, 16706:66
II 478a	Et de la "dernière ... l'Oriane tout pur."	Margin, 16706:66
II 478b	évêque de Mâcon ... cela vieille France)	Above-1 & margin, 16706:66-67
II 478c	qui demandaient à Dieu ... digne garde"	Margin, 16763:37iv
II 479a	la baigneuse émergeant entre deux "lames" [16706:68 has: <u>une personne qui est en train de prendre un bain de vagues</u>]	Not in 16706:68, nor 16763:37v; ≏ in 16765:39vii
II 479b	Elles se ressemblaient ... pour la voir	Margin, 16706:69
II 481a	(à un moment où ... n'existait plus)	Margin, 16706:71
II 481b	(puisqu'en France ... en Angleterre)	Not in 16706:72, nor 16763:37vii; in 16765:39viii
II 481c	Et les spectateurs ... jamais cessé de tromper	Margin, 16706:73
II 482a	plus tard, une nouvelle ... automobile [16706:74 has: <u>certains plaisirs</u>]	Not in 16706:74, nor 16763:37viii; in 16765:40i
II 482b	≏ - des marbres ... sans l'amour - [But a line is left blank in MS]	Margin, 16706:75
II 483-84a	A ce moment entra ... l'envie est aveugle (484) [The witticism about the Grouchy family being late is in 16765:38vii, but crossed out]	Not in 16706:77, nor 16763:37viii; in 16765:40ii-iii
II 485a	interrompit le duc ... des regards amusés [Some now missing]	Typed layer, 16763:38i
II 485b	dit d'une voix forte ... saveur terrienne [MS has: <u>eun oie</u>; the addn makes this: <u>un (heun) oie</u>]	Margin & above-1, 16706:78
II 485c	"Mais c'est la meilleure ... de la bêtise [Some now missing]	Typed layer, 16763:38i
II 485d	ou comme dans <u>l'Arlésienne</u>	Above-1, 16706:78
II 485e	Je me demande ... un peu peur." [Some now missing]	Typed layer, 16763:38i
II 486a	M. de Guermantes m'expliqua ... n'est pas mal	Margin & above-1, 16706:78
II 486b	≏ Et puis, je ne sais pas ... parente avec moi [In rough and crossed out, margin 16706:77]	Margin, 16706:79
II 486c	et pour faire admirer la duchesse [after <u>une ironie feinte</u>]	Typed layer, 16763:38i
II 487a	la chère y est ... ancien régime [16706:80 has: <u>la cuisine y est délicieuse</u>]	Typed layer, 16763:38ii
II 487b	et très suffisant pour ... pedzouille comme moi	Margin, 16765:40iv
II 488a	les bouches, si j'ose ... dépasser la douzaine [16706:83 has: <u>c'est qu'on était au moins douze convives</u>]	Not in 16706:83, nor 16763:38iii; ≏ in 16765:40v
II 488b	Pendant ce temps ... forte en littérature	Margin, 16706:83
II 489a	- Ce qui est surtout ... heureuse de le rappeler	Margins, 16706:83-84
II 489b	sur une chaise à côté de moi [But the MS addn reads: <u>su eun chaise</u>; 16763:38iii reads: <u>su une chaise</u>; 16765:40vi: <u>sur une chaise</u>]	Margin, 16706:84
II 489c	Je croyais avoir ... un escadron de gendarmes	Margin, 16765:40vi
II 489-90a	- Je trouve du reste un charme ... il essuya son monocle (490)	Margin & layer, 16706:84-85
II 490-91a	- Mon Dieu, c'était ... deux pistolets chargés (491) [But space is left for this on page]	Margin, 16706:85
II 490a	qui en était resté à M. de Bornier	Layer, 16706:85
II 490b	J'insinuai que ... dans le nez!	Not in 16706:85 addn, nor 16763:38iv; in 16765:40vi
II 491a	<u>Fille de Roland</u> à part	Not in 16706:85, nor 16763:38iv; in 16765:40vi
II 492a	(la première ... tant de déception)	Margin, 16706:87

II 492b	ma grand'mère [MS had: nos parents]	Corr. above-1, 16706:87
II 493a	Ce n'est pas une mauvaise ... langoureusement la duchesse	Typed layer, 16763:38v
II 493b	Et avoir avec cela ... le thé avec moi!	Margin, 16765:40viii
II 493c	Mme d'Arpajon ... Surgis-le-Duc	Margin, 16706:88
II 493d	Justement le valet ... une joie méchante	Margin, 16765:40viii
II 494-95a	Et tandis qu'un ... chez Saint-Loup (495)	Margin & layer, 16706:89
II 494-95b	toutes particularités que ... comme un défaut (495)	Addn: layer, 16706:89
II 495a	(sans comparaison ... ces deux artistes)	Margin, 16765:41i
II 496a	Ainsi par ces ... quand elle me parlait littérature	Margin, 16706:90
II 496b	elle croit qu'elle l'aime ... donner un exemple	Margin, 16706:90
II 496c	Je vous dirai plus ... rare insensibilité [MS had: c'est une femme sans coeur]	Above-1, 16706:90
II 497a	avec le léger saisissement ... ne s'attendait pas [Had: avec étonnement]	Corr. above-1, 16706:92
II 497b	△bien qu'elle sût que ... cette saine fatigue	Typed layer, 16763:38viii
II 497c	après lesquels elle pensait ... "faire la réaction"	Not in 16706:92, nor 16763:38viii; in 16765:41ii
II 498a	- Je sais que ... m'était totalement inconnu	Margin, 16706:93
II 498b	procurée à la princesse ... la mère du duc	Layer: margin, 16706:93
II 498-99a	L'obstination de la dame ... Jurien de la Gravière (499) [Note: this is in neither 16763:39i nor 16765:41iii]	Inserted pages, glued together, 16706:94
II 499a	"Elle n'est pas ... locutions favorites	Margin, 16765:41iii
II 499b	au cours du bain d'esprit ... l'un après l'autre	Not in 16706:95, nor 16763:39i; in 16765: 41iii
II 499c	comme si elle perdait la respiration	Margin, 16765:41iii
II 500a	en attachant sur moi ... asperges sauce mousseline [Margin at first had simply: pour me montrer qu'elle s'occupait de moi. Later than II 500b]	Above-1 & margin, 16706:96
II 500b	tenez, je crois justement ... tout ce qui était chez elle [In 16706:96, she had said that one of Elstir's paintings was inspired by a novel of Zola's]	Margin, 16706:96
II 500c	△à Mme de Guermantes, qui ... refuse quelque chose	Above-1 & margin, 16706:97
II 501a	Elles sont même restées ici quelques jours	Not in 16706:98, nor 16763:39ii; in 16765: 41iv
II 501b	précisément semblables ... à avaler les asperges	Margin, 16763:39ii
II 501c	Il y a à prendre et à laisser	Not in 16706:98, nor 16763:39ii; in 16765:41v
II 501d	de l'air entendu ... qui s'y connaît	Margin, 16763:39ii
II 502-3a	- Ce portrait ne doit pas ... et même en amour	Layer, 16706:101
II 502a	possibles à découvrir ... mais dans la réalité	Not in 16706:101 addn, nor 16763:39iii; in 16765:41v
II 502-3b	le jus, les quenelles & et même où on ... directement des Guermantes (503)	Further layer: layer, 16706:101
II 503a	cassait les reins aux chats ... aux lapins [16706:101 layer had: noyait les chats]	Corr. margin, 16763:39iii
II 503-4a	M. de Guermantes ayant ... mangées avec des oeufs (504)	Margin, 16763:39iv

II 504a   même des oeufs (et ... c'est un poulailler   Margin, 16763:39iv
II 505-6a   [- Je crois vous avoir vu ... têtes   ] Margin & layer,
              [impossibles!" (506)   ] 16706:103
   II 505a   [poite   ] Not in 16706:103 addn,
              [[16706:103 addn simply has: je ne sais plus   ] nor 16763:39iv; in
              [quel poête (sic)]   ] 16765:41vii
   II 505b   [Châtellerault avait beau ... veux-tu en voilà   ] Not in 16706:103, nor
              [[But N.B.: originally 16765:41vii had: Mon   ] 16763:39iv; in
              [frère Charlus & mon frère - corr. to   ] 16765:41vii
              [Châtellerault & mon neveu]   ]
   II 505c   pour mes relations poétiques   Margin, 16763:39v
II 506a   Je me souvenais ... ce que l'on pense   Margin, 16765:41viii
II 506b   [(Elle rougit ... la même cause.)   ] Not in 16706:104, nor
              [[Note: this refers to uncorrected version of   ] 16763:39v; in 16765:
              [II 505b]   ] 41viii
II 508a   Il n'y a rien de si beau ... fort populaire   Margin, 16706:108
II 509a   Il ne veut pas ... des finesses parisiennes.)   [Not in 16706:111, nor
                                                                 [16763:39vii; in
                                                                 [16765:42ii

   II 509b   d'évaporée comme ... une sorte de   Margin, 16765:42ii
   II 509c   et puis il emploie ... une baignoire sublime   Margin, 16706:111
   II 509d   [d'un seul trait   Above-1, 16707:1
              [[MS had: sans reprendre haleine]
II 510a   [- Cette Rachel m'a parlé ... m'adressa plus la   ] Not in 16707:2, nor
              [parole   ] 16763:39vii; in
                                                                 [16765:42ii-iii
II 510b   me dit le prince Von ... toutes les dents   Margin, 16765:42ii
II 510c   ou du moins me parut ... de M. de Foix   [Not in 16707:2, nor
                                                                 [16763:39vii; in
                                                                 [16765:42iii

II 511a   le jour même et ... tous les jours!   Margin, 16763:39viii
II 511b   D'ailleurs Mme de Guermantes ... pour l'ignorer   Margin, 16765:42iii
II 512a   - Ce pauvre général ... n'a jamais échoué   Margin, 16707:4-5
II 513a   On n'avait jamais ... subsista comme le tilleul   Margin, 16763:40ii
II 513b   Je pris en inimitié ... pour qu'il désaltère   [Not in 16763:40ii addn;
                                                                 ] in 16765:42v
II 513c   et M. d'Agrigente ... de m'en rassasier   [Not in 16763:40ii addn;
                                                                 ] in 16765:42v
II 514a   [au goût familier, rassurant et sapide   Above-1, 16707:10
              [[afterthought?]
II 515a   [J'en aurais parlé ... ne plaignez pas trop   Margin, 16763:40iii-iv
              [Robert
II 515-23a   [- Quelle jolie fleur ... n'a jamais assassiné   ] Margin & layers,
              [personne (523) & avec lui (523)   ] 16707:12
              [[The section starting - La commode (II 517) is   ]
              [earlier than the rest]
   II 517a   ce qui est beaucoup plus ... et sans sacristie   [Not in 16707:12 addn,
                                                                 ] nor 16763:40iv; in
                                                                 [16765:42vii
   II 519a   [△à qui Swann et M. de Charlus ... le style   Above-1: layer,
              [Empire   16707:12
   II 519b   (bien que ce dernier ... les Iéna)   [Not in 16707:12 addn,
                                                                 ] nor 16763:40vi; in
                                                                 [16765:43i

   II 521a   Il est fin ... △en ce moment   Above-1: layer,
                                                                 16707:12
   II 521b   Du reste, comme il ... la princesse de Parme   [Not in 16707:12 addn,
                                                                 ] nor 16763:40vii; in
                                                                 [16765:43ii-iii

   II 521c   qui nous venait de Quiou-Quiou et   [Not in 16707:12, nor
                                                                 ] 16763:40viii; in
                                                                 [16765:43iii

II 522a   (qui était presque ... une idée analogue)   Margin, 16765:43iii
II 523a   △Songez que ... "Allez, manants!"   [Above-1: layer,
                                                                 ] 16707:12
   II 523b   d'un air bonasse   Margin, 16763:41i

II 523c	Cette pierre vivante ... Moyen Âge	Above-1: layer, 16707:12
II 523d	a beau être mon cousin, elle	Margin, 16763:41i
II 523e	mais sans sourire ... de la duchesse	Not in 16707:12; in 16763:41i
II 523f	Von	Not in 16707:12, nor 16763:41i; in 16765:43iv
II 523g	⌐⌐qui faisait battre légèrement ... à la grande ⌊ dame	Margin, 16707:13
II 523-24a	- Ah! La Haye ... je l'ai vu!"	Margin, 16707:13
II 524-26a	⌐ M. de Guermantes, heureux ... en ce qui concerne ⌊ M. Elstir (526)	Layer, 16707:13
II 524a	et tant de bons vins aidant	Not in 16707:13 addn, nor 16763:41ii; in 16765:43v
II 525a	et mises, comme eût dit ... que terre"	Margin, 16763:41iii
II 526a	- Oui, j'ai dîné ... je ne vous choque pas?	Margin, 16707:14
II 526b	⌐ - Vous me rassurez, dit la duchesse [after- ⌊ thought?]	Above-1, 16707:14
II 526c	(c'est-à-dire ... kéologue) [afterthought?]	Above-1, 16707:14
II 527-28a	⌐ J'écoutais à peine ... dans la vie, le plaisir ⌊ (528)	Margin & above-1, 16707:16
II 528a	qui trouvait que ... manquait de tact	Margin, 16763:41iv
II 528b	même encore maintenant [afterthought?]	Above-1, 16707:16
II 528c	⌐ Matame ⌊ [16707:16 has this, but not underlined]	Not in 16763:41iv, nor 16765:43vii
II 528d	et qui ne s'apercevait pas qu'il déplaisait	Margin, 16763:41iv
II 528e	⌐ C'est comme le prince ... un prave homme │ [But 16707:17 margin has: brave, and so does ⌊ 16763:41v; 16765:43vii, however, has: prave]	Margin, 16707:17
II 528n.2:II 1168a: ne veut pas ... aussi platonique		Margin,16707:17
⌐ [Probably not true addn; MS does not make ⌊ sense without it]		
II 528-30a	⌐ - Vous le connaissez ... le général de ⌊ Saint-Joseph	Layer & margin, 16707:18
II 528f	à mon grand regret	Margin, 16763:41v
II 529a	et faisant allusion ... que j'ignorais	Not in 16707:18 addn, nor 16763:41vi; in 16765:43viii
II 530a	⌐ Petite (c'était ... était énorme) │ [16707:18-19 have simply Mme d'Hunolstein, here │ and for the other two uses of Petite in the ⌊ paragraph]	Not in 16707:18, nor 16763:41vi; all in 16765:43viii-44i
II 530b	il a dit: "Ah! ... d'Hunolstein"	Not in 16707:19, nor 16763:41vi; in 16765:43viii-44i
II 530c	(il ne l'appelle ... sa séparation)	Margin, 16765:44i
II 530d	⌐⌐Être la fille de... Notez, ajouta-t-il │ [16707:19 has: Quand on est née Bouillon [...]; │ corr. partly on 16763:41vii, partly on 16765: ⌊ 44i]	Above-1, 16707:19
II 530e	⌐ que voulez-vous ... question de métrique.) │ [Duc says que voulez-vous que je vous dise ⌊ in layer, 16736:257 (II 235)]	Margin, 16765:44i
II 531-32a	⌐ - D'ailleurs, reprit ... me tira de ma rêverie ⌊ (532)	Margin & layer, 16707:20
II 532n.1:II 1168b: double [after qu'assombrissait ce]		Above-1: layer, 16707:20
II 532a	⌐ Notre mémoire et ... venait de pratiquer ⌊ [See Pl. n.1, however]	Not in layer, 16707: 20, nor 16763:41viii; in 16765:44ii
II 532b	Je trouvai inutile ... n'insista pas	Margin, 16765:44ii
II 532c	la duchesse incapable de ... de plantes démodées	Above-1, 16707:20
II 532-33a	⌐ Et ces préjugés ... ⌐avant l'année. Tel (533)	Margins, 16707:21-22
II 533a	⌐ que j'avais connu ... dans les livres	Not in 16707:21, nor 16763:42i; in 16765:44iii

II 533-34a   La seule chose qui ... un cousin à Oriane." (534) Margin, 16765:44iii
II 534n.2:II 1169a: Ils étaient fort ... la même utilité ⌉ Margin & layer,
                                                          | 16707:22
              II 1168b: aux alliés des Rothschild ... ce   Margin, 16763:42i
              ⌊ Rothschild!"
II 534-35a   ⌈ Je ne peux, du reste ...⌂ dans chacune de ses ⌉ Not in 16707:21, nor
              | phrases (535) | 16763:42i; in
              ⌊ | 16765:44iii-iv
   II 534a   ⌂au bout de deux ... en sens contraire   Margin, 16765:44iii
   II 534b   ⌂et suivies d'un chiffre fort petit   Margin, 16765:44iii
   II 534c   C'était du reste une femme ... peu reçue   Margin, 16765:44iii
   II 535a   ⌂la même utilité que ... et M. de Beauserfeuil Layer, 16707:22
   II 535b   Du moins l'explosion ... antipathique."   ⌉ Not in 16707:22, nor
                                                            | 16763:42ii; in
                                                            | 16765:44iv
   II 536a   Quelquefois ce n'était pas ... que je voyais   Above-1, 16707:25
   II 536b   ⌈ pleine de tableaux ... a grand air   Above-1, 16707:25
              ⌊ [MS had:de grand style et qui me plaisait]
   II 537a   ⌈ et ne le louait que ... autre "fantaisiste"   Margin, 16763:42iii
              ⌊ délicieux
   II 537-40a ⌈ Le nom de M. de Luxembourg ... pas toutes   ⌉ Margin & layer,
              ⌊ importantes (540) | 16765:44v-vi
      II 539a ⌈ Je dois reconnaître que ... d'Oriane. De   ⌉ Further layer: layer,
              ⌊ sorte que | 16765:44vi
   II 542a   d'inintelligence ou   Margin, 16763:42v
   II 543a   Du moins mon départ ... en comité secret   ⌉ Not in 16707:37, nor
                                                             | 16763:42vi; in 16765:
                                                             | 44viii
   II 543b   une fois que ... plus là   Margin, 16765:44viii
II 543c   ⌈ Ils allaient pouvoir ... à tout instant   Margin, 16765:44viii
              | effectuer
              | [This is partly in margin & above-1,
              | 16707:3. Note: 16765:44viii margin has: jolies
              ⌊ femmes si parées, not séparées]
   II 544a   ⌈ et me parler - allusion ... avec Mme de   ⌉ Not in 16707:39, nor
              | Guermantes | 16763:42vii; in
              ⌊ | 16765:44viii
II 544-45a   ⌂ Aucune de ces dames ... à la fois." (545)   ⌉ Margin & layer,
                                                             | 16707:39
     II 544a ⌈ La présence de celle-ci ... à ce que je   ⌉ Not in 16707:39, nor
              | restasse | 16763:42vii; in
              ⌊ | 16765:44viii
     II 544b ⌈ la permission de demander ... l'Histoire de ⌉ Not in 16707:39, nor
              | France | 16763:42vii; in
              ⌊ | 16765:45i
   II 545a   Hélas! ... ⌂il y en avait une autre   ⌉ Not in 16707:39, nor
                                                             | 16763:42vii; in
                                                             | 16765:45i
II 546-47a   ⌈ Dans le vestibule ... devenues aristocratiques ⌉ Margin & layer,
              | (547) | 16707:41
   II 547a   il n'y a plus de saison"   ⌉ Not in 16707:41 addn,
                                                             | nor 16763:42viii; in
                                                             | 16765:45ii
   II 547b   La naïve dame ... avec un sourire amène   Margin, 16763:42viii
II 549-51a   ⌈ les vers de Victor Hugo ... ses meubles de chez⌉ Margin & layer,
              ⌊ Bing | 16707:44
     II 549a ⌂que les "airs", les "mélodies" ... wagnérienne⌉ Above-1: layer,
                                                             | 16707:44
   II 550a   Je maudis le valet ... en acheter un autre   Margin, 16763:43ii
   II 551a   "suréminent"   Margin, 16763:43iii
II 551-52a   ⌈ Entrées un instant ... par une force   ⌉ Margin & above-1,
              ⌊ centrifuge (552) | 16707:45
   II 551b   (de nature ... non individuelle)   Margin, 16763:43iv
   II 551c   Je m'agitais ... comme une pythonisse   Above-1, 16707:45
II 552a   ⌈⌂dont, malgré cette longue attente ... d'un   Margin, 16763:43iv
              ⌊ état interne

II 552-53a	Je me rappelai ... avait été faite (553)	Not in 16707:47, nor 16763:43v; in 16765: 45vi-vii
II 553a	chinoise [after en robe de chambre]	Margin, 16763:43v
II 553b	Je fus frappé ...' venait de rentrer	Not in 16707:48, nor 16763:43v; in 16765: 45vii
II 553-54a	Au bout d'un instant ... de s'asseoir (554)	Not in 16707:48, nor 16763:43v; in 16765: 45vii
II 554a	je vois que vous êtes ... avec dérision [16707:48 has: vous ne connaissez même pas les styles]	Margin, 16763:43v
II 554b	en pesant tous ... paire de consonnes [after-thought?]	Above-1, 16707:49
II 554c	dans son sens le plus efficacement protecteur	Margin, 16763:43v
II 555a	Je vois que vous ne vous ... y ferez. Pareillement & même	Margin, 16763:43v-vi
II 555b	Je regardais ... etc., etc.	Not in 16707:50, nor 16763:43vi; in 16765:45viii
II 555-56a	⌒ - Comme dans les Lances ... de tant de coudées (556)	Margin & above-1, 16707:50
II 555c	puisque j'étais tout ... n'étiez rien	Margin, 16763:43vi
II 556a	des caresses vocales ... narquoises et [16707:52 has: une douceur de plus en plus ironique]	Corr. 16763:43v
II 556b	d'avoir obtenu, presque ... mon protégé	Margin, 16763:43v
II 557a	J'ajouterai même, dit-il ... que c'est les situer trop haut [Addn starts: Je vous ajouterai]	Margin & layer, 16707:52
II 558a	avec fureur [16763:43vii margin has here: violemment]	Margin, 16765:46ii
II 558b	violemment	Margin, 16765:46ii
II 558c	(La force avec ... M. de Charlus hurlait.)	Not in 16707:53, nor 16763:43vii; in 16765:46ii
II 558d	salive envenimée [MS has: bave. This is corrected in the same ink as main MS]	Above-1, 16707:53
II 558e	de vos amis [16707:53 has: comme vous]	Corr. 16763:43vii
II 558-59a	Depuis un moment ... remplaça par un autre (559) [16707:53 has simply: unfortunately I replied in the most vulgar commonplaces, such as (in margin): "je n'ai pas l'habitude de m'entendre parler sur ce ton".]	Not in 16707:53, nor 16763:43vii; in 16765:46ii-iii
II 559a	(J'ai su depuis ... l'autre Charmel.)	Margin, 16765:46iii
II 560a	par ces paroles ouvertes ... qui créent la confiance	Margin, 16763:43viii
II 560b	... [twice - after vous ramène & une chambre ici]	Margin, 16763:43viii
II 561-62a	Je retraversai avec lui ... à Beethoven et à moi (562)	Margins, 16763:44i-ii
II 561a	Mais qu'est-ce que ... m'avait fait attendre	Layer: margin, 16763:44ii
II 562a	Il fait un clair de lune ... bien insignifiant."	Margin, 16707:59
II 562b	Comment! vous ... doigts d'un coiffeur	Margin, 16763:44i
II 562c	pour ainsi dire magnétisés	Margin, 16765:46v
II 562d	après avoir résisté un instant	Margin, 16765:46v
II 562-63a	⌒ J'aurais dû penser ... en ce moment, sincère (563)	Margin & layer, 16707:59
II 563a	⌒ que son bon coeur ... au bout d'un moment	Margin & layer, 16763:44ii
II 563b	Il faut s'en consoler ... changeai de conversation et	Layer, 16763:44ii

II 564–65a	⌈ – C'est vraiment très beau ... que j'intervienne (565) *[This is a contraction of a long, partially excised, passage on 16707:61–62, part main ⌊ MS, part margin and layers]*	Margin, 16763:44iv
II 565a	(Il est à remarquer ... la mieux fixée.)	⌉ Not in 16763:44iv; in, part in margin, ⌋ 16765:46vii
II 566–67a	En rentrant, je vis ... Périgot Joseph." (567)	Layer, 16763:44v
II 567a	Nous sommes attirés ... à détruire	Margin, 16707:69
II 567–68a	⌈ ≏Beaucoup de choses ... par certaines femmes (568) ⌊ *[Much is in addns made to 16707:61]*	Layer, 16707:65
II 568a	⌈ ≏Si parmi celles-ci ... dîner chez la duchesse, ⌊ et mes faibles	⌉ Margin & above-1, ⌋ 16707:66
II 568b	⌈ Elstir ⌊ *[16707:66 has Turner]*	Corr. 16765:47i
II 568–70a	Malgré ce qui tient ... "Oriane est snob." (570)	Layer, 16707:70
II 568c	dont j'aurai à parler	Margin, 16765:47iii
II 570a	⌈ Les formes d'esprit ... se mépriser ⌊ réciproquement	Further addn: layer, 16707:70
II 570b	Aucune mathématique ... supérieure à l'autre	Margin, 16763:45iii
II 571a	⌈ leur salon est de trois cents ... de leur cousin" ⌊ *[But this is ≏in 16707:72]*	Margin, 16763:45iii
II 571b	≏des phrases usuelles	Margin, 16765:47iv
II 571c	⌈ comme je m'en étais un moment flatté *[16707-75 is a long page made up of lined and plain paper glued together, but is not, ⌊ apparently, an addition]*	Above-1, 16707:75
II 571d	je n'ai pas le livre ... pour vérifier)	Margin, 16765:47v
II 572–73a	⌈ Mais, sortis de bonne heure ... qu'ils étaient ⌊ rentrés (573)	⌉ Margin & layer, ⌋ 16763:45v
II 572a	⌈ les terrains relativement vagues ... fort en ⌊ pente	Margin, 16765:47v
II 572b	cousines très nobles ... ne connaissais pas	⌉ Above-1, 16763: ⌋ 45v layer
II 572c	(qui était ... M. de Bréquigny)	Margin, 16765:47v
II 573a	ou d'Elstir	Margin, 16765:47vi
II 573b	⌈ de ce "point de vue" ⌊ *[16763:45v had: d'où]*	Corr. 16765:47vi
II 573–74a	Au moment où ... d'homme d'affaires (574)	Margin, 16707:77
II 573c	⌈ ≏adressés à la muraille ... par le téléphone ⌊ *[Later than II 573–74a]*	Above-1, 16707:77
II 574a	Et ce pouvait d'ailleurs ... de là-bas	⌉ Above-1 & layer, ⌋ margin, 16707:77
II 574b	– Vous verrez ... sur les Lusignan	⌉ Margin & layer, ⌋ 16707:77–78
II 574–76a	Je ne pus pas ... ou un arrosoir	⌉ Margin & layer, ⌋ 16763:45vi
II 575a	Mme de Plassac ... comte de Bréquigny	Margin, 16765:47vii
II 575b	bien que descendues de ... de leur cousin)	Margin, 16765:47vii
II 575c	et, munies de ... de leur faîte	Margin, 16765:47vii
II 576a	"de s'immiscer"	Margin, 16765:47viii
II 576b	"Vous n'êtes pas mal ... sur leur dos	Margin, 16707:78
II 577a	Je demandai au duc ... ≏ l'ombre de Stermaria	Margin, 16707:79
II 577b	Gilbert serait malade ... votre supposition	Margin, 16763:45vii
II 577c	⌈ Tenez, vous qui aimez ... pour l'accroître ⌊ *[Later than II 577a]*	⌉ Margin & above-1, ⌋ 16707:79
II 578a	Inutile de parler ... des propos fâcheux	Margin, 16707:80
II 578b	Le duc rappela le valet ... rater sa redoute	⌉ Margin, 16763:45vii- ⌋ viii
II 578c	pour un journal du soir	Margin, 16765:48i
II 578d	Il fit demander ... il n'y avait rien	Margin, 16765:48i
II 578–79a	⌈ (La maladie de Swann ... qui se ressemblent.) ⌊ (579)	Layer, 16707:80
II 579a	⌈ qui êtes un grand connaisseur ⌊ *[MS had: ne connaissez pas ce tableau]*	Above-1, 16707:82

II 580a   ⌐≙on l'amenait à provoquer artificiellement   Above-1, 16707:84
               └*[MS had: on lui donnait]*

II 580b   ⌐voyons, pas de flatterie ... en la matière   Margin, 16763:46i
               │*[16707:84 has: vous êtes assez (?) connaisseur*
               └*pour avoir une idée]*

II 580c   ⌐je vais mettre ma queue de morue   ⌐Corr. margin,
               └*[16707:84 has: [...] passer un habit]*   └16763:46i

II 581a   ≙D'ailleurs, arrivé ... de ses pères   Margin, 16707:85

II 581b   Cela n'empêche pas ... je ne sais quoi   Margin, 16765:48iv

II 581c   A mon avis, du reste ... hommes ou femmes   Margin, 16707:85

II 582a   d'autant plus que ... est très contre   Margin, 16707:86

II 582b   très & C'est beaucoup, cela   Above-1, 16707:86

II 582-83a   ⌐Le dreyfusisme avait ... de critiquer ces folies Not in 16707:86, nor
               └(583)   16763:46ii; in
                                                     16765:48iv

II 582c   "Essayez, vous ne ... jusqu'au bout   Margin, 16765:48iv

II 583a   ⌐≙Ils expliquaient qu'on ... plus intelligent   Layer, 16707:86
               └*[Later than II 583c]*

II 583b   farouche & Elle était avant tout ... "calotins" Margin, 16763:46ii

II 583c   ≙- Vous le voyez ... les pieds dans cet endroit Margin, 16707:86

II 583d   ⌐comme une lettre à la poste   ⌐Layer: margin, 16707:
               └*[Had: sans difficulté]*   └86

II 583e   depuis tout ça   Margin, 16763:46ii

II 584a   riche ou chic, mais illettré   Margin, 16763:46iii

II 585a   Mais, mon petit Charles ... faire connaissance Margin, 16707:90

II 585b   ⌐nos chevaliers de Rhodes   ⌐Corr. margin, 16707:
               └*[Had: ce Ver Meer]*   └90

II 586a   - Je m'excuse ... Et elle sonna   Margin, 16707:91

II 586-88a   ⌐Savez-vous avec qui ... du péril juif, etc.   Layer, 16763:46iv
               └(588)

II 587a   Elle éprouva comme ... irritée et jalouse   Margin, 16765:48vii

II 588-89a   ⌐Un valet de pied ... - Montrez-moi ces cartes Margin, 16707:92
               └(589)

II 588-89b   ⌐Mais à ce propos (vous ... tout le temps chez ⌐Margin & layer,
               └lui (589)   └16763:46iv

II 588b   ⌐Il est vivant, qu'est-ce qu'on veut ... un   ⌐Above-1: layer,
               └tempérament pareil   └16763:46iv

II 589a   réussie à merveille ... tant pris que   ⌐Above-1: layer,
                                                   └16763:46iv

II 589b   - Hé bien! ... m'a envoyée M. Swann   Margin, 16765:49i

II 590-92a   ⌐Le valet de pied rentra ... de Napoléon qu'il ⌐Margin & layer,
               └le fût (592)   └16707:93

II 591a   Ah! extinctor ... - Écoutez, Charles   ⌐Further addn: layer,
                                                   └16707:93

II 591b   ⌐à vrai dire, ajouta-t-il ... un homme calme,   Margin, 16763:46v
               └moi

II 591c   jusqu'à ce que ... changer d'avis   ⌐Further addn: layer,
                                                   └16707:93

II 592a   Il s'arrêta ... que plus vite   Margin, 16763:46vi

II 593-94a   ⌐Mais nous allons regarder ... en Italie avec   ⌐Margins & layer,
               └nous? (594)   └16707:94-95

II 593a   ⌐avec un sourire à la fois ... flatteurs pour   ⌐Further addn: margin
               │elle   │& layer, 16707:95
               │*[Had simply: dit sans conviction la Duchesse*
               │*qui sentait que ce serait un peu long en ce*
               └*moment]*

II 594a   ⌐Vous prendrez l'immense ... Swann éclata de rire Margin, 16765:49iv
               │*[But Proust must at an earlier stage have*
               │*intended to insert this, since the other*
               │*additions concerning the envelope were made on*
               └*the MS]*

II 595a   ⌐et qui peut du reste ... tout de suite & en   Above-1, 16707:96
               └tous les cas

II 596a   ⌐mais il faut en parler ... aura bêtement   ⌐Not in 16707:98; in
               └effrayé   └16765:49v

II 596b	(pour Mme de Guermantes ... et votre heure"	]Not in 16707:98; in]16765:49v
II 597a	Il y avait bien une sacrée ... mais malgré cela	]Not in 16707:101;]in 16765:49vi
II 597b	[Elle va nous faire mal ... bonne éducation et [gaillardise qu'	Margin, 16707:101
II 597c	à la cantonade et d'une voix de stentor	]Not in 16707:101;]in 16765:48vi
II 597d	qui était déjà dans la cour	Margin, 16707:101
II 597e	Vous vous portez comme le Pont-Neuf	]Not in 16707:101;]in 16765:48vi

Sodome et Gomorrhe

Sodome et Gomorrhe

Notes and Descriptions

(1) n.a.fr. 16708-16714.   The manuscript for the whole of
Sodome et Gomorrhe. As I said in
Chapter 1,[1] the beginnings of 16708,
16709, and 16710, and some of the
rest of 16709 and 16710, differ
substantially from the version we
now have.[2] Furthermore, the MS
ending of Sodome et Gomorrhe I is
missing: 16708 finishes, after
'genre de personnes."', II 630, with
a passage that does not coincide
with the present text, and is
interrupted (16708:61); and although
16709 opens with an entirely
different subject, Proust's own
pagination incomprehensibly shows
that its first page indeed follows
on from the last of 16708. The
final two pages of Sodome et Gomorrhe
I thus do not yet appear. The bulk
of 16709 itself presents considerable
difficulties, also outlined in
Chapter 1.[3] All in all, then, readers
of these parts of the table should be
cautious in drawing definitive
conclusions, since the only method
that could be adopted here, short of a

---

1 Part I, p. 37.

2 The beginning of n.a.fr. 16708 is reproduced in 'Première
version du début de "Sodome et Gomorrhe I"', présentée par
André Ferré', Bulletin de la Société des Amis de Marcel
Proust et des Amis de Combray, no. 6 (1956), pp. 165-70.

3 Part I, pp. 37-38.

reproduction of the original MS,
was to give as additions large
sections which either were
definitely not in the MS, or were
added to it on layers, etc.; it was
almost impossible to provide the
smaller nuances recorded elsewhere.

Again, both the beginning of 16710
and the middle[1] often diverge more
widely from the present text than
is usual in the post-1914 documents;
I have here adopted the same
procedure as for the similar
sections in 16708 and 16709.

(2)   n.a.fr. 16766.   The proofs of Sodome et Gomorrhe
                              for II 633 on; they are probably the
                              same as those described by the
                              Pléiade editors on II 1175-76.   They
                              begin as a copy of the MS, incomplete
                              in some parts, expanded in others,
                              but are on the whole a copy of the
                              uncorrected typescript; since they
                              carry hardly any corrections, I have
                              not had to draw on them a great
                              deal.   Occasionally, they contain a
                              passage that is not in the typescript
                              at all.   I note such discrepancies,
                              but refer to these proofs
                              principally for passages that are in
                              neither them, nor the MS and TS.

(3)   n.a.fr. 16739-16741.   The typescript of the manuscript -
                              a more complete one than the Pléiade
                              editors seem to have had at their
                              disposal.   Corrections on it are
                              numerous.   16739 starts only at the
                              equivalent of II 738, 'Je demandai
                              à Albertine'.

---

1   From II 739, 'm'unissait autrefois à Gilberte'.

(4) <u>Names</u>.   In 16708–16714:

Albertine appears once as <u>Rosemonde</u>;
Mme de Stermaria as <u>Mme de
Kermaria</u>; and Morel often appears
as <u>Santois</u>, but corrected by Proust.

Sodome et Gomorrhe

Table of Additions

II 601a	On sait que ... la contemplation du géologue	Not in 16708:1-13
II 602a	⌐≏bedonnant, vieilli par le plein jour, grisonnant	Margin, 16708:14
II 602b	(conséquence ... mort)	Not in 16708:14
II 602c	A 6 heures ... se promener au Bois	Above-1, 16708:14
II 602d	et même pas toujours ... finir une robe	Not in 16708:14
II 603a	⌐ comme la défaite ... à son tour de la fatigue [afterthought?]	Margin, 16708:16
II 603b	⌐ Mes réflexions avaient ... l'oeuvre littéraire, quand [Instead, 16708:17-20 actually give some of these conclusions]	Not in 16708:20
II 603-4a	⌐≏A ce moment ... c'était à une femme [16708:21 addn has slight variations: de prétention à la dureté (p. 603), and s'il pouvait se voir en ce moment (p. 604)]	Layers, 16708:21
II 604a	⌐≏enraciné comme une plante ... baron vieillissant	Margin, 16708:21
II 604b	⌐ Mais, chose plus étonnante ... son indifférence affectée	Not in 16708:21
II 604c	⌐ allait, venait, regardait ... la beauté de ses prunelles	Not in 16708:21
II 604d	≏prenait un air fat, négligent, ridicule	Margin, 16708:21
II 604e	- en symétrie parfaite avec le baron -	Not in 16708:22
II 604f	avec une impertinence grotesque	Not in 16708:22
II 604-6a	Je ne savais pas ... pour le rattraper (606)	Not in 16708:23
II 606a	≏Jupien (peut-être ... à brusquer les choses	Not in 16708:22
II 606-7a	mais observa aussitôt ... place à la joie (607)	Not in 16708:23
II 607-9a	⌐ je ne savais pas s'il était ... une conversation s'engagea (609)	Not in 16708:23
II 609a	"Pourquoi avez-vous ... répondit le baron	Margin, 16708:23
II 610a	après des remarques ... un gros pétard!"	Not in 16708:25
II 610b	"Oui, va,	Not in 16708:25
II 610-13a	"Si je reviens ... rien n'est fini." (613)	Not in 16708:25
II 613a	⌐ (on parle ainsi pour la commodité du langage), le vice	Not in 16708:26
II 613b	⌐ La bonté, la fourberie ... M. de Charlus à Jupien	Not in 16708:26
II 613-14a	⌐ Les personnes qui ... sur le reste de la famille (614)	Margin & layer, 16708:26
II 617a	enfin, du moins un grand nombre	Above-1, 16708:35
II 617b	⌐ l'aveuglement ou [after jeu qui est rendu facile par]	Not in 16708:35
II 618a	Mais certains, plus pratiques ... pareils à eux	Margin, 16708:35
II 619a	⌐ extrémistes [before qui laissent passer un bracelet. 16708:40 here has simply: jeunes gens, but starts §2 with Or sans même aller jusqu'à cette extrême gauche]	Not in 16708:40
II 619b	par recevoir les Iéna	Not in 16708:41
II 620a	≏Et il faut avouer ... une cravate noire	Margin, 16708:41
II 620-23a	⌐ Quelques-uns, si on les surprend ... de descendre (623)	Layers, 16708:42-43, & margin, 16708:43
II 620-21a	les cheveux eux-mêmes ... sur la joue	Above-1: layer, 16708:42

II 621a	Même, si - ... pas gomorrhéenne): "Je suis une femme"	Not in layer, 16708:42
II 623a	ou plutôt n'avaient pas pu s'empêcher	Not in layer, 16708: 43
II 623b	Laissons enfin ... des solitaires	Not in 16708:43
II 623c	de ce qu'il ajoute ... l'objet diffère	Margin, 16708:43 [p. 2 of 2 pages glued together]
II 623-24a	△ la glace et les murs ... le plus bruns (624) [Here attributed to Charlus, not to inverts in general]	Margin, 16708:44
II 624a	△ Qui sait si ... les autres invertis?	Margin, 16708:45
II 624b	Peut-être l'exemple ... et ses incompréhensibles joies	Not in 16708:45
II 625a	parfois de la haine	Not in 16708:45
II 625b	Il exige de recevoir ... la blouse de l'aveugle	Margin, 16708:46
II 625c	(comme on dit)	Not in 16708:46
II 627a	(et ici le mot ... son parfum")	Margin, 16708:50-51
II 629a	Par simples paroles ... chez les infusoires [In same ink as main page, however]	Margin, 16708:56
II 630a	"Ah! en voilà ... le même genre de personnes." [But the MS does not have the mother making this reply to Françoise: it is apparently Marcel. 16708 ends △ here]	Margin & above-1, 16708:61
II 633-34a	△ Comme je n'étais pas ... "I do not speak french." (634) [Note: 16766:1 is cut off after un peu entamé. Mais elle devait (633); 16766:4 layer is crossed out, since it is a first draft, and is cut off after retrouver quelqu'un à qui il devait tant de (634)]	Partially in layers, 16766:1, 2, 4
II 634a	il était d'autant plus ... s'il l'avait su	Not in layer, 16766:4
II 634-35a	Bien que, malgré tout - ... sait recevoir" (635)	Not in 16709
II 636-37a	La première personne ... d'être annoncé (637)	Not in 16709:6
II 637a	- quoique d'une autre façon que pour M. de Châtellerault -	Not in 16709:6
II 638a	△ Pour me dire ce bonjour ... de m'avoir vu entrer	Not in 16709:9; in 16766:5
II 638-39a	En tous cas ... fâché contre moi (639)	Not in 16709:10, nor 16766:5-6
II 639a	△ J'avais agi ... △ une réalité prochaine	Not in 16709:10; in 16766:6
II 639b	En réalité ... sans que nous le sachions, et	Not in 16709:10, nor 16766:6
II 639c	M. de Charlus m'eût ... manque de reconnaissance	Not in 16709:10, nor 16766:6
II 640-42a	Je fus à ce moment ... ne demandait qu'à ne pas me quitter (642)	Not in 16709:10
II 642-47a	△ Mais je venais d'apercevoir ... au maître de la maison (647) [Note: this is only an approximate first draft about Vaugoubert and his wife]	Layers, 16709:54 & 16709:61
II 649a	△ "Bonsoir, me dit-elle ... aussitôt que je voulus en user	Margin & layer, 16709:20
II 650-52a	Celle d'une dame ... reprendre mon récit (652)	Not in 16709:20
II 652a	D'ailleurs ... envolé de Victoire	Margin, 16709:21
II 654a	Alors, du fond de ces jardins ... △ sa direction, si bien que	Margin, 16766:19
II 654b	encore moins comme ... des terres cultivées	Margin, 16766:19
II 655a	△ j'eus pourtant ... cinq cents chefs-d'oeuvre. Mais	Margin, 16766:19

II 657-58a	Un de ces petits accidents ... Mme de Souvré", répondit-elle (658) *[A layer, 16709:14, mentions that guests in the garden are afraid of the fountain wetting them; but there is nothing, as yet, about Mme d' Arpajon]*	Not in 16709:40
II 658-59a	me demanda-t-il ... qu'Hubert Robert." (659) *[In 16709:34 (crossed out) and in 16709:36, Charlus deplores les lampions et les feux de Bengale; but there is no mention of Bréauté]*	Not in 16709:33
II 659-61a	Pour ce qui concernait ... la duchesse de Doudeauville (661) *[But ≙ Tandis que la Princesse ... la duchesse de Guermantes (659) is in MS: 16709:45]*	Not in 16709, nor 16766:23
II 661-62a	Dans l'ordinaire ... ses autres bijoux (662) *[Layer torn after témoigne sa certitude (661); but the rest is roughly in the margin, crossed out, and the layer probably continued as text, since 16766:23 gives the final version]*	Margin & layer, 16709:45
II 662a	Quelques bonnes langues ... après la soirée du prince	Margin, 16766:23
II 662-63a	"J'ai raconté à Oriane ... parfait pour la santé (663) *[This might, however, have been in the MS, since there was a layer on 16709:45, now torn off; in the MS is ≙ Maintenant qu'elle voyait ... me plaisanta longuement (662); and two pages of MS are missing after 16709:45]*	Not in 16709:45; in 16766:25-26
II 663a	et qui avaient l'air de vouloir dire ... au chester	Margin, 16766:25
II 664-66a	≙ Pendant que, avant même ... ma langue enchaînée (666)	Layer, 16709:54
II 665-66a	"Mais voyons, bien entendu" ... ≙ rien de positif sur lui (666)	Margin, 16766:41
II 666a	Et il fait des petites ... tout à fait sur lui	Not in layer, 16709:54
II 666b	Paroles que j'entendis ... me récitai mentalement	Not in layer, 16709:54
II 666-68a	Ce dialogue ... des préfets et des généraux (668)	Not in 16709
II 668a	≙ lesquels, sachant qu'ils ... ou au Grand Prix *[Some, crossed out, is in 16766:23]*	Margin, 16766:27
II 668-69a	Son antisémitisme ... rien que de chrétien (669)	Not in 16709; in 16766:27-28
II 669a	Mais après avoir célébré ... c'est insuffisant	Not in 16709; in 16766:26-27
II 669-70a	Tiens, voilà Mme de Saint-Euverte ... ≙ infiniment Mme de Saint-Euverte (670)	Layer, 16709:51
II 671a	≙ M. de Charlus ne l'était pas ... le compte du caractère *[very approximately]*	Layer, 16709:51
II 671-72a	≙ puisque l'invitation ... je ne vous ai pas rencontré."(672)	Layer, 16709:51
II 671b	Et cette sorte de fonction ... closes, de sorte que	Not in 16709:51 addn, nor 16766:36
II 672a,n.	≙ On vit passer ... ≙ Mélanie Pourtalès *[See Pl.n.2]*	Margin, 16709:53
II 672b,n.	et dont la figure ... poils noirs	Not in 16709:53 addn
II 672c,n.	Elle pouvait avoir ... ces jours-là." *[16709:53 addn has: Elles invitaient tout ça mais pas avec nous]*	Not in 16709:53 addn
II 672-73a	Mais pour beaucoup ... chérir dans le privé (673)	Not in 16709:53
II 674a	≙ Le colonel de Froberville ... à côté de nous	Layer, 16709:55
II 674-75a	ainsi que M. de Bréauté ... et marcher en tête (675) *[16709:54 layer, however, sketches in a similar exchange between Charlus and Vaugoubert: a*	Not in 16709:55

friend greets Charlus, and Vaugoubert gives an
interrogative look; but he had perhaps too much
the air of a homosexual. Charlus, furious, says
he is not interested - Je te laisse à tes
intéressantes méditations - and brusquely leaves
the stupefied Vaugoubert]

II 676a	Déjà, depuis le récit ... étaient des nigauds	Not in 16709:55
II 676-77a	⌐≏M. de Froberville avait ... rater la fête └ + Pl.n.1 (677)	Layer, 16709:55
II 677a	qui, ensuite, après ... cette belle fête"	Not in 16709:55
II 677-80a	⌐≏on me dit qu'il est ... du grand seigneur └ trahi + Pl.n.2 (680) [down to se montrer ici]	Layers, 16709:59
II 677-78a	Ah! j'ai été ... jusqu'à être dreyfusard!" (678)	Not in 16709:59
II 681-82a	Mais M. de Bréauté ... galeries du Louvre (682)	Does not appear to be in 16709
II 682-84a	⌐≏A ce moment ... mais moins le mortel ennui └ (684)	Not in 16709; in 16766:48-50
II 685-86a	⌐≏En réalité, elle ... déplorer les secondes └ (686)	Does not appear to be in 16709; in 16766:57-58
II 686a	⌐≏Elle et moi nous croisâmes ... deux figures └ allégoriques	Layer, 16709:57
II 687-88a	⌐ Au moment d'arriver ... son terme de comparaison [A near-definitive draft of much of this appears considerably later, crossed out, on verso of └ layer, 16741:73]	Not in 16709
II 689a	⌐ Devant lui les signes ... les destins du jeune └ homme (689)	Margin, 16709:62
II 690a	⌐≏Plaisir mêlé de tristesse ... les autres └ invités	Not in 16709:74, nor 16766:69
II 690b	d'une mort qu'on a déjà ... sur le visage	Not in 16709:74, nor 16766:69
II 690c	⌐ Il y a certains Israélites ... à l'âge du └ prophète	Margin, 16709:75
II 690-91a	⌐ Certes, avec sa figure ... mon système └ nerveux (691)	Layer, 16709:75
II 691a	⌐ Et, de plus, combien ... s'abattit sur mon └ épaule	Not in 16709:63
II 691b	⌐ Je lui dis combien ... je trouve ça assommant └ + Pl.n.2.	Margin, 16709:64
II 692-93a	⌐ En mettant à part ... bon mari que bon fils? └ (693)	Margin & layer, 16709:65
II 693a	≏ Il n'avait plus ... femmes épatantes."	Margin, 16709:66
II 694a	la mère est plus ou moins ... ma tante Oriane	Above-1, 16709:66
II 695a	⌐ Du reste, tout en se trompant ... ce qu'on └ appelle heureux	Not in 16709:69, nor 16766:67
II 696a	Elle aime aussi ... cela t'est égal	Above-1, 16709:69
II 697a	⌐ avec une rougeur ... ≏ s'attacher aux habits └ [See Pl.n.1]	Margin & layer, 16709:72
II 698n.1:II 1182a:	Et les joues ... pans entiers manquent	Margin, 16709:76
II 698a	Si tu restes ... près de ma tante	Margin, 16709:77
II 698b	Mais je vis ... étant très riches	Later addn, margin, 16709:77
II 699-702a	⌐ Je lui demandai s'il n'avait pas ... dans la └ salle du jeu (702)	Not in 16709:78
II 701-2a	⌐ "Mais, qu'ai-je ... Je restai sérieux (702) [Very roughly. The approximate substance of this is also in └ layer, 16710:3]	Margin & layer, 16710:1
II 702a	et aurait été absolument stupide	Not in 16709:79
II 702-3a	⌐ Du reste, comment cela ... embêtant de quitter └ tout cela (703)	Margins & layer, 16709:79-80
II 704a	surtout le polo." ... rattrape les cavaliers	Not in 16709:80
II 704b	⌐ C'est que dans la fatigue ... se sent plus └ réveillé	Margin, 16709:81
II 705a	⌐ Nous allâmes nous asseoir ... la direction de └ cette dame	Margin, 16709:82

II 705b	entre une femme du rang ... simple Bonaparte)	Not in 16709:82
II 706-7a	⌈ Swann m'apprit à ce propos ... tant de peine à remonter (707) [Some draft introductory remarks about the name ⌊ Surgis-le-Duc appear also in margin, 16706:88]	Layer, 16709:83
II 707a	≙(aller et retour ... rares)	Above-1: layer, 16709:83
II 707b	≙dans l'intention de venger son peintre favori	Not in 16709:84
II 707c	⌈ Mais, presque sans dissimulation ... est ⌊ parfois contagieux	Margin & interline, 16709:84
II 708n.1:II 1183a:	Y aller une fois ... un crime	Margin, 16709:84
II 708a	- Il lui parle ... était vrai. Swann + Pl.n.2	Margin, 16709:84
II 709-10a	⌈ Ce n'est pas que ... plus fort que l'amour, de ⌊ se battre (710)	Margin & above-1, 16710:6
II 710a	Swann avait beau dire ... fixés sur la pendule	Margin & above-1, 16710:7
II 712a	Tout au plus ... tantôt à l'intelligence	Margin, 16710:10
II 712-13a	⌈ Pl.n.3,712 + Swann trouvait maintenant ... ⌊ nationalisme, et cocardier (713)	Layer, 16710:10
II 713n.1:II 1184a:	ce qui ... intermédiaires	Later addn: layer, 16710:10
II 713a	Elle était pour moi ... plus faite pour elle	Not in 16710:11
II 713b	⌈ ne cherchant plus qu'à ... ne les contrecarre ⌊ pas	Layer, 16710:11
II 713-14a	⌈ ≙"Du reste,je vais ... ≙une lettre de menaces, ⌊ car (714)	Layer, 16710:11 (& draft in margin)
II 714a	⌈ ≙Avant de laisser Swann ... et Picquart ⌊ colonel."	Layer, 16710:11
II 714-15a	⌈ J'avais bien remarqué ... détendues de son ⌊ attention (715)	Margin, 16710:19-20
II 715-16a	⌈ et en démentant ... ne l'aimait pas qu'en soeur (716) [Except≙il ôtait leurs derniers doutes ... n'en avaient pas encore, which is in MS]	Margins, 16710: 21-22
II 716a	[Originally frère, not soeur, in II 715-16a: pour coucher un frère près de sa soeur etc.]	Margin, 16710:22
II 716n.1:II 1184-85a:	Dans le monde ... une wagnérienne passionnée (1185) [Note: the addn has: Est-ce que cette allemande n'est pas vicieuse?, not nerveuse as ⌊ in Pl.]	Margin & layer, 16710:24
II 716n.1:II 1188a:	- Je n'aime pas Mayol ... pour ce qu'il ⌊ détestait	Margin, 16710:31
II 716n.1:II 1188b:	Allons, j'espère vous revoir ... l'usage ⌊ du toxique	Margin & layer, 16710:32
II 716-19a	⌈≙M. de Guermantes voulait cependant ... après ⌊ une significative étreinte (719)	Layer, 16710:38
II 717a	Je vous inviterai ... mal avec lui?	Above-1: layer, 16710:38
II 718a	tu aimais déjà faire de longues vadrouilles	Below-1: layer, 16710:38
II 719a	Attendant sa voiture ... rien du tout."	Not in 16710:39
II 720a	J'avais mis ... en thèse générale."	Not in 16710:40
II 720b	D'ailleurs, comme il ... et son neveu	Layer, 16710:40
II 720-21a	≙Pendant que nous ... la voiture était avancée (721) [approximate versions]	Layer, 16709:55, & margins & above-1, 16710:41, 45
II 723a	⌈ après avoir été perpétuellement ... peut-être ⌊ à conquérir	Margin, 16710:47
II 724n.1:II 1191a:	J'eus un instant ... personnes ⌊ insoupçonnables	Margin, 16710:48
II 724a	⌈ Avez-vous trouvé ... leur est inconnue." [MS did have: Marcel now wished to go to salons where he could meet the girls of whom Robert had ⌊ talked, Mme de Putbus, etc. (16710:49-50)]	Layer, 16710:49

II 724b	Je demandai si ... sur elle", dit le duc	Margin, 16710:49
II 724c	"Vous ne voulez pas ... avec Albertine. Aussi je refusai	Not in 16710:49
II 724d	"A la revoyure, me dit le duc	Above-1, 16710:49
II 725a	- Allons, Oriane ... me dit-elle + Pl.n.1 [dans la maison, not les maisons]	Above-1, 16710:49
II 725b	- Allons, mon petit ... la fête soit complète."	Not in 16710:50
II 726-28a	J'allai droit ... sans que j'y prisse aucun plaisir (728)	Not in 16710:50
II 728-29a	Comme, chaque fois ... rentrer dans ma chambre (729)	Margin & layer, 16710:51
II 729a	C'était bien de l'inquiétude ... cruelle souffrance morale	Not in margin, 16710:51
II 729b	⌂ et que Françoise me dit ... la gâter ainsi."	Margin, 16710:52
II 729c	D'ailleurs, ses moindres paroles ... Françoise sortie de la chambre	Layer, 16710:52
II 729-30a	Pour embellir un peu ... la bille d'agate (730)	Margin, 16710:52
II 730a	mais dans l'espoir que ... ne gênât pas mes parents	Margin & layer, 16710:53
II 730-31a	⌂ Françoise vint ... qui ne viendrait plus (731)	Margin & layer, 16710:54
II 732a	Mais où était-elle? ... Albertine de venir chez moi	Not in 16710:57
II 733a	aboutit souvent ... que quelques instants [MS had: ne dura qu'un instant]	Margin, 16710:59
II 733-34a	Mais déjà, aux derniers mots ... de longues souffrances (734)	Not in 16710:59
II 734a	je vais prendre le pas de course [16710:59 has simply: je vais venir]	Not in 16710:59
II 734b	je suis chez une amie qui [afterthought?]	Above-1, 16710:59
II 735a	dont les plus blancs ... la fatigue et l'obéissance	Interline, 16710:61
II 735b	⌂ commença par me raconter ... nouvelles de sa tante	Margin, 16710:62
II 735-36a	Et Françoise ajouta ... de ceux d'Albertine & ironiques (736)	Margin & layer, 16710:62
II 736-37a	⌂ "Elle est comique ... ainsi à ses paroles! (737)	Margin & layer, 16710:63
II 736a	en ne perdant pas ... attendre Albertine)	Not in margin & layer, 16710:63
II 737a	Françoise détestait, du reste ... - Je n'ai plus faim	Later layer, 16710:63
II 737b	(laquelle pourtant ... assez du ministère)	Not in 16710:63
II 737-38a	Je fis semblant ... - Non." (738)	Not in 16710:63
II 738a	D'ailleurs, si ... l'attendaient encore	Not in 16710:63
II 738b	On serait à jamais ... une bille quelconques	Margin, 16710:64
II 738c	Je demandai à Albertine ... de le faire tout de suite	Layer, 16739:1
II 739a	Je ne pouvais l'accuser ... me remercier encore	Margin & interline, 16710:64
II 739-41a	Il se produisit ... renversé leurs alliances (741)	Layers (glued over typescript), 16739:1-2
II 739b	(comme si la cure ... la vessie)	Above-1: layer, 16739:1
II 742a	⌂ Certes ces causes ... aussi inexactement une seconde	Layer, 16739:3
II 742b	(où, pour ... le dernier)	Above-1: layer, 16739:3
II 743-44a	Il passait toute la journée ... on obéit à la souffrance (744)	Layer, 16739:6
II 744-45a	Néanmoins les personnes ... Pour Odette, au commencement (745)	Not in 16710:94, nor 16739:7, nor 16766:123
II 745a	récemment acquis [after Elle avait eu le tact]	Above-1, 16739:7

II 745b	que cela achevait d'ailleurs de tuer	Above-1, 16739:7
II 746a	De sorte que ... je me rapprochais de sa fille	Not in 16710:95, nor 16739:8
II 746b	malgré ses brillantes amies	Below-1, 16739:8
II 747a	en vogue *[Of* tous les romanciers. 16710:96 has: tous les romanciers de valeur*]*	Corr. above-1, 16739:8
II 747b	d'ailleurs mourant *[afterthought?]*	Above-1, 16710:98
II 747c	cela même ne nuisait pas ... ne lui nuisait pas parce qu'	Interline, 16739:9
II 747d	Livrée à elle-même ... l'eussent perdue	Interline, 16739:9
II 747e	"Mais voyons, Odette ... je vous le défends." *[16710:98 has simply:* "Mais ne vous faites donc pas présenter voyons" et était glacial si sa femme le nommait*]*	Margin, 16739:10
II 747f	≙ils voyaient quelqu'un ... pleuvaient chez Odette	Margin, 16739:10
II 747-48a	"Ça ne vous a pas ... où elle demeure." (748)	Margin, 16710:99
II 749a	qui était bien capable ... ≙les cent dix-neuf coups *[16710:102 has simply:* [...] Mme Swann, et attendant de voir [...] , au sujet de son entrée dans le monde, "comment ça tournerait"; in 16739:11, there is only a blank from Mme Swann on*]*	Interline, 16739:11
II 749b	≙soudain mis en valeur ... semblait un homme nouveau	Margin & layer, 16710:102
II 749c	aussi bien que si ... Revue des Deux Mondes	Above-1, 16739:11
II 749d	J'aurais beaucoup ... ce milieu nouveau	Above-1, 16739:11
II 749e	≙Mais elle était ... présenter Odette	Margin, 16710:102
II 749f	Mme de Montmorency, beaucoup ... ≙plus grande que	Not in 16710:102, nor 16739:11, nor 16766:127
II 749-50a	≙j'aimais bien aller ... je fus un peu désappointé (750) *[Note: this addn is a contraction of eventually excised passages, 16710:87-90, 102-104]*	Margin & layer, 16739:11
II 750a	Elle habitait ... l'antichambre, et surtout	Margin & layer, 16710:102-103
II 750b	≙le tintement de la sonnette ... ne devina jamais la cause *[Instead, it is a* salon rond *that is mentioned in the MS addn, II 750a]*	Above-1, 16739:12
II 751a	≙répétant combien ... signifiait simplement attitrée	Margin, 16711:12
II 751-52a	Du reste, à fur et à mesure ... je cessai d'écouter (752)	In Céleste's writing, 16739:14-16
II 751b	Les chambres étaient ... l'estime du directeur	Above-1, 16739:15
II 751c	Les derniers temps ... sans doute)	Above-1, 16739:16
II 752a	"Sûr et certain ... grande "impuissance"	Above-1, 16739:16
II 752b	détester même *[after* nous fera peut-être oublier*]*	Above-1, 16739:17
II 752c	≙(des invitations qui ... une visite à Paris)	Margin, 16711:7
II 752d	et par miracle ... le renseignement désiré *[16711:7 has simply:* et reçut très mal mon envoyé, mais enfin [...] *]*	Corr. margin, 16739:18
II 753a	elle aurait peut-être ... mais ses propriétaires	Margin, 16711:9
II 753b	Saint-Loup qui ... à leurs garden-parties	Layer, 16711:9
II 753c	Il pensait qu'en dehors ... de ses expressions favorites	Later layer, 16711:9
II 753d	tout en conservant les principales) ... supportables à fréquenter."	Later layer, 16711:9

II 753e	c'est une nature, elle a une personnalité [Layer, 16711:9, has simply: <u>elle est agréable</u>]	Above-1, 16739:18
II 753f	elle n'est pas toujours <u>à la page</u>	Not in 16711:9 addn, nor 16739:18, nor 16766:132
II 754a	Mais j'avais ... une simple présentation [16711:8 does have this in essence; but it is presented as an activity Marcel <u>still</u> performs]	Above-1, 16739:19
II 754b	Du moins à Balbec ... entre le pays et cette femme	Margin, 16711:9
II 754c	(Car si ... Or cette illusion	Not in 16711:8 & 9, nor 16739:20, nor 16766:133
II 755a	Je fus tiré de ... Du reste nous étions arrivés	In Proust's writing, 16739:21-22
II 755-56a	≙L'être qui venait ... et me l'apportait) (756)	Above-1, 16711:18
II 755b	qui me sauvait de la sécheresse de l'âme	Not in 16711:18; in layer, 16739:23
II 756a	Cette réalité n'existe pas ... poètes épiques)	Margin, 16711:19
II 756b	de jeune homme ingrat, égoïste et cruel	Margin, 16739:23
II 756c	dans ma légèreté ... à la voir malade	Margin, 16739:23
II 756d	qu'il s'agisse d'ailleurs ... les intermittences du coeur	Margin, 16711:20
II 757a	Le moi que j'étais ... du moins, je n'étais plus	Margin, 16711:22
II 758a	où tout trouvait ... un seul de mes défauts	Margin, 16711:23
II 759a	Je ne cherchais pas à ... Jamais je ne le fis, car	Margin, 16711:26
II 761a	une personne ordonnée [16711:31 has simply: <u>sa garde est bien</u>]	Corr. above-1, 16739:28
II 762a	Cela fait souvent de la peine de penser	Above-1, 16739:28
II 762b	Je ne comprenais plus ... sans aucun doute possible	Margin, 16711:33
II 763a	Le directeur vint ... le "calyptus"	Margin, 16711:36
II 763b	A tout hasard ... la salle à manger	Margin, 16739:29
II 763c	"Mais oui ... nécessiteuses & en définitif." [Note: both 16711:13 and 16739:30 give: <u>Mais-zoui</u>; but 16766:135 has text version]	Margin, 16711:13
II 764a	J'avais ressenti ... pressé de me voir	Margin, 16739:32
II 765a	≙et repoussai son offre ... promesses du directeur [In margin, 16711:36, Marcel did refuse the "calyptus", which the manager feared might trouble his, Marcel's, neighbours; also here, Marcel said he did not want anyone let in, to which the manager replied that if an employee <u>se le permettait il serait roulé de coups</u>]	In Proust's writing, 16739:33
II 765b	≙ Ce qui me valut ... "dans le vrai")	Margin, 16711:15
II 765c	et cette recommandation ... "induire" d'huile	Interline, 16739:33
II 765d	Et qu'on se le tienne ... deux fois les choses)	Interline, 16739:33
II 765e	≙ce n'est pas du ... pour équivalent)	Above-1, 16739:33
II 765-68a	on m'apporta un peu plus tard ... j'avais fait congédier Albertine (768)	Layer, 16711:37
II 765f	Non pas que ces arrêts ... indignes de la marquise	Interline & margin, 16739:34
II 766a	Or, si Mme de Cambremer ... Féterne. D'autre part	Not in 16711:37 layer; in Proust's writing, 16739:35, & margin, 16739:36
II 768a	- qui vous ôtent ... l'être qu'on aime - [16711:37, interline & margin, has simply: <u>qui vous rendent la vie intolérable pour bien</u> <u>longtemps, quelquefois pour toujours</u>]	Interline & margin, 16711:37; final version, corr. above-1, 16739:37
II 769a	≙avec épouvante [after <u>je me rendis compte</u>]	Margin, 16711:39
II 769b	et sans pleurs ... la plaignait peu)	Above-1, 16739:38
II 769-70a	Mais surtout, dès que ... par ma grand'mère adressées à elle (770)	Margin & layer, 16711:40

II 770a   ou de Mme de Beausergent   Margin, 16739:39
II 770b   ⌈ la veuve du bâtonnier   Corr. 16739:39
           ⌊ *[16711:40 has: la femme du notaire]*
II 771a   ⌈ Elle, et aucun de nous ... "le Bonhomme"   Margin, 16739:40
           │ *[But 16711:42 does mention, more mildly,*
           │ *that professors called Mme de Sévigné "la*
           ⌊ *spirituelle Marquise"]*
II 771-72a ⌈ Elle eut la mauvaise chance ... diras des   ⌉ Layer, 16739:40 (in
           ⌊ nouvelles." (772)   ⌋ rough in margin)
   II 771b   inoubliable à tous ceux qui l'ont connu   ⌉ Above-1: layer, 16739:
                                                               ⌋ 40
II 772-75a ⌈ ≏Comme c'était la première fois ... dans le   ⌉ Margin & layer,
           ⌊ temple de Salomon (775)   ⌋ 16711:43
   II 773a   et sa soeur dactylographe   Margin, 16739:41
   II 773b   L'abbesse de Fontevrault ... Mme de Montespan?   Margin, 16739:41
   II 774a   et jusqu'aux petites ... En bas   Interline, 16739:42
   II 774b   ≏c'était l'élément masculin qui dominait et   ⌉ Above-1: layer,
                                                               ⌋ 16711:43
   II 774c   à cause de l'extrême ... des serviteurs   Interline, 16739:42
   II 774d   ≏non certes les vers ... saluant M. de Charlus   Margin, 16739:42
   II 774e ⌈ ce qu'au XVIIe ... florissant"   ⌉ Above-1: layer,
           ⌊ *[Has: une troupe innocente]*   ⌋ 16711:43
   II 774f   Mais je ne ... n'en avaient aucun. Tout au plus   Layer, 16739:42
   II 774g   ≏si l'on avait ... j'y contribue."   ⌉ Above-1: layer,
                                                               ⌋ 16711:43
   II 774h   à moins que ... contemplative   ⌉ Later addn: layer,
                                                               ⌋ 16711:43
   II 775a   respectueuses & Car, sauf ... dans Athalie   ⌉ Later addn: layer,
                                                               ⌋ 16711:43
   II 775b   "jeune et fidèle"   ⌉ Later addn: layer,
                                                               ⌋ 16711:43
II 775c   Je remontais directement à ma chambre   Margin, 16739:43
II 775d   ⌈ ≏Toutefois ma pitié ... cessé de regarder si   ⌉ Margin & layer,
           ⌊ fixement   ⌋ 16711:44
II 775-76a ⌈ Je prévins le directeur ... avec "lettrées."   Margin, 16711:45
           ⌊ (776)
II 776a   ⌈ Et elle le cachait bien ... Mais ça passait   Margin, 16711:46
           ⌊ vite
II 776b   ⌈ J'avais beau lui dire ... il y avait plusieurs   Margin, 16711:46
           ⌊ jours qu'
II 777a   Françoise me regardant ... sentais indisposé"   Margin, 16711:47
II 777b   ⌈ Je lui dis que non; ... la voir aujourd'hui."   Margin, 16739:44
           │ *[In 16711:47, Marcel did ask Françoise to tell*
           ⌊ *Albertine he could not come]*
II 777-78a ⌈ Quelles déclamations ... Elle me torturait   Layer, 16739:45
           ⌊ (778)
   II 777-78b Même les humbles ... - ou pour eux (778)   ⌉ Interline: layer,
                                                               ⌋ 16739:45
II 778-79a ⌈ ≏Moins pourtant ... les sensations les plus   ⌉ Margin & layer,
           ⌊ douloureuses (779)   ⌋ 16711:47
II 779a   elle a saisi exactement chaque chose   Corr. above-1,
             [16711:48 has: elle a répondu exactement à   16739:45
             chaque chose]
II 780-81a ⌈ car Albertine faisait ... les parents de   Margin, 16711:53
           │ Rosemonde (781)
           ⌊ *[16711:53 had: où était la villa de sa tante]*

II 782a:chapter heading: Les mystères ... ≏chez les Verdurin   Layer, 16739:48
  II 782b:chapter heading: Les plaisirs de M. Nissim Bernard   ⌉ Above-1: layer,
                                                               ⌋ 16739:48

II 783-84a	J'essayai de me distraire ... à faire des promenades (784) *[But note: most of this is a very early passage, originally to be found in A l'ombre, and part of this layer is made up from a section of A l'ombre galleys, from tracé [...] comme à travers champs to d'aussi populeux, d'aussi civilisé (784)]*	Margin & layer, 16711:58
II 784a	dont j'avais, par Albertine ... la Normandie + Pl.n.1	Margin, 16711:60
II 784b	Je m'installai ... j'étais seul	Above-1, 16711:60
II 784c	bleu qui ne laissa passer qu'une raie de soleil	Above-1, 16711:60
II 785a	Maineville avait acquis ... inutilement adressées au maire	Layer & margin, 16739:51
II 785-86a	J'entendis sans y répondre ... d'une blancheur chiffonnée (786) *[But see II 786 Pl.n.1, which is largely in MS]*	Margins, 16739:51-52
II 786n.1:II 1195a:	Et alors, dans ... vivantes et insaisissables *[Note: TS has autour de la fleur, which makes more sense, and is a much more plausible reading of the MS, than alors dans, as Pl. reading has it]*	Margin & above-1, 16711:64
II 786a	deuil où faisaient part ... de Criquetot *[MS has: une lettre de faire part de la mort d'un cousin de Mⁱ de Cambremer. Some of the names in this addn not identical to those in text; corrected to present version, 16739:52]*	Margin, 16711:65
II 786-87a	A moi il chuchota: "C'est la princesse de Parme." (787) *[+ last 2 sentences of Pl.n.1, 787]*	Margin, 16711:68
II 787n.1:II 1195-96a:	Tandis que je regardais ... que je pourrais l'éviter (1196)	Margin, 16711:67
II 787a	Je crois que je mentirais ... mon attente fut un peu anxieuse	Margins, 16739:53-54
II 787b	≙et comme une voix ... inquiète et fausse	Margin, 16711:68
II 787c	Le temps fut long ... dissipèrent ma tristesse *[16711:69 has simply: Albertine fut très gaie cette fois]*	Margin, 16739:54
II 787d	(contrairement ... l'autre jour)	Margin, 16739:54
II 788a	≙Françoise avait, en la ramenant ... des chagrins."	Margin & above-1, 16711:69
II 788b	ces paroles profondes *[MS addn attributes these words simply to Françoise's hostility towards Albertine]*	Above-1, 16739:54
II 788-89a	En reconduisant ... si elle régnait déjà (789)	Margin & layer, 16711:70
II 788c	Un peu plus, elle lui aurait dit ... elle préférait la France	Margin, 16739:55
II 789a	Je remontai ... c'est un piano	Margin, 16739:56
II 789b	Cela fit que, pour la trouver ... fit la quatorzième & pour reprendre le fil du récit	Margin & above-1, 16739:56
II 790a	D'ailleurs nos désirs ... baiser sur le front	Margin, 16711:71
II 790b	Il entrait dans ... d'effort, la poussait légèrement	Interline, 16711:71
II 790-91a	Cet orgueil ne l'empêchait pas ... une bonne à tout faire (791)	Margin & above-1, 16711:71
II 791a	Il n'était pas d'ailleurs sans ambition	Margin, 16711:72
II 791b	ni talent non plus ... "accenseur"	Margin, 16739:57
II 791-93a	≙Certaines choses ... de venir avec vous (793)	Margin & layers, 16711:72, 81
II 792-93a	"C'est pour vous faire ... s'être trompée de chambre (793)	Margins, 16739: 58-59
II 793a	après avoir fait claquer ... de fenêtre ouverte)	Margin, 16739:59
II 793b	Vous vous rappelez bien ... cela vient de moi	Margin, 16739:59

II 793c	- Oui, oui, oui, oui ... de vague et de bêtise	Margin, 16711:72
II 793d	Je peux très bien ... si je sors un peu ce soir	Margin, 16711:73
II 793e	Ah! merci ... n'a rien à dire."	Margin, 16711:73
II 794a	Et j'ai pas pu ... il a été envoyé")	Margin, 16711:73
II 794b	⌐≏On ne devrait jamais ... une grande douceur └ à ceux qui rient	Layer, 16711:74
II 794c	≏ des fois, ce qui voulait dire par hasard	Above-1, 16711:74
II 794d	⌐≏Ce ne fut pas ... en attendant qu'elle fût │ finie └	Layer, 16739:61 (in rough in margins, 16739:61 & 62)
II 795a	Sont-elles jolies au moins? ... leurs traits	Margin, 16711:82
II 796a	⌐ Je repartis avec Cottard ... la scène que je └ venais de voir	Margin, 16711:83
II 796-97a	⌐ Ce n'était pas que ... en lui promettant d'aller └ les voir (797)	Layer, 16739:63
II 797a	Le mal que m'avaient ... d'un certain temps	Margin, 16711:83
II 797-98a	⌠ Certes les charmes d'une personne ... penser à └ la séparation (798)	Layer, 16711:74
II 798a	≏Du reste, à partir ... toujours erroné + Pl.n.1	Margin & layer, 16711:74
II 798-802a	⌐ J'avais mal compris ... plus jalouse que └ moi-même (802)	Layer, 16739:65 ⌐Typed in 16739: 118⌡
II 800a	nous dînerions ensemble. Ce serait si gentil	Above-1: layer, 16739:65
II 802a	⌐ immobiles et ⌐after ses regards restés pourtant └ singulièrement⌡	Margin, 16739:66
II 803a	que je n'envisageais ... façon consciente	Margin, 16739:66
II 803b	⌐ s'amuser, comme des pensionnaires ... qui me │ serrait le coeur │ ⌐MS had simply: faire ensemble d'agréable. │ The addn has: me soulevait le coeur, not serrait; └ corr. on 16739:67⌡	Margin & above-1, 16711:84
II 804a	⌐ Albertine incitait ... un coup d'oeil │ ⌐16711:85 had simply, partly crossed out: │ J'avais souffert du soupçon qu'Albertine avait │ une passion honteuse pour Andrée; j'en étais à │ peine guéri de celui Celui-là guérissait à peine │ que j'étais atteint d'un autre; cette fois-ci │ c'était avec Rosemonde qu'Albertine devait avoir │ des relations, puis de nouveau avec Andrée; Il └ avait suffi pour cela d'un coup d'oeil [...]⌡⌡	Margin & above-1, 16711:85
II 804b	je finissais par l'éloigner	Above-1, 16739:67
II 804c	⌐ Au fond, si je veux ... à faire que, dans └ l'avenir	Margin, 16711:86
II 806a	⌐ Le monsieur était ... quelque chose d'important └ et d'incomplet	Margin, 16739:69
II 807a	où il est très aimé ... des éloges infinis	Layer, 16711:90
II 807b	⌐≏Celle-ci, si glaciale ... assez de sourires └ ⌐See Pl.n.3⌡	Layer, 16711:90
II 807c	La pièce la plus commode ... Mais elle la refusa	Margin, 16711:90
II 807-8a	⌐ Autant que ma grand'mère ... nous moquer d'elle └ (808)	Layer, 16711:90
II 808a	sa tournée pastorale et	Margin, 16739:71
II 808b	⌐ Elle avait deux singulières ... au besoin venant └ du nez	Margin, 16739:71
II 809a	⌐ Et je sentis à une respiration ... que le └ compliment était sincère	Interline, 16739:71
II 809-10a	⌐ "Et comme le nom est joli ... beaucoup trop └ modestement (810)	Layer, 16711:92
II 810a	⌐ et j'aimerais tant vous montrer ... contrainte └ d'habiter Féterne."	Margins & layer, 16711:92, 93
II 810b	⌐ - Pour revenir à des sujets ... ne pas trop │ parler de Combray │ ⌐16711:94 has simply: she began to talk └ enthusiastically about Monet's water-lilies⌡	Margin, 16739:73

II 810-11a	"Ah! c'est sûrement ... égala Monet à Le Sidaner (811) [Later than II 810b]	Margin, layer & above-1, 16739:73
II 811a	On ne peut pas dire ... m'être entièrement inutile	Margin, 16711:94
II 811b	Devant un hobereau ... les protestations de la dilettante [Note: 16711:94 has protestations de l'artiste; corrected to dilettante on 16739:73]	Margin, 16711:94
II 811c	que Mme de Cambremer était ... l'idée d'offrir	Layer: margin, 16711:94
II 811d	Je vous dirai tout nûment que je le trouve	Above-1, 16711:94
II 811-12a	C'est très curieux, ajouta-t-elle ... tombées d'accord sans avoir besoin de discuter (812)	Margin & layer, 16711:94
II 812a	"Il faudra que je demande ... lui tirer les vers du nez."	Margin, 16739:74
II 812-13a	- Du reste, continua ... c'est une question d' ambiance (813)	Margin, 16711:95
II 814a	j'en suis férue	Above-1, 16711:97
II 814b	s'aidant des doigts pour piquer les notes imaginaires	Above-1, 16711:97
II 814c	"Je crois que c'est encore ... caduques puisque mélodiques	Margin, 16711:97
II 814d	- Leurs ailes de géants ... Mais il n'y parut pas	Margin & above-1, 16711:98
II 815a	et savait que celle-ci ... concluait Mme de Cambremer-Legrandin	Above-1, 16711:99
II 815-16a	Des théories, bien entendu ... ne se dirigent plus que suivant la théorie (816) [Paper is torn off after le jour devait venir où (815), but the rest was probably in a now lost layer, since the MS starts again with ≏C'est ainsi que l'esprit (816), and the missing section does appear, with some correction, in 16739:78-79]	Margin, 16711:99
II 816a	≏sur un certain nombre ... n'avait peut-être pas tenu	Above-1, 16711:100
II 817a	Même à Paris ... que des expressions nouvelles	Margin & layer, 16711:100
II 817-18a	Je crus qu'elle allait ... venait de tremper ses moustaches (818) [The lines up to délire artistique are rather later than the rest]	Margin & layer, 16739:80
II 818a	"Élodie! Élodie! ... ses seins se soulevèrent et	Not in 16739:80 addn, nor 16766:181
II 818b	atteignant jusqu'à ... et qui fut transpercée	Not in 16739:80 addn, nor 16766:181
II 818c	Et puis Cancan ... pour les cousins de Ch'nouville, voilà	Interline, 16739:80
II 818d	(Pour le père de ... un moderne patois.)	Margin, 16739:81
II 819a	"mon onk de Rouan"	Above-1, 16739:81
II 819b	et Rohan [after prononcer: Uzès]	Above-1, 16739:81
II 819-20a	Aussi, après m'avoir dit ... dans le dialecte de Robert [first word on 820] (820)	Margins, 16711:104-5
II 820a	qu'elle ne savait pas emprunté à Rachel)	Margin, 16739:81-82
II 820b	en rapprochant le pouce ... et aboutir à [16711:105 does have: Aussi me fit-elle un éloge de St-Loup, presque comme si elle était amoureuse de lui]	Margin, 16711:105
II 820c	(on avait d'ailleurs ... avait été son amant)	Margin, 16739:82
II 820d	Je suis souffrante ... une femme absolument supérieure	Layer, 16711:105
II 820e	Était-elle rongée par le désespoir d'être née Legrandin?	Margin, 16711:105

II 821-22a	"Nos parents ne sont pas ... voué leur vie à son oeuvre (822) [Part of this, about the lawyer, his wife and his son, is also in a crossed-out hand-written passage on 16741:28-2 - 30 (his stepson here)]	Layer, 16739:83
II 822a	Et, dans sa bienveillance ... d'autres tentations encore	Not in 16711:106, nor 16739:83, nor 16766: 183
II 822b	"Ceci est encore assez <u>Pelléas</u> ... en l'air (823)	Margins, 16711:107-108
II 823a	Le premier président, peu sensible ... aussi dépeuplée	Margin, 16711:108
II 823b	On vous sent si vibrant ... avec son mouchoir [16739:84 addn has: <u>si hartiste</u>]	Margin, 16739:84
II 824a	⌐"Et puis, ajouta-t-elle ... si hartthhisstte!"	Margin, 16711:110
II 824b	Dame, je suis facile ... "Halte-là!"	Margin, 16739:85
II 825a	(comme le lift ... les domestiques) [after-thought?]	Above-1, 16711:112
II 825b	Cependant je voyais ... plus préoccupé d'Albertine [Later than II 825c]	Margin, 16711:113
II 825c	⌐ je lui dis que ... et non de Camembert [The next reference to the name Cambremer is <u>on</u> the same page in the MS (16711:113); this page looks very fresh, and part of the margin addn was evidently written at the same time as rest]	Margin, 16711:113
II 825d	mais sans quitter son air désespéré [after-thought?]	Above-1, 16711:113
II 825-26a	Et à vrai dire ... de dire désormais Cambremer (826)	Glued-on layers, 16711:114
II 826a	Il est vrai qu'aucun ... réservée à Balbec	Margin: glued-on layers, 16711:114
II 826-27a	⌐ Mais la douleur anxieuse ... si nous étions malheureux (827)	Margin & layer, 16711:115
II 826b	Il s'imaginait que ... terrible déception égoïste	Margin, 16739:87
II 827-28a	On ne peut pourtant pas dire ... ce qu'il ne faut pas dire (828)	Layer, 16739:87
II 828a	Je mentis [after <u>soyez franc comme moi</u>]	Above-1, 16739:88
II 829a	et le sentiment de leur propre instabilité [Neither 16711:117 nor TS make sense without this]	Margin, 16739:88
II 829b	dont ils voudraient tant être aimés	Margin, 16739:88
II 831a	de la plage tachée ... - Mais puisque je [But probably <u>not</u> a late composition, since it is on lined paper with a red margin, and MS does not make sense without it]	Layer, 16711:122
II 831b	- à embrasser presque ... à embrasser ma mère -	Margin, 16711:122
II 831c	dans la plénitude de sa tristesse accablée [afterthought?]	Margin, 16711:123
II 832a	On frappa; ... j'en pouvais user à ma guise	Layers, 16711:125
II 832-33a	Et de même qu'auparavant ... d'autres femmes qu'Andrée [This is roughly in the MS, but there Cottard's influence is not mentioned]	Margin, 16711:126
II 832b	ou du moins pût avoir des jeux caressants avec elle	Above-1: margin, 16711:126
II 834a	soldat qui choisit ... où il est le plus exposé	Margin, 16739:93
II 836a	allant même, pour les choses les plus simples ... nom de Lamartine. Or	Margin & above-1, 16739:96
II 837-38a	Ces jours-là ... la part de plus en plus petite qu'elles y tiennent (838)	Layer, 16711:137

II 837a	où du front des garçons de ferme ... dans les "clos" voisins	Margin, 16739:96
II 838a	et que l'amour nouveau ... sera le dernier	Above-1, 16739:97
II 838-40a	Il y avait encore peu ... sacrifices des Orgiophantes" (840)	Layer, 16739:97
II 838b	bien que dans le désir ... réalisation, tout de même	Not in layer, 16739:97 nor 16766:194
II 840-41a	≏ Mais bientôt la saison ... la fît repartir au plus vite (841)	Layer, 16711:137, & margin & layer, 16711:138
II 841a	Malgré ces pensées ... d'Andrée qui m'inquiétait	Layer & above-1, 16711:138
II 842a	et lui demander d'avoir ... mes absurdes soupçons [afterthought?]	Above-1, 16711:139
II 842-45a	Vers cette époque ... en explorer furtivement les détours (845) [16739:102-3 are typed, in a different colour from most of the rest of 16739, and contain [é]volutions de l'adolescent empressé ... avant l'heure du goûter, son jeune ami (II 844-45)]	Largely in Proust's writing, 16739:99-103
II 843a	Quoi qu'il en fût ... il se sentit presser	Later addn, 16739:100-101
II 845-50a	Tandis que, se risquant ... elle était vraiment céleste (850) [16740:122 layer has, after convenir au baron, II 990: Bien que personnellement je me plusse au contraire avec les femmes de chambre (il faudra que je parle de trois, née (sic) dans un pays de torrent et qui avaient gardé dans leur parole impétueuse et charmante (last 2 words above-1) le flot qui renverse tout). II 845-50a is even later than II 842-45a; it is numbered (by Proust) 244 bis to 244(9)]	In Proust's writing, 16739:104-111
II 846a	étalée comme un lac [afterthought?]	Above-1, 16739:104
II 846b	(qui ne sont pas ... génie étrange de Céleste)	Above-1, 16739:105
II 846c	et tourne son cou, avec une souplesse!	Above-1, 16739:105
II 847a	Elle prodiguait, du reste ... on ne peut pas les suivre	Not in 16739:106, nor 16766:195
II 847b	Ceux d'hier ... il faudra les changer	Above-1, 16739:106
II 847c	ils se boursouflent ... les plumes des oiseaux	Above-1, 16739:106
II 847d	Ah! douceur, ah! perfidie!	Above-1, 16739:106
II 848a	Pour apaiser les craintes de Marie ... des vies données...	Not in 16739:107, nor 16766:195
II 848b	≏ Regarde, Céleste ... chacun de ses mouvements." [In 16739:107, however, this is spoken by Céleste]	Above-1, 16739:107
II 848c	joues amies et fraîches ... d'une amande	Above-1, 16739:107
II 848d	Tiens, Marie ... savent imposer leur volonté	Interline & margin, 16739:107
II 848e	Et puis le voilà ... tout droit comme une évidence."	Not in 16739:107, nor 16766:195
II 849a	"Regarde, Marie, ses traits ... des jours et des nuits."	Interline, 16739:108
II 850-51a	La famille de Bloch ... s'adressait peut-être à Albertine (851)	In Proust's writing, 16739:112
II 851a	Un autre incident ... du côté de Gomorrhe	Above-1, 16739:113
II 851b	≏ j'avais vu sur la plage ... des bonnes heures du passé	Margin & layer, 16711:141
II 851-53a	Ce rendez-vous, en ce cas ... je n'en fus que plus malheureux (853)	Handwritten pp., 16739:114-117
II 852a	Disons en passant ... courageux exilés de Sodome	Margin & layer, 16739:114
II 852b	≏ bientôt se tourmenter [afterthought?]	Above-1, 16739:115

II 853-54a	≏ Elle me savait ennuyé ... une interprétation défavorable (854) *[In rough in layer, 16712:1]*	Layer, 16711:141
II 854a	Au reste ... allait brusquement cesser + 3 asterisks	Layer, 16739:118
II 854-55a	≏ Nous étions, Albertine et moi ... de faire changer la commande." (855) *[This is a crossed-out, very rough, first draft]*	Margin & layer, 16739:121 (not in 16766:201)
II 854b	l'enfant des choeurs d'<u>Athalie</u> *[16739:121 has simply: <u>son jeune commis</u>]*	Not in 16739:121 addn
II 854c	Pour le contemplateur ... de M. Nissim Bernard était autre	Not in 16739:121 addn
II 854d	jouant sans le savoir Amphitryon (855)	Not in 16739:121 addn
II 855a	Elle vint même ... commencés avec le premier	Not in 16739:121 addn
II 855b	M. Bernard, en attendant ... presque inévitable, si	Not in 16739:121
II 855c	≏ Puis après m'avoir donné ... à cause de mes chefs."	Margins, 16712:10-11
II 856a	≏ Dans ce même but ... si elle était heureuse ou malheureuse *[But 16712:7 has simply: she would be less bored; the reference to happiness or unhappiness is not added until 16739:119]*	Margin, 16712:7
II 857a	≏ le mercredi (le surlendemain ... presque tous les jours mercredi	Margin & layer, 16712:10
II 858a	Sa figure, ses manières ... lussent la <u>Revue des Deux Mondes</u>	Margin, 16712:11
II 858b	J'espérais que la dame ... sans m'occuper de la dame	Margin, 16712:12
II 858c	≏ beaucoup plus que M. Nissim Bernard	Above-1, 16739:121
II 859a	Je me rappelai que ... ≏ et où l'on se sentirait perdu *[Ending only very approximate on MS layer; reworked to final form on 16740:1]*	Layers, 16712:12
II 859b	Et comme il donnait lui-même ... veux pas les revoir?" *[In margin, 16712:90, Mme de Cambremer also says this to Marcel, about his attempts to be amiable to Saniette ("Pourquoi [...] <u>faites-vous du charme</u> [...] <u>pour des gens qui n'en valent pas la peine</u>"). Not in 16740:74, nor 16766:262]*	Above-1 & margin: layer, 16712:12
II 860a	"Mais tu peux avoir ... eu ton télégramme."	Margin, 16712:12-13
II 860b	(je ne l'avais pas ... à côté d'Albertine)	Above-1, 16740:2
II 861a	≏ tout ce qui aux lumières ... un être encore jeune	Above-1, 16740:3
II 861b	il me demanda ... je peux dire mon plaisir *[MS, 16712:16, 18, 19, have Charlus making the request himself of Santois (i.e. Morel), whom Marcel in any case recognises]*	Layer, 16740:3
II 861c	parent à lui *[Had: <u>fils d'un de ses amis</u>]*	Above-1: layer, 16740:3
II 861d	exactement comme s'il ... s'éloignait de Balbec	Above-1: layer, 16740:3
II 861e	le fils du valet de chambre ... évidemment impatienté	Layer, 16740:3
II 861-62a	J'avais beau ... ma chère Albertine (862)	Layer, 16740:3
II 862a	- A quel propos ... vers Morel et moi	Layer, 16740:3
II 862b	la disproportion sociale à quoi je n'avais pas pensé *[And continues: <u>d'abord était trop immense</u>, which is evidently the correct version of this phrase, nonsense as it stands and perhaps derived from a handwritten version (not Proust's writing), 16741:4 bis, which runs as the present text does]*	Interline: layer, 16740:3

II 862c	Ce qui me stupéfiait ... dans mon souvenir	Interline: layer, 16740:3
II 862-63a	⌐ je saisissais la ressemblance ...⌐ le faisait surveiller (863)	Margins & layer, 16712:17-18
II 863n.2:II 1198a: Mais il sentait ... à un mâle		Margin, 16712:21
II 864a	en me gardant de prêter à Robert ... toute autre personne qu'Albertine	Margin, 16712:23
II 864b	De même quand elle ... jugé d'une autre espèce	Margin & above-1, 16712:24
II 865a	Je me sentais, puisqu'elle ... je me figurais inconciliable	Margin, 16740:8
II 866a	Craintes bien vaines!	Above-1, 16740:8
II 866-68a	D'ailleurs ces voyageurs vulgaires ... avant d'être rejoint par le groupe, mais & même (868) [Section down to à ses yeux (867) later than rest]	Layer, margin & above-1, 16712:28
II 868a	D'ailleurs il avait peu ... l'emporter sur l'humanisme	Above-1, 16712:29
II 869a	nom d'une pipe [after Un peu plus!]	Above-1, 16740:11
II 869b	ajouta-t-il en clignant ... mais par satisfaction	Margin, 16712:32
II 869-71a	⌐ Je fus ennuyé de voir ... en habit du soir (871)	Layer, 16712:32 (& margin, 16712:33)
II 870a	ralentie par l'affaire ... la musique "nouvelle"	Below-1, 16740:12
II 870b	Jusqu'ici cette mondanité ... par deux faits	Above-1, 16740:12
II 870c	ça me rend folle." ... fait une visite à Mme Verdurin	Above-1 & margins, 16740:12-13
II 871a	M. Verdurin eût pu ... "dans les choux"	Above-1: layer, 16712:32
II 872-73a	Saniette, à qui ses amis ... les autres n'avaient pas éprouvée (873)	Layer, 16712:34
II 873-74a	Quant au sculpteur Ski ... que dans l'esprit de Ski (874)	Margins & layers, 16712:34-35
II 875a	Quand j'ai vu le train, j'ai été sidéré	Above-1, 16712:36
II 875b	Voyez-vous ça ... Tableau!	Above-1, 16712:36
II 875c	Voilà une équipée ... Par ma foi, répondit Brichot	Layer, 16712:36
II 875d	⌐ en effet, si vous n'aviez plus ... m'avait fait oublier la première	Above-1, margin & layers, 16712:36
II 875e	J'avais la naïveté ... en exclut forcément un autre	Margin, 16740:18
II 875-76a	qui tenait à montrer ses talents à un "nouveau" (876)	Margin, 16712:37
II 876a	chez nos snobinettes ... de Talleyrand." [First Talleyrand]	Above-1, 16712:37
II 876b	Car, quand il parlait ... C'est un ancêtre	Margins, 16712:37-38
II 877a	celui qu'il nommait ... "M. de	Margin, 16712:39
II 878a	si bien & que la Présidente ... de l'autre	Above-1 & margin, 16712:41 [also in rough, 16712:40 verso]
II 879a	La princesse était fort riche ... confinée au milieu des fidèles	Layer, 16712:42
II 879-80a	Cottard disait beaucoup plus souvent ... pour arriver à dissiper (880)	Margin & layer, 16712:42
II 880a	Ils connaissent tout le monde ... des gens chic décatis	Margin, 16740:24
II 880b	Il y a du répondant ... c'est un chiffre	Layer: margin, 16712:42
II 881a	Aussi elle n'y va pas avec le dos de la cuiller	Margin, 16740:24
II 881b	Vous me parliez de ... ⌐ elle reçoit, ce qui vaut mieux [MS has arriviste, not purée; corr. 16740:24]	Above-1 & margin, 16712:43
II 881c	toute la noblesse de France et de Navarre	Above-1, 16712:43

II 881d	⌈ D'ailleurs ce genre ... longtemps piochées, ⌊ il possédait à fond	⌉ Added in MS & margin, ⌋ 16712:43
II 882a	⌈ était le centre des élégances ... que je sauterai dessus *[Clearly continues from what went before,* ⌊ *however]*	⌉ Glued-in, unlined page, and margin of attached lined page, ⌋ 16712:45
II 882b	⌈ Il avait commencé par ... La vie a de ces ⌊ disgrâces	Margin, 16712:46
II 883-84a	⌈ A Saint-Pierre-des-Ifs ... et qu'on ne reverra jamais (884) *[Proust writes at top of 16740:25, referring* perhaps to 16740:26: <u>joindre ces deux feuilles</u> ⌊ <u>au placard 35 s'il y a lieu par quelque hasard</u>]	⌉ In Proust's writing, 16740:26 *[page of* ⌋ *glued-together layers]*
II 885-86a	⌈ pareils à ces verreries de Venise ... c'est ⌊ que les Cambremer m'embêtent (886)	Margins, 16712:49-50
II 886a	⌈ vivant bien trop loin ... considération de Mme ⌊ Verdurin	Margin, 16712:50
II 886b	⌈ surtout depuis qu'ils avaient ... tant de ⌊ millions	Margin, 16712:51
II 887a	⌈ ≏ bien qu'il ignorât si ... ingénieur très ⌊ distingué, M. Legrandin	⌉ Margin & layer, ⌋ 16712:52
II 887-91a	⌈ "Hé bien, vous voyez ... Mais il ne put ⌊ achever sa phrase (891)	⌉ Layer, inserted ⌋ between 16712:52 & 53
II 888a	≏ et que je me suis amusé ... rien qui vaille	⌉ Above-1: layer, between ⌋ 16712:52 & 53
II 888-89a	⌈ De même l'excellent prêtre ... deviné <u>Sanctus</u> ⌊ <u>Martialis</u> (889)	Layer, 16740:31
II 889a	⌈ Ces noms me firent penser ... à Robehomme ⌊ + Pl.n.1	Margin, 16740:31
II 889-90a	⌈ Car mieux vaudrait alors ... des eaux renommées, Carquebut (890)	⌉ Margin & layer, ⌋ 16740:31
II 891a	⌈ A moi, mon oncle, je veux dire notre Sarcey ⌊ national ..."	Margin, 16740:32
II 892a	et de pousser un hurlement	⌉ Layer between 16712: ⌋ 52 & 53
II 892b	en passant enfin au langage articulé	⌉ Layer between 16712: ⌋ 52 & 53
II 892c	(hé! hé!)	Above-1, 16740:32
II 892d	⌈ "Ils n'ont pas dû ... dans certains milieux ⌊ médicaux	Margin, 16712:53
II 892e	⌈ Elle avait pris, depuis ... entrèrent dans son ⌊ wagon	Margin, 16712:53
II 892f	⌈ cette femme, qui pouvait avoir ... des familles de ces énigmes sociales *[16712:53 had simply: ≏ <u>c'était la dame ... maison</u>* ⌊ <u>publique</u>]	Layer, 16712:53
II 893a	⌈ "Cré nom, s'écria le docteur ... et son absence de morgue *[16712:54 has: <u>Saperlipopette</u> - corr. to <u>Cré nom</u>* ⌊ *in 16740:33]*	Margin, 16712:54
II 893b	⌈ nous dit-elle d'une voix rapide ... non des <u>r</u> mais des <u>l</u> *[And the subsequent corresponding substitutions* ⌊ *of <u>l</u> for <u>r</u> in her speech are made on 16740:34]*	Margin, 16740:34
II 893c	"On ne me mettra pas ... conclut le docteur	Margin, 16712:54
II 893-94a	⌈ - Vous disiez, Monsieur ... <u>fervidae aquae</u> ... ⌊ (894)	Layer, 16740:34
II 894a	et, chose admirable ... Saint Barnum, celui-là	Layer, 16712:55
II 894b	à moins que ma vieille mémoire ne soit infidèle	Layer, 16712:55
II 894c	⌈ quand ce cercleux, en rupture ... de notre ⌊ Odette nationale	Layer, 16712:55
II 894d	⌈ "Vous faites tort ... dit en souriant le ⌊ docteur	Above-1, 16712:55
II 894e	Le train s'arrêta ... sur bien d'autres noms	Margin, 16712:56

II 894-95a	≏ pour que je pusse mieux ... qui m'intéressaient (895) *[Originally so that Marcel might be next to Albertine]*	Corr. interline, 16712:56
II 895-97a	Enfin le train s'arrêta ... de garde-française (897)	Layer, 16712:56
II 895a	me prit, ainsi que ... et Ski	Above-1: layer, 16712:56
II 895b	Saperlipopette *[16712:56 layer has: Nom d'une pipe]*	Corr. above-1, 16740:35
II 895c	Le cocher, bien que ... excellente pâte d'homme, chez les Verdurin	Margin, 16740:35
II 896a	≏ En voilà un qui était des nôtres!	Above-1: layer, 16712:56
II 896b	Ce sont des circonstances toujours pénibles; mais	Above-1: layer, 16712:56
II 896c	à qui décidément ... à la fois boudeur et mutin	Margin, 16740:36
II 897a	dans l'accomplissement du sacerdoce	Above-1: layer, 16712:56
II 897b	en bonne justice ... la Messe en ré	Above-1: layer, 16712:56
II 897-99a	De la hauteur ... ne vous irait pas." (899)	Layers, 16712:57
II 898a	délicate, minutieuse et douce *[after n'avaient pas enlevé sa]*	Above-1, 16740:38
II 898b	(Engleberti Villa, nous dit Brichot)	Margin, 16740:38
II 899a	≏ Je lui dis mon admiration ... l'air est excellent."	Margin, 16712:57
II 900a	Surtout, au nom du Ciel ... qu'il ne faut pas avoir de chagrin *[In an excised passage on 16712:56, the princesse said that the death should not be talked of to Mme Verdurin]*	Layer, 16712:58
II 900b	Cottard, docile, avait dit ... des verbes et des pronoms	Not in 16712:58, nor 16740:40, nor 16766:233
II 900-901a	M. Verdurin fut heureux ... ne pourra plus s'échapper (901)	Margin, 16712:58
II 901a	Je dirai plus, dans l'intérêt même ... bien momentanément, sa souplesse	Margin, 16740:41
II 901b	comme les demoiselles ... incomparables de Pampille *[16740:41 margin mentions simply a chicken]*	Not in 16740:41
II 901c	ou du moins rencontrer ... l'art pour les cartes	Margin, 16740:41
II 901d	qui l'embête à crever, mais	Above-1, 16740:41
II 901-2a	pour ne pas avoir de plaintes de son père (902)	Above-1, 16740:41
II 902a	Les fidèles entrèrent ... la tutelle de sa femme	Margin & layer, 16712:59
II 902b	pas pion pour un sou ... moi aussi!"	Above-1: layer, 16712:59
II 902c	et de réciter une leçon	Above-1: layer, 16712:59
II 902d	ces moeurs, connues à peine ... d'une zone silencieuse	Interline, 16712:60
II 903a	En somme, toutes les histoires ... (les goûts du baron) & et parfaitement pur	Margin, 16712:61
II 903b	la princesse de Parme *[after avait des relations immorales avec.* MS had: sa cousine]	Corr. 16712:61
II 903c	qu'en les lorgnant au théâtre ... du fauteuil voisin	Margin, 16740:43
II 903-4a	Le prince d'Agrigente ... quelque effet le grand seigneur (904)	Margin, 16712:63
II 904a	"faire une petite commission"	Margin, 16740:44
II 904b	Un grand éditeur ... papier en ébène	Not in 16712:63, nor 16740:44, nor 16766:236

II 904-6a	Mme Verdurin qui, pour ... l'aveu sincère (906)	Layer, 16712:63
II 906a	[Disons en un mot ... les deux cuillerées [d'aspirine	Layer, 16712:64
II 906b	en dehors même ... inévitables de l'âge	Above-1, 16740:46
II 906c	où roule immortellement l'Harmonie	Above-1, 16740:46
II 906d	[Celui-ci, pour qui dîner ... a mille respects . pour la patronne	Margin, 16712:64
II 907a	[auxiliatrice comme une déesse ou incarnée [comme un double	Above-1, 16712:64
II 907b	[qui veut que la vie ... les plus innocents du [passé, et	Margin, 16712:65
II 907c	d'autres arabesques d'amabilité, et enfin	Above-1, 16712:66
II 908a	[avec mièvrerie et la même ampleur ... gêné [ses dandinements	Margin, 16712:66
II 908b	[avec un air ... qu'on eût dit qu' [[MS had simply: comme si]	Above-1, 16712:66
II 908c	[et cela sans s'en apercevoir ... toutes les séductions d'une grande dame [This may not be an addn proper: 16712:68 is [partly torn]	Margin, 16712:67
II 908d	[Au reste, peut-on séparer ... les mères [profanées	] Above-1 & margin,] 16740:48
II 908-9a	[Bien que d'autres raisons ... dans ceux-là le sexe (909) [[Might have been in torn-off section, 16712:68]	] Not in 16712:67; in] 16740:48
II 909a	[≏ Morel, qui le suivait, vint me dire bonjour [[Santois in MS]	Margin, 16712:67
II 909b	Dès ce moment-là ... Voici pourquoi	Margin, 16740:48
II 909-11a	[J'ai dit que Morel ... que les Cambremer arrivaient (911) [16712:68 is torn, so one cannot know how much of this passage might have been attached to (or, less plausibly, in) the MS. Fragments of the last sentence, and more substantially of the next (Mme Verdurin, pour etc.), are still in 16712:68. But 16740:49 on its own is the section J'ai dit que Morel ... par M. de Diaghilew (911), which suggests a late [composition for this block]	Not in 16712:68; in separately typed page, 16740:49, & margin, 16740:50 (& 16766:240- 241, 243)
II 909c	me traitant de haut en bas	Margin, 16740:49
II 910a	[≏ qu'on soit de la confrérie [[16740:49 had: qu'on en soit]	Margin, 16740:49
II 912a	[C'en était trop ... qu'il retrouvait chez les [Verdurin	Margin, 16740:50
II 912b	[≏ en le cherchant des yeux ... qui frisait [l'incrédulité	] Margin & interline,] 16712:69
II 912c	[avec le sourire bénévole d'un "prince de la [Science"	Above-1, 16712:69
II 912-14a	[M. de Cambremer ne ressemblait guère ... mais il [reviendra ce soir." (914)	] Inserted layers,] 16712:70
II 912d	Aussi, décontenancé ... grand nez de travers	Layer, 16740:51
II 912-13a	[Par une transposition ... regardait avec son [nez	] Not in 16712:70, nor] 16740:51
II 913a	≏ Ce nez de ... le plus aisément la bêtise	Margin, 16712:72
II 913b	[un homme enfin auprès de qui ... un flacon de [sels	Margin, 16740:51
II 913c	[mon curé se trompait [[16712:70 has simply: on se trompe]	Corr. 16740:51
II 913d	comme eût dit Brichot	Above-1, 16740:51
II 914a	trouvant trop long de dire Cambremer	Above-1, 16740:51
II 914b	Il savait orner un dîner ... une belle bête."	Margin, 16740:51
II 914c	Mais, moins bien élevée qu'eux	Above-1, 16712:71
II 914d	(comme si ... des siens)	Margin, 16740:52
II 914-15a	[Mme de Cambremer ne put me voir ... aussi bas [qu'elle avait prévu (915)	Layers, 16712:71
II 915a	(j'étais prévenu)	Margin, 16740:52

II 915b	a quelque chose de suréminent et	Not in 16712:71 addn, nor 16740:52, nor 16766:245
II 915c	[Car M. de Charlus ... connaîtrait enfin cet homme inapprochable	Layer, 16712:71
II 916a	[≏et d'autre part, lui permettre ... avoir lu des fables	Layer, 16712:71
II 916b	Le malheur est ... revenaient-elles souvent	Interline, 16740:53
II 916c	Mme de Cambremer n'était pas bête ... est à double fond	Layer, 16712:71
II 917a	[Comme tu auras à ta droite ... croiser les politesses	Margin, 16712:72
II 917b	Avant même qu'il n'eût ... tout ira bien	Margin, 16712:72
II 917c	je vous ferai lever ... buveurs de sang	Margin, 16740:54
II 917-18a	[M. de Cambremer était naïvement ... acerbe riposte adressée à M. de Cambremer (918)	Layer, 16712:72
II 918-19a	[et dit à Mme Verdurin ... de connaître ce terme) (919)	Margin, 16712:73
II 919a	[et rompre la glace, avec ... débordaient de tous côtés	Margin, 16712:73
II 920a	[je ne vous comprends pas ... vous faites erreur"	Above-1, 16740:58
II 920-21a	[D'ailleurs, l'inverti mis ... ce qui lui eût paru plus grave (921) [Section down to avec l'autre later than rest]	Margins & layers, 16712:76-77
II 920b	qui pensait peut-être ... ferait courir à Morel	Margin, 16740:58
II 921a	[Il reprit son calme ... la duchesse de Guermantes	Margin, 16740:59
II 921b	androgyne [after du passage de Vénus]	Not in 16740:59, nor 16766:250
II 922a	[après m'avoir regardé ... celles du curé de Combray	Margin, 16712:77
II 922b	[souffrait que Mme Verdurin ... je suis resté médusé [In the MS, Cottard simply told her the fact]	Layers, 16712:78
II 922c	Vous êtes plutôt bizarroïde ... mon cher!	Layers, 16712:78
II 922d	[Ah! ce Brichot ... toujours un petit oeil pour les femmes	Layer, 16712:78
II 922-23a	[Mme de Cambremer jeta un regard ... d'arriver tous par le même train (923)	Layer & margin, 16712:78
II 923a	[Vous dites: répéter ... particulièrement trente-six?	Above-1: layer, 16712:78
II 923b	Pourquoi: faire les quatre cents coups?"	Above-1, 16740:60
II 923c	"Je me demande ... tout de traviole	Layer: margin, 16712:78
II 923d	[ajouta-t-elle pour montrer ... conversations à la fois	Above-1, 16712:78
II 923e	Elle ajouta pourtant ... m'intéresse."	Layer, 16712:79
II 923-24a	[Car si elle était ... atteints contre les autres maladies (924)	Layer, margin & above-1, 16712:79
II 925a	- Il me semble que ... qui me remerciaient.")	Margin, 16712:79
II 925-26a	["D'ailleurs je dois ... moyennant une honnête rétribution (926)	Layer, 16712:79
II 925b	(L'Homme ... une des deux fables)	Margin, 16740:63
II 926a	(c'était la seconde fable)	Margin, 16740:63
II 926b	[Cancan [16712:79 has: M. de Cambremer]	Corr. above-1, 16740:63
II 926-27a	[en riant beaucoup & grâce à laquelle il croyait ... pour en donner à sa soeur (927)	Layer & margin, 16712:80
II 927a	[faire mille fois mieux comme mariage [16712:81 has simply: faire de bien plus jolis mariages]	Corr. above-1 & margin, 16740:65
II 928a	"A propos de ... en tous cas on le dit beaucoup	Layer, 16712:82
II 928b	Je vous dirai que ... je ne me préoccupe mie."	Above-1: layer, 16712:82
II 928c	faussement originale ... aussi médiocre que	Margin, 16740:66

II 928-29a	- J'aime mieux ... fournit l'occasion par cette question (929) [Franck in MS, not d'Indy. (A first draft of Mme Verdurin's remarks is in margin of 16712:71 verso, headed Capitalissime)]	Layer, 16712:82
II 928d	et quand elle avait baissé la voix ... qu'elle m'en parlait encore	Above-1, 16712:82
II 929a	Cependant, elle cherchait ... ≏occupé que d'une chose	Further layer: layer, 16712:82
II 929b	≏heureux de déployer son savoir ... au moins un	Margin, 16712:82
II 930a	Saniette voyait avec joie ... Il ne serait plus torturé	Margins, 16712:82-83
II 930-31a	A ce moment le repas ... et passer au plat suivant (931)	Margin & layer, 16740:68
II 931a	ou chez l'Hôtel Meurice ... qu'il a contrôlées	Above-1: layer, 16740:68
II 931b	M. d'Aunay, l'aulne ... M. de Cholet, le chou	Margin, 16712:83
II 931c	M. Albaret, l'aubier ... dire à Céleste)	Above-1, 16740:68
II 931d	Au nom de Saniette ... qui démonta le timide	Margin, 16712:83
II 931-32a	- Vous disiez que Cholet ... demander en une fois." (932)	Layer, 16712:83
II 931-32b	- Il sait trop de choses ... gloussa doucement la princesse (932)	Above-1, 16740:68
II 932a	Vous n'aurez qu'à ... par une muette inclinaison [16712:83 had: M. de Charlus salua sans répondre]	Margins, 16712:83-84
II 932b	qui, étant resté très simple ... que ceux de ce baron	Margin, 16712:84
II 933a	j'ai le regret de vous le dire, vous n'avez qu'	Above-1, 16740:69
II 933b	et que vous voyez subsister ... Ster-en-Dreuchen."	Above-1, 16712:84
II 933c	quelque plaisir que j'eusse ... de Stermaria	Above-1, 16712:84
II 933d	Du reste, cela ne m'étonne ... qui je suis."	Above-1, 16712:85
II 933e	que l'interpellation de Brichot avait effrayé	Above-1, 16740:70
II 933f	≏le questionner, tout en attachant ... reprendre ses esprits	Above-1 & margin, 16712:85
II 934a	Presque aucun des fidèles ... chasse ou acclame les rois [Probably later than II 934b]	Margin, 16712:86
II 934b	"Voyons, ce n'est pas ... on ne peut plus articuler	Margin, 16712:86
II 934c	s'écria M. Verdurin qui pourtant ... M. de Montesquiou	Margin, 16712:86
II 934d	essoufflé par l'émotion mais	Not in 16712:86, nor 16740:71, nor 16766:259
II 934e	≏à la fois & et à Brichot	Above-1, 16712:86
II 934-35a	Il ne put proférer ... l'architrave odéonienne (935)	Margin, 16712:87
II 935a	(Aussitôt il ... à propos de Buissière.)	Margin, 16740:71
II 935-36a	- Je sais le portrait ... elle ne savait rien? (936)	Layer, 16712:87
II 937a	qui vit dans l'obédience de Brillat-Savarin	Above-1, 16712:89
II 937b	Tandis que Brichot souriait ... on l'accusait de plagiat	Layer & margin, 16712:89
II 937c	Le trait d'esprit était ... on ne s'en apercevait pas	Later addn, layer & margin, 16712:89
II 938a	et qu'en anglais ... tant de noms de lieux [afterthought?]	Above-1, 16712:90
II 938b	(Cambridge, etc.)	Not in 16712:90, nor 16740:74, nor 16766:262
II 938c	Varaguebec, du vieux mot ... étangs réservés	Margin, 16712:90
II 938d	(fels en allemand ... de Falaise)	Margin, 16740:74

II 938e	diablesses de compositions, ces grandes	Above-1, 16712:91
II 938f	c'est d'un poncif ... là-dedans	Above-1 & margin, 16712:91
II 938-39a	⌈ - Il restitue la grâce ... ce ne soit pas de ⎮ vous (939) ⎮ [But might not be addn, since on same paper as ⎿ MS; and see III 99]	Layer, 16712:91
II 938-39b	⌈ tonifié et remis en selle par mon amabilité ⎿ (939)	Above-1: layer, 16712:91
II 939a	et il se mit à rire	Margin: layer, 16712:91
II 939b	⌈ Je vous dirai que ... les gens qui ne se lavent ⎿ jamais?	Margin, 16712:91-92
II 939c	⌈ - Qu'est-ce que c'est que ... au milieu du ⎿ dîner	Margin & interline, 16712:92
II 940-41a	⌈ - C'est extraordinaire ... qui ne soient, par ⎿ ailleurs, étranges (941)	Glued-in page, 16712:92
II 940b	⌈ "bécasse" [after Mme Verdurin trouvait. ⎮ Both 16712:92 and 16740:76 have simply: ne ⎿ trouvait pas intelligente]	Not in 16712:92, nor 16740:76, nor 16766: 264
II 941a	⌈ Mais d'abord il tint à montrer ... ces paroles ⎿ à double sens	Margin & interline, 16712:93
II 942a	⌈ Et il eut un petit rire ... a écrit telle ou ⎿ telle partie	Layer, 16712:94
II 942b	⌈ duc de Brabant, damoiseau de Montargis & de ⎮ Carency ⎮ [However, the original list is extended above-1 ⎿ on 16712:94, although not with these names]	Above-1, 16740:78
II 942c	Mme Verdurin vint à moi ... à la Raspelière	Margin, 16712:94
II 943a	⌈ Je ne peux pas vous dire ... cet effet-là + ⎿ Pl.n.1	Margin, 16712:95
II 943b	⌈ "Du jour où il a quitté ... dans un mouvement ⎿ d'orgueil	Margin, 16712:96
II 944-45a	⌈ Je ne touchai pas plus les Cambremer ... tout de ⎿ guingois!" (945)	Margins, 16712:98-99
II 944a	Mon éloge du morceau ... résolument le dos	Later in margin, & layer, 16712:99
II 944-45b	⌈ Et voire, sont-elles si belles ... de ⎿ miséricorde" (945)	Layer, 16712:99
II 946a	⌈ et qu'il devait revenir ... aimait la belle- ⎿ fille)	Above-1, 16712:100
II 946b	⌈ Enfin, par une certaine ... au sens desquelles ⎿ on ne songe plus	Margin, 16712:101
II 946c	n'ayant pas lâché son sujet et	Above-1, 16740:82
II 947a	⌈ ajouta M. de Charlus, auquel ... que l'Alsace- ⎿ Lorraine	Above-1, 16712:102
II 947b	⌈ celui qu'on appelle banalement le Roi-Soleil ⎿ [16712:103 has simply: Louis XIV]	Corr. above-1, 16740:83
II 948a	D'ailleurs, plusieurs de ... de Commercy."	Margin, 16712:104
II 948b	⌈ Pendant que Mme Verdurin parlait ... ce que ⎿ c'était	Margin, 16712:105
II 948-49a	Je ne saurais dire ... "Cela vous plaît? (949)	Margin & above-1, 16712:106
II 949a	⌂ pensant à ma lustrine ... une odeur de bois	Margin, 16712:106
II 949b	⌈ Et comme les impressions ... il y avait une ⎿ autre raison	Margin, 16712:107
II 950a	⌈ C'était justement les choses ... et les ⎿ dispositions du public	Margin, 16712:108
II 950-51a	⌈ Certes il en souffrait ... celle qu'il savait ⎿ définitive (951)	Margin, 16712:109
II 951a	⌂ Au reste, ce n'est pas ... un peu oubliés	Layer: margin, 16712: 109
II 951b	⌈ - Le duché d'Aumale ... dans la maison de ⎮ France ⎿ [MS had simply: c'est par simple raison de troc]	Above-1, 16712:110

II 952a	Je sais qu'il y a mauvaise grâce ... je vous citerai encore comme preuve	Margin, 16712:111
II 952b	Je parlais, Dieu m'en pardonne ... je parlais de Mécène	Margin, 16712:112
II 952c	d'un rat de bibliothèque *[16712:112 has: <u>d'un homme supérieur</u>]*	Corr. above-1 & margin, 16740:89
II 953a	≙garda un silence hautain et	Margin, 16740:89
II 953-54a	Mme Verdurin exigea d'abord...≙Le morceau fini (954)	Margin & layer, 16740:89
II 954a	ce qu'on sait tout en restant	Not in layer, 16740:89, nor 16766:273
II 954-55a	je me permis de réclamer ... Morel avait assez de musique	Not in 16712:113, nor 16740:89, nor 16766:273
II 955-56a	- Je veux savoir ... de Brichot, je me détournai vers Ski (956)	Margin, layer & above-1, 16712:113
II 955a	En bonne doctrine, je n'ai rien ... Bois-Colombes)	Further above-1, 16712:113
II 956-57a	"Est-ce que vous comptez ... militaire comme saint Michel." (957)	Not in 16712:114, nor 16740:91, nor 16766:275
II 957a	Et Cottard, voyant ... partie d'écarté avec Morel *[Santois here]*	Margin, 16712:114
II 957b	marcha d'un air terrible sur Saniette	Above-1, 16712:114
II 958-59a	"Je ne sais pas trop ... bon enfant et modeste sans péril (959) *[In the MS M. de Cambremer simply asked to be told Cottard's name again]*	Margin & interline, 16712:115
II 959a	avec l'amour-propre naïf ... professeur de chant de leur fille	Margin, 16712:116
II 959b	C'est comme si vous me demandiez ... ou Courtois-Suffit	Not in 16712:117, nor 16740:93, nor 16766:276
II 959-60a	J'avais bien vu ... je m'en fiche!" (960)	Above-1 & margin, 16712:117
II 960a	Ce n'était pas ce qu'il ... il eut une consolation	Margin, 16740:94
II 960-62a	Au milieu du salon ... d'une vieille paysanne." (962) *[Note: 16740:94 has: <u>en avant marche</u> (962) - not <u>en avant ... harche!</u>, as in Pléiade]*	Not in 16712:117; in separately typed page, 16740:94, & 16766:277-78
II 962-63a	- Vous savez, il est charmant ... tout ce qu'il voudrait (963)	Margin & layer, 16712:117
II 962a	vers les deux sphères ... de ses tempes musicales et	Above-1, 16740:95
II 963-64a	- Qu'est-ce que c'est que cette affaire-là ... il n'a qu'un oeil (964)	Margin & layers, 16712:118
II 963a	qui n'étaient pas de notre estoc mais	Above-1, 16740:95
II 963b	jamais ceux de notre lignage *[Had: <u>nous</u>]*	Above-1, 16740:95
II 963c	Les Arrachepel (jadis Pelvilain ... un vol d'hermine	Margin, 16740:95
II 963d	et les pieux que ... persister dans leurs armes	Above-1, 16740:95
II 963-64b	et qui n'avaient rien ... du bon La Fontaine (964)	Above-1, 16740:96
II 964a	- Je voudrais bien être ... l'oreille au violoniste	Margin, 16740:96
II 964b	vous ne savez pas pourquoi ... à ses plaisanteries	Margin, 16740:96
II 964c	Cette réflexion ne plut pas ... "C'est beau	Layer, 16712:118
II 964d	(elle eût été ... dire laquelle)	Margin, 16740:96
II 964-65a	- Vous restez encore ... encore un peu poussé (965) *[including Pl.n.1, 965]*	Margin, 16712:118 <u>bis</u>
II 965a	Et puis le Professeur ... sera ici en poste fixe	Further addn: layer & margin, 16712:118 <u>bis</u>

II 965b	⌐≏dans le cas où vous tiendriez ... c'était └impossible	Margin, 16712:118 <u>bis</u>	
II 965-66a	⌐Comme il était ... Savez-vous que c'est très └beau!" (966)	⌐Layer, 16712:119 [but ┘may not be addn]	
II 966-67a	⌐Des rafraîchissements ... composent des └"intérieurs" (967)	⌐Margin & layer, ┘16712:120	
II 967-68a	⌐"Dites donc, Charlus ... ne pas quitter sa └chaise (968)	⌐Not in 16712:121, nor │16740:99, nor 16766: ┘282	
II 968a	⌐Mais avant cela, elle voulait ... Elle se └dirigea vers moi	⌐Margin & interline, ┘16712:121	
II 968-69a	⌐Je crois que je serai ... je peux vous dire: └(969)	Interline, 16712:121	
II 969a	Pour peu que votre cousine soit nerveuse ...	Above-1, 16712:121	
II 969b	vous avez des étouffements	Above-1, 16712:121	
II 969c	⌐Après-demain nous irons ... Mme Verdurin se └sentit piquée	Interline, 16712:122	
II 969-71a	⌐En tous cas je compte ... je trouvais que └c'était assommant (971)	Layer, 16712:122	
II 970a	⌐≏Je vous en ferai ... chargées d'expérience et │de douleur │[A layer on 16712:122 does have roughly similar │remarks about the Rivebelle galettes]	Margin, 16740:101	
II 971-72a	⌐Ce ne sera pas toujours ... C'est convenu. Bien └(972)	⌐Margin, layer & ┘above-1, 16712:122	
II 971a	⌐la santé du grand écrivain ... vives │inquiétudes │[16712:122 addn had: <u>le grand écrivain venait</u> └<u>de partir pour la Grèce</u> (see Pl.n.1)]	Above-1, 16740:101	
II 971b	Et encore le peu ... il l'a pris ici."	Margin, 16740:102	
II 971c	J'assurai qu'il était ... à cause du mal de mer	⌐Further addn: layer, ┘16712:122	
II 972a	Ah! par exemple ... vous mourrez de faim	Interline, 16712:122	
II 972b	⌐Aimez-vous les tartes ... vous étiez fait pour └vivre ici	Interline, 16712:122	
II 972c	⌐Ma parole, j'en ai guéri ... l'air est vraiment └vivifiant	Margin, 16712:123	
II 973a	⌐J'ai entendu parler de lui ... serait ici en └pays de connaissance et	⌐Margin & above-1, ┘16712:123	
II 973-74a	⌐et d'ailleurs un mensonge ... l'un que l'autre └(974)	Above-1, 16712:124	
II 974a	⌐Et c'est sur moi ... souffla Mme Verdurin à son └mari	Margin, 16712:124	
II 974b	- Ah! vous en avez ... était plein d'atout	Margin, 16712:125	
II 974-75a	Mais il n'y a plus ... René bien commun." (975)	⌐Margin & layer, ┘16712:125	
II 975a	⌐- Voilà une belle victoire ... l'effet de son └mot	Interline, 16712:125	
II 975b	qui n'est pas dans une musette."	⌐Not in 16712:125, nor │16740:106, nor 16766: ┘288	
II 975-76a	⌐"Mais vous ne m'avez pas ... Je suis ici en └vacances." (976)	Layer, 16712:126	
II 975-76b	On chercha en vain ... comme un dieu (976)	Margin, 16740:106	
II 976a	Avait-il eu peur de manquer le train?	⌐Not in 16712:126, nor │16740:106, nor 16766: ┘288	
II 976b	≏de canard. - Pourquoi ... demanda le docteur	⌐Above-1: layer, 16712: ┘126	
II 976c	Ne restez pas en tous cas ... votre couvre-chef	⌐Above-1: layer, 16712: ┘126	
II 976d	⌐du moment que c'est votre ... M. de └Cambremer rit	⌐Above-1 & margin: ┘layer, 16712:126	
II 976e	⌐Il y était, du reste ... avec eux pendant la └traversée	⌐Further layer, 16712: ┘126	

II 976f   ⌈ M. de Cambremer lui ayant dit ... le docteur   ⌉ Corr. margin, 16740:
          | du Boulbon" | 107
          | [In 16712:126 layer, Marcel asked Cottard if he |
          | knew Boulbon, and it was mentioned that Boulbon |
          ⌊ was on the other side of the bay]   ⌋

II 976g   qui d'habitude ... dans le petit Casino   Margin, 16740:107
II 976h   ⌈ D'ailleurs, nous sommes ... obligé de m'   Interline, 16740:107
          ⌊ absenter."

II 977a   ⌂ Puis regardant sa montre ... avant le train   Margin, 16712:126
II 977b   ⌈ En arrivant à la gare ... une petite course"   ⌉ Margin & above-1,
         ⌊ + Pl.n.2   ⌋ 16712:127
   II 977c   (justement le gentil ... à idées mélancoliques)   Above-1, 16740:107
II 978a   ⌈ En me disant cette phrase ... que ce fût à bon   Margins & interline,
         ⌊ escient   16712:128-129
II 978-79a   ⌈ Le pire de ses admirateurs ... les palmes du   Margin & layer,
         | martyre (979)   16740:108

II 979a: chapter heading : Tristesses ... avec elle   ⌉ Top of handwritten
                                             ⌋ page, 16740:109
II 979-80a   ⌈ Je tombais de sommeil ... Bonne nuit, Monsieur." ⌉ Handwritten page,
         ⌊ (980)   16740:109
II 980-86a   ⌈ En effet, ces soirs où ... je me sentisse tout   ⌉ Handwritten pages
         | reposé (986) | (some in Céleste's
         | [On p. 985, the word masse should almost | writing), 16740:
         | certainly not be in italics; the misunder- | 111-117
         | standing no doubt arose because this word, |
         | amongst others rewritten in pencil on 16740:115, |
         ⌊ is underlined in pencil as illegible]   ⌋
  II 981a   La race qui l'habite ... des amis et des ennemis ⌉ Margin & above-1,
                                             ⌋ 16740:111
  II 981-82a ⌈ Alors, sur le char ... n'avoir pas duré   ⌉ Not in 16740:111, nor
         ⌊ longtemps) (982)   ⌋ 16766:291
  II 986a   ⌈ Mme Verdurin, parce qu'elle ... un bouquet de   Above-1, 16740:117
         | violettes
         ⌊ [In same ink as page]
II 986-87a   ⌈ ⌂ J'aurais bien étonné ... et qui plaisait à M.   ⌉ Margins & layer,
         | de Charlus (987) | 16740:119-120
         ⌊ [Also ⌂ in 16766:296]   ⌋
II 987-93a   ⌈ ⌂ D'ailleurs, s'il avait ... conditions de M. de ⌉ Not in 16713:6 [which
         | Charlus et d'Aimé (993) | is torn]; in 16740:120-
                                             ⌋ 124 and 16741:1
  II 988a   ⌈ Le sommelier, haussant ... que tout le monde   Margin, 16740:121
         ⌊ entendit
  II 989a   (et non une autre ... de Notre-Dame)   Above-1, 16740:122
  II 990-91a ⌈ J'avais pourtant de grands doutes ... au delà   Layer, 16740:122
         ⌊ de la réalité (991)
  II 991a   ⌈ je citerai ici quelques passages ... à un   ⌉ Above-1 & margin,
         | imbécile sensé | 16740:123
         ⌊ [16740:123 had simply: voici quelques passages] ⌋
  II 991b   (qui ne mérite ... voulu servir)   Margin, 16740:123
  II 992a   ⌈ vous ne pouvez être entièrement stupide   ⌉ Corr. above-1 & margin,
         ⌊ [16740:124 had: vous devez être intelligent]   ⌋ 16740:124
  II 993a   dont j'étais gêné pour M. de Charlus et   Margin, 16740:124
II 994a   Pour le nom d'Épreville ... Aprivilla   Margin, 16741:1
II 994b   ⌈ Mais c'était la canicule ... en plâtras sur   Margin, 16713:8
         | lesquels il donnait
         ⌊ [A rough first draft, crossed out]
II 994c   d'une blancheur éclatante et mauresque   ⌉ Not in margin, 16713:
                                             ⌋ 8; in 16741:1
II 994d   tandis que tout en haut ... le train d'une heure ⌉ Not in 16713:8; in
                                             ⌋ 16741:1-2
II 995a   ⌂ avec maman [after même passer une heure]   ⌉ Above-1 & also margin,
                                             ⌋ 16713:10

II 995b	pour mon malheur *[Also above-1, crossed out, on 16741:2]*	Above-1, 16741:3
II 995c	Saint-Fargeau ... le livre du curé *[16713:10 has simply: <u>un loueur du voisinage</u>]*	Above-1 & margin, 16741:3
II 995d	laissée par moi dans l'ignorance, et *[after- thought?]*	Above-1, 16713:10
II 996a	où il avait conquis, du reste, un rang éminent *[afterthought?]*	Above-1, 16713:12
II 996b	Et comme Aimé, quoique ... des princesses comme ça!"	Margin, 16713:12
II 996c	Cette première fois ... elle voulut y venir avec moi	Margin, 16713:13
II 996-97a	Les distances ne sont que ... dont les dimensions sont changées (997)	Margin, 16741:4
II 997a	En tous cas, apprendre ... à Saint-Jean et à la Raspelière	Further addn: margin, 16741:4
II 997-1006a	Douville et Quetteholme ... "mesure de la terre" (1006) *[There is, however, one page of MS missing between 16713:13-14; but it is impossible to tell what might have been on it, except that the typist gives its MS page reference in the margin of 16741:9, by the lines <u>une distraction nouvelle, voulait revenir avec nous</u>, II 1002. There is no indication as to where it ended]*	Not in 16713:13-14; in 16741:4-12
II 998a	(l'effort de se lever ... accompli)	Margin, 16741:5
II 998b	de leur manque d'initiative	Above-1, 16741:5
II 999a	des plages ou des forêts *[after <u>des pays avoisinants</u>]*	Above-1, 16741:6
II 1000a	feignait d'être ravie mais	Above-1, 16741:7
II 1000b	(bien qu'on ne vînt ... à Paris)	Margin, 16741:7
II 1000c	à ces hôtes, en revanche ... de leur faire connaître *[16741:7 had simply: <u>pour eux leur donnant</u>]*	Interline, 16741:7
II 1001a	remplies de cerises comme des perles de corail	Above-1, 16741:7
II 1001b	"forfait" conclu ... ≙impossibles à distinguer *[16741:8 had simply: <u>"retour"</u>]*	Margin, 16741:8
II 1006-9a	Ce que malheureusement ... pris pour un "monsieur" (1009)	Not in 16713:13-14; in layer, 16741:12 (crossed out), & 16741:13-14, separately typed
II 1006a	où M. de Charlus passait ... pour un gentilhomme trop bon	Margin, 16741:13
II 1006-7a	"Est-ce qu'on ... et lui donner un tour sensuel" (1007)	Not in 16741:13, nor 16766:313
II 1009-11a	"Je n'ai jamais entendu ... allons, Charlie, partons." (1011)	Not in 16741:14, nor 16766:314
II 1011a	Malheureusement pour M. de Charlus ... s'y refusait énergiquement	Inserted in Proust's writing, in 16741:14
II 1012a	≙indéfiniment agrandie, mais ... ils restent réunis *[A small part of this is in earlier version, 16713:16]*	Interline, 16713:14
II 1012-13a	C'était naturel, et ce n'était pourtant pas ... chemins de Balbec en étaient pleins (1013)	Layer, 16741:15
II 1013a	A travers elle ... ou à fleur de soleil	Margin, 16741: unnumbered page after 15
II 1014a	sur la précieuse *[after <u>ce qu'Elstir lui avait dit</u>]*	Margin, 16713:20
II 1014b	Albertine savait reconnaître ... agréable à Albertine	Margin, 16713:20
II 1014c	grand *[after <u>Et pourtant je trouvais que le</u>]*	Above-1, 16741: unnumbered page after 15.

II 1014d	me disait-elle en me regardant ... Son voile flottait	Margin, 16713:21
II 1014-15a	dont, par ces temps ardents ... transparente et bleue (1015)	Margin, 16713:21
II 1015a	Quel plaisir de la sentir ... rencontre ceux qui s'aiment! [On verso of some fragments on 16713:76, Marcel refers to these rides with Albertine, and to his reflection that this is how lovers acted]	Margin, 16741:16
II 1015-16a	Je pouvais même l'éprouver ... ≏ privée d'un plaisir (1016)	Margin & layer, 16713:22
II 1016-17a	≏ Il m'arriva parfois ... acte de volupté suprême (1017)	Later addn: layers, 16713:22
II 1017-18a	J'aurais pu me passer de la voir ... qu'on ne me conviait pas (1018)	Margin, 16713:24; & typed separately, 16741:19
II 1018a	(Françoise, dans son langage ... "L'argent file.")	Margin, 16741:20
II 1018b	Ma vie avec Albertine ... se trouva menacée [16713:25 has simply: Menacée cette vie me devint aussitôt [...] plus nécessaire]	Corr. margin, 16741: 20
II 1019a	Mais depuis la mort de ... ≏ que je ne me trompais pas [que je ne me trompais pas added only at later stage]	Margins, 16713:25-26
II 1019b	et d'une règle de vie plus hygiénique	Above-1, 16713:26
II 1019c	(telle le soir ... m'avait téléphoné)	Above-1, 16741:21
II 1019d	Quelquefois aussi, c'était moi ... à me caresser sans fin	Margin & interline, 16713:27
II 1019e	et que, comme me disait ... parcheminé d'étoiles	Margin, 16713:27
II 1020a	≏ ce même corps ... serré contre le mien	Margin, 16713:27
II 1020b	divisée par un rayon tremblant	Above-1, 16713:28
II 1020-21a	Quand, le lendemain matin ... à celle de la vie mondaine (1021)	Layer & margin, 16713:31
II 1021a	C'était tout un état ... fatale d'une jeune fille	Above-1: layer, 16713:31
II 1021b	Jadis, songeant avec envie ... ≏ opéré par rapport à nous	Margin, 16713:31
II 1021-22a	Il m'inquiéta affreusement ... ce n'est pas ma faute." (1022)	Layer, 16713:31
II 1022-24a	Je suis obligé d'avouer ... et de me débarrasser de lui (1024) [From ≏ Malheureusement il était (1024) is a rather later section]	Layer, margin & above-1, 16713:32
II 1022a	(naturellement encore ... une histoire)	Further addn: layer, 16713:32
II 1023a	Mais Saniette, au contraire, manquait par trop d'audace	Margin, 16741:24
II 1024a	D'autre part, comme on ... et après je partirai."	Margin, 16741:25
II 1024b	aimantait. On aurait dit un oiseau ... fatalement sur un serpent [Absence of word aimantait probably a mere oversight]	Not in margin, 16741: 25
II 1024-25a	Et quand nous rentrions ... ces promenades en automobile (1025)	Layer, 16741:25
II 1025-26a	Le lift me dit ces mots d'une voix ... préférence du Debussy): (1026)	Layer, 16741:25
II 1026a	Je vais aller chercher ... chez mon concierge."	Layer, 16741:25
II 1026-27a	Et en le désignant ... acceuilli avec tant de joie (1027)	Margin & layers, 16713:32-33
II 1027a	Je ne peux, du reste ... trouver mieux comme parti." [Mother's notions of caste are mentioned in an excised margin & layer addn, 16713:5, on the subject of Charlus's visiting the Verdurins]	Margin & layer, 16713:33

II 1027b	(heureusement je ne songeai ... celui-là)	Above-1, 16741:28
II 1027-28a	[Cette raison, d'autant plus ... les autres) avec Morel (1028) [See note to II 1029-34a]	Margin, 16741:28
II 1029a	que j'avais vue chez la duchesse de Guermantes	Above-1, 16713:37
II 1029b	pleins de larmes	Above-1, 16713:37
II 1029c	dans le soleil	Above-1, 16713:37
II 1029d	d'acier étincelant	Above-1, 16713:37
II 1029e	j'étais prêt à pleurer	Above-1, 16713:38
II 1029-34a	⌒Pour revenir au mécanicien ... vis-à-vis de lui-même (1034) [Note: at the end of 16741 are 5 closely-typed pages - 16741:114, 114 verso, 115, 115 verso, & 116 - which give together II 1027-28a and II 1029-34a with all indented additions (except II 1032a)]	Not in 16713:40; on handwritten pages, 16741:28-2 - 16741: 36
II 1030a	et le plongeait dans ... et d'idées noires	Above-1, 16741:28-2
II 1030b	Je rapporterai ... fixé au soir même	Interline, 16741: 28-2
II 1031a	tremblante à la pensée ... lui arriver à elle	Interline, 16741:31
II 1031b	comme homme d'absolue confiance [afterthought?]	Above-1, 16741:32
II 1031-32a	Je fus naturellement ... sembler ne pas me voir (1032)	Later addn, probably, 16741:32-33
II 1032a	car, comme nous l'avons vu ... jalouse d'elle)	Not in 16741:33, nor 16766:327
II 1032b	⌒A cela il fallait ajouter ... ⌒si uniformément laid	Interline, 16741:33
II 1033a	Il connaissait aussi ... de Napoléon	Above-1, 16741:33
II 1034a	Bientôt même ... quelques semaines plus tard	Margin, 16713:40
II 1035a	[au grand regret du directeur ... eaux "accroupies"	Margin, 16713:42
II 1035b	en se frottant les mains [afterthought?]	Above-1, 16713:42
II 1036-37a	[Albertine, avant que nous rejoignions ... préalable au dîner (1037)	Margin, 16713:46
II 1037a	⌒(seulement par habitude ... du temps, fidèle)	Margin, 16713:49
II 1037b	en train de dire son chapelet	Above-1, 16713:49
II 1038a	- Qu'est-ce que tu dis? ... traits d'esprit chez les Verdurin	Margin, 16713:51
II 1038b	Du coin où il lisait un volume de Balzac	Above-1, 16713:51
II 1039a	J'ai été très heureuse ... dans un même endroit." [Later than II 1039-40a]	Layer & margin, 16713:53
II 1039-40a	[Et lui montrant un carton ... plus personnel au baron (1040)	Margin, 16713:53
II 1039b	[Moi je regardais ... pour tâcher de plaire à Morel	Margin, 16741:42
II 1040a	Je ne suis pas comme ... rend hydrophobes	Not in 16713:53, nor 16741:42, nor 16766: 333
II 1040b	sauf sur la fin [after Swann]	Above-1, 16713:53
II 1040c	[Or, tout au contraire ... Pour quitter le terrain religieux	Not in 16713:53, nor 16741:42, nor 16766: 333
II 1041a	(ou ce que l'on nomme généralement ainsi)	Above-1, 16741:43
II 1042a	(et si les dames ... rien d'anormal, passais à côté	Margin & layer, 16713:57
II 1042b	M. de Charlus ne se gênait pas ... mauvaises moeurs"	Margin, 16741:44
II 1042c	fort crûment [after de choquer, parlait parfois. However, this is in MS a little later, in a very similar context (16713:64)]	Above-1, 16741:44
II 1042-43a	Il pensait bien ... sur la côte normande (1043)	Layer, 16713:58
II 1043a	[Même pour ceux qu'il ... cacher ce qu'il lui plaît	Margins, 16713: 58-59
II 1043-44a	[Le baron eût été ... en robe à demi décolletée (1044)	Margins, 16713: 59-60

II 1044-45a	Car M. de Charlus ... ≏à la fois insignifiante et profonde (1045)	Added handwritten pages, 16741:46-47
II 1044a	malheureusement un jour ... était sortie	Not in 16741:46, nor 16766:336
II 1045a	Vous ne voulez pas sortir ... Parmi les hommes	Not in 16741:47, nor 16766:336
II 1045-46a	Un jour que j'étais ... prend pour de la faiblesse (1046)	Added handwritten pages, 16741:48-50
II 1046-47a	Au reste je ne dois pas ... jamais salué depuis (1047)	Not in 16741:50
II 1047-48a	≏Un grand musicien ... ≏tant de vice ou tant de vertu (1048)	Margin & interline, 16713:60
II 1047a	(d'ailleurs ... profondément les femmes)	Layer, 16713:60
II 1047b	dans les lieux officiels où les profanes n'entrent pas	Layer, 16713:60
II 1047c	données par le célèbre artiste ... retentissement particulier	Layer, 16713:60
II 1047d	Il les favorisa ... amabilité mondaine, snobisme	Layer, 16713:60
II 1047-48b	Mais, trop homme du monde ... charmantes, mais naturelles (1048)	Layer, 16713:60
II 1048-49a	Car les mots qu'on disait ... l'orientation dont sont doués certains oiseaux (1049)	Layers, 16713:60
II 1048a	(et ce ne furent pas ... des propos)	Margin, 16741:52
II 1049a	au moment imprévu et fatal ... sera Mme Verdurin	Interline & margin, 16741:53
II 1049b	≏Jusqu'ici, si elle ... ≏- platonique ou non -	Margin 16713:61
II 1050a	goût appelé vice [16713:63 has simply: un vice]	Above-1, 16741:54
II 1050b	après avoir regardé ... de son Balzac	Above-1, 16741:54
II 1050c	- Je sais que Balzac ... l'an passé le pessimisme	Margin, 16741:55
II 1050-52a	≏interrompit Brichot ... pour ne pas être irrité par Brichot (1052) [Some in rough, crossed out, in margin, 16713:64]	Margin & layer, 16713:65
II 1050d	sans prétendre ... pour fautes de grammaire	Layer: margin, 16713:65
II 1051a	≏rédigés en pathos ... double et triple	Layer: margin, 16713:65
II 1051b	C'est lui le patron ... les lèvres de la princesse Sherbatoff	Further layer: layer, 16713:65
II 1052a	Le père Bouchard ... m'en a félicité	Above-1, 16741:56
II 1052b	pour une Polonaise [after de cacographier]	Above-1, 16741:56
II 1052c	viennent à l'appui de mon dire	Margin, 16741:59
II 1053a	(non moins que Balzac d'ailleurs)	Above-1, 16741:59
II 1053b	Parfois, à la station ... de leur précepteur	Margin, 16713:66
II 1054a	≏Alors Brichot, pour changer ... en voiture à Balbec + Pl.n.1	Margin & layer, 16713:69
II 1055a	≏Aussi, ce soir-là ... pour entrer ou retirer sa jaquette	Layer, 16713:70
II 1055b	≏ce fut comme si dans un ciel ... plaire à M. de Charlus	Layer, 16713:70
II 1055c	- Mais Monsieur ... et douce sans fadeur	Layer, 16713:70
II 1055d	qu'intéressait ce muet langage des robes	Layer, 16713:70
II 1055-56a	- Toutes ces questions ... Le baron poursuivit: (1056)	Margin, 16741:61
II 1056a	En tous cas vous avez dû ... n'a-t-elle pas été invitée."	Margin, 16713:70
II 1056b	Je dis à Morel ... ce qu'avait été mon grand-oncle	Margin, 16741:62
II 1056c	chez qui son père ... un souvenir ébloui à ses domestiques	Not in 16713:70, nor 16741:62
II 1056-57a	A ces noms, Morel ... la connaître, c'était son père (1057)	Margin, 16741:62
II 1057-58a	Certaines de ces allusions ... qui vaille le 40 bis." (1058)	Layer, 16741:62

II 1058a	et aussi Saint-Loup [after <u>ce que Swann</u>]	Above-1, 16713:72
II 1059-60a	Il semble même que ... chez moi cette nuit + Pl.<u>n</u>.1 (1060)	Margin & layer, 16713:73
II 1059a	qu'on a à entretenir une actrice	Margin, 16741:63
II 1059b	grosse situation ... qu'il est un jeune <u>&</u> des connaisseurs	Above-1 & margin, 16741:63
II 1059c	il a de jolis cheveux ... violoniste de portrait."	Above-1: layer, 16713:73
II 1060a	Les gens élégants ... trouvé satisfaction	Margin, 16741:64
II 1060b	sans méchanceté [16713:73 has: <u>animé d'intentions bienveillantes</u>]	Corr. above-1, 16741: 64
II 1060-61a	Cette irritation alla même ... que furent ensuite ces scènes (1061)	Layer, 16713:75
II 1061a	il faut reconnaître que ... ⌐ sans se démentir souvent	Margins [sliding into page] , 16713:75-76
II 1061-63a	M. de Charlus [bottom line] ... toujours cependant. Ainsi (1063)	Layer, 16713:76
II 1062a	Malheureusement pour ... Ainsi, par exemple	Margin & layer, 16741:66
II 1062-63a	les bourgeois changent aisément de nom ... ⌐CAROL'S. Certes (1063)	Margin & layer, 16741:66
II 1063a	Du reste, si ... non plus à Morel	Interline: layer, 16741:66
II 1063b	⌐ Bien plus que ... un seul merci."	Layer, 16741:66
II 1063c	(qui se place ... période)	Above-1, 16713:76
II 1064a	La chère petite accepta de grand coeur	Above-1, 16741:66
II 1064b	(ce qui est, du reste, la vérité)	Above-1, 16741:67
II 1064c	⌐(je me bats demain, en effet) [afterthought?]	Above-1, 16713:77
II 1065a	Je vous ai empêché ... il me plaît que ce soit ainsi."	Margins, 16713:78-79
II 1066a	zigouiller [after <u>peut bien se faire</u>. 16713:79 has: <u>empaler</u>]	Added (in blank), 16741:68
II 1066b	Tandis que Morel ... de les voir toutes	Margin, 16741:68
II 1066c	<u>Atavis et armis</u> ... roses de gueules [16713:80 has, above-1: <u>C.C. (Caroli Carolus)</u> (this also appears in layer, 16741:66)]	Corr. above-1, 16741:68
II 1066d	noircies à la diable	Above-1, 16741:68
II 1067-68a	Pendant ce temps, M. de Charlus ... de ne pas le ramener (1068)	Margins & layers, 16713:80
II 1068-69a	Vous avez toujours agi ... calamiteux et d' ailleurs imaginaire (1069)	Margin & layer, 16713:81
II 1068a	(et enfant assez mal élevé)	Above-1 & margin, 16741:70
II 1069a	explication simpliste et absurde ... dans les assemblées	Margin, 16741:70
II 1069b	pour qui c'était la seule cause ... de l'humanité	Above-1, 16741:70
II 1069-71a	Il ne céda pas du premier coup ... dernières hésitations de M. de Charlus (1071)	Margin & layer, 16741:70
II 1069c	Et dans un mouvement ... <u>splendor</u>!	Above-1: layer, 16741:70
II 1069d	ajouta-t-il avec ... et de joie	Above-1: layer, 16741:70
II 1070a	⌐parce qu'un goût ... croyait naïvement tenir [Had: <u>l'hérédité guerrière qu'il tenait</u>]	Corr. layer, 16741:70
II 1070b	"Je crois que ce sera ... cru d'abord tout fictif	Further layer, 16741:70
II 1071a	au moins deux jours [16713:82 has: <u>tant qu'il voudrait</u>]	Corr. above-1, 16741: 70
II 1071b	enfin, quoique mis très en retard ... Aussitôt qu'il fut là	Layer: margin, 16713:82
II 1071c	ou "le petit endroit"	Above-1, 16741:71
II 1071d	le baron l'emmena ... remercia chaleureusement	Margin, 16713:82
II 1071e	et il excellait à donner ... ou des délibérations	Layer: margin, 16713: 82

II 1071f	et que, dans ces conditions ... comme clos	Margin, 16713:82
II 1071g	Il voulut même un instant ... du concurrent élu	Margins, 16713:82-83
II 1071-72a	[et après avoir murmuré ... ne peut laisser passer (1072)	Above-1 & margin, 16741:71
II 1072a	[avec une bonté de maître ... lui donnant du sucre	Margin, 16713:83
II 1072b	(même, avec son habituelle ... du baron?")	Margin, 16713:84
II 1072c	où il allait être pris de force	Above-1, 16713:84
II 1072d	comme curiosités archéologiques	Margin, 16713:84
II 1072-73a	[Je suis président ... haussa les épaules et (1073)	Margin, 16741:72
II 1073a	comme à une chambrière	Above-1, 16741:72
II 1073-74a	Au bout d'un instant ... "Alleluia!" (1074)	Not in 16713:86, nor 16741:72, nor 16766:355
II 1074-75a	[Cette réconciliation ... comme je lui ai toujours fait (1075)	Margin & layer, 16713:86
II 1075a	[il ne dormait plus ... un moment de calme [16713:86 layer has: il ne vivait plus]	Corr. above-1 & margin, 16741:73
II 1075-81a	[La station suivante ... voyait en plein le baron (1081) [Last few lines, from placé le pauvre Morel (1081), are in margin of layer, but evidently a continuation, not addition]	Layer, 16741:73
II 1075-76a	[Avant d'en parler ... ordre plus particulier (1076)	Later layer, 16741:73
II 1078a	"C'est entendu ... répondit Jupien au baron	Not in layer, 16741:73, nor 16766:356
II 1078b	[On ne peut comprendre ... l'Épouvante et l'Amour	Margin: layer, 16741:73
II 1081-82a	[L'histoire, au reste ... ni surtout comment (1082)	Further layer, 16741:73
II 1082a	Mais déjà ... aux stations suivantes	Margin, 16741:74
II 1082b	M. Pierre de Verjus ... qu'on appelait seulement	Margin, 16741:74
II 1083a	Comme je lui demandais ... à boire que du verjus	Margin & layer, 16741:74
II 1083-84a	[Comme j'étais pour Aimé ... n'égala pas leur durée (1084)	Layers, 16741:74
II 1084a	[à distance respectueuse du dressoir [afterthought?]	Below-1: layer, 16741:74
II 1084b	(Il fallut en effet l'armistice.)	Not in 16741:74 layer, nor 16766:359
II 1085a	[pour l'amuser [after plusieurs fois à lui dire; afterthought?]	Above-1, 16713:89
II 1086-87a	[A Hermenonville montait ... qu'avait le provincial (1087)	Layer, 16713:91
II 1086a	dont le nom, nous dit Brichot ... les chèvres"	Margin, 16741:75
II 1088a	[La "jeune" marquise ... ne tire pas à conséquence."	Margin, 16713:94
II 1089a	[S'il avait, à l'égard de ... c'était le terrain mondain	Margin & above-1, 16741:78
II 1090a	Que vous alliez faire ... Ce qui est malpropre."	Margin & above-1, 16741:79
II 1090b	[Il faut, du reste, ajouter ... ce qu'il faut pour déplaire	Margin, 16713:98
II 1091a	ceux dont c'était le vocabulaire courant [16713:100 has: qu'il les fréquentait]	Above-1, 16741:80
II 1092a	[et que l'oisiveté fait naître ... dans la bourgeoisie	Above-1, 16741:81
II 1092b	la fleur de chic qu'étaient	Above-1, 16713:102
II 1092-93a	[Mais ils craignaient tellement ... d'être. Quant à M. et Mme Féré (1093)	Margin & above-1, 16713:102
II 1093a	et Mme de Cambremer faillit ... Morel entrer seul [MS had simply: Santois entra mais seul. Addn in same ink as main page, however]	Margin, 16713:103

II 1093b	Je ne l'ai pas rencontré cette semaine"	Above-1, 16741:82
II 1093c	Les Cambremer feignirent ... ils étaient furieux	Margin & layer, 16713:104
II 1094-95a	- Puisque le prince de Guermantes est ... plus nécessaire à expliquer (1095)	Margin & layer, 16713:105
II 1094a	Cancan [16713:105 addn had: M. de Cambremer]	Corr. above-1, 16741:83
II 1094b	J'ai beau être très à cheval là-dessus	Above-1, 16741:83
II 1095a	A Féterne ça n'a pas ... avec ses cheveux en l'air [afterthought?]	Margins, 16713: 105-106
II 1095b	Ch'nouville [16713:106 addn had: Chevregny]	Corr. above-1, 16741:84
II 1095c	△Pour M. de Charlus ... ajouta-t-elle en rougissant [16713:103 margin also has: M. Feret (sic) was q.qn de très bien as opposed to q.qn de très mal (sic)]	Margin, 16713:106
II 1095d	elle en lissait les coques ... remontait son chignon [16713:106 had simply: elle en relevait les ondulations. Addn in same ink as MS page, however]	Margin, 16713:106
II 1096a	qu'avaient tissée ... champêtres et marines [MS had: dans la nuit. Addn in same ink as main page, however]	Above-1, 16713:107
II 1096-97a	Celui-ci nous forçait ... le professeur Cottard?" (1097)	Margins, 16713: 107-108
II 1097a	Je revis, du reste ... détruire mes soupçons	Margin & layer, 16713: 107. On separate page in TS, 16741:86
II 1097-98a	Souvent, quand M. de Cambremer ... pour le retour (1098)	Layer, 16713:108
II 1098a	(qui m'avaient tant fait rêver depuis le jour où [afterthought?]	Above-1, 16713:108
II 1098b	comme Fiquefleur	Above-1, 16713:108
II 1098c	Honfleur, Flers, Barfleur, Harfleur, etc.	Above-1, 16741:87
II 1098d	(et cela ... dans le train)	Above-1, 16741:87
II 1099-1100a	si, au lieu de sa forme ... et même de Fontainebleau (1100) [MS does not make sense without it]	Layer, 16713:110
II 1100a	dans cent mots dont ... notre jeune ami	Above-1, 16741:89
II 1100b	- Je crois qu'il exagère ... le domaine d'Otger	Further addn: layer, 16713:110
II 1100c	Tous ces noms sont ... ainsi que la Chaise-Baudoin	Interline & margin, 16741:89
II 1100d	Je le dis pour vous, car ... puisque je descends	Margin, 16741:89
II 1100e	Et pourtant, ils ... massés ici, car	Above-1, 16741:89
II 1100f	(le domaine d'Herimund)	Probably not in 16714:1 [this page is torn]; not in 16741:90, nor 16766:371
II 1100-1101a	ou, à Doncières, la brusque ... d'ailleurs inutilement vigilant	Margin, 16714:1
II 1101-1108a	Une fois pourtant ... sa présence ne me tortura pas (1108) [Later than II 1100-1101a and II 1108a]	Layer, 16714:1
II 1101a	j'interrompis ma garde	Above-1, 16741:90
II 1101b	"Mais hâte-toi ... plaisir à mon père."	Above-1: layer, 16714:1
II 1102-4a	Amitiés plus belles que ... tout autre que l'agacement (1104)	Layer, 16741:92
II 1103a	jusqu'au "déclin d'Hélios"	Above-1: layer, 16741:92
II 1103b	et cela m'étonne ... déjà redit [afterthought?]	Above-1: layer, 16741:92

II 1104a	⌈ Certes, Bloch croyait ... comme par simple
	  politesse pour moi:
	  *[16714:1 layer has: <u>"Mais est-ce que votre ami</u>
	  <u>n'est pas le jeune hébreu que j'ai vu chez M</u>^e
	  <u>de Villeparisis me dit M. de Charlus. Il a</u>
	  ⌊ <u>l'air intelligent</u> etc.]*
		Margin, 16741:92

II 1104b	chantonna le baron ... que pour M. de Charlus	Interline, 16741:92
II 1104c	Ayant appris ce qu'il ... de mépriser Bloch	Interline, 16741:92
II 1104d	⌈ s'écria-t-il, en rendant ... vigueur ⌊ claironnante	Interline, 16741:92
II 1105a	ajouta-t-il en reprenant l'air d'indifférence	Above-l, 16741:92
II 1107a	⌈ Ce discours antijuif ... Ç'aurait été un ⌊ recoupé."	Margin, 16741:94
II 1108a	⌂ Car d'elle-même ... parmi les autres qui	⌉ Margin (& layer), ⌋ 16714:1
II 1108b	(je ne dis pas même ... jusqu'à Balbec)	Margin, 16714:2
II 1108c	Et maintenant, ... ou rentrer à Balbec	Margin, 16714:2
II 1109a	Les noms, déjà vidés ... descendus d'un degré	Margin, 16714:3

II 1109b	⌈ ⌂ tout à fait brouillé avec les Verdurin
	  *[MS addn has: <u>maintenant brouillé</u>; corr. to
	  ⌊ <u>tout à fait</u> on 16741:95]*
		Above-l, 16714:3

II 1109c	"Mais je ne peux ... avec ma soeur."	Margin, 16714:4
II 1109d	⌈ Elle n'est, du reste, pas très bien fichue en ⌊ ce moment ...	⌉ Further addn: ⌋ margin, 16714:4
II 1109e	⌈ ⌂ me remerciait de recevoir et qu'il *[after- ⌊ thought?]*	Above-l, 16714:4
II 1110a	⌈ notre prochaine réunion à la Lucullus? ⌊ *[16714:4 has: <u>nos prochaines agapes</u>]*	⌉ Corr. above-l, ⌋ 16741:96
II 1110b	⌈ D'autres étaient venus ... n'usait que d'une ⌊ sage lenteur	Margin, 16741:96
II 1110c	Doncières! Pour moi ... succulentes volailles!	Margin, 16714:5
II 1110d	même après l'avoir ... de mon rêve	Above-l, 16741:96
II 1112a	⌈ aux flancs de laquelle ... une compagnie ⌊ d'amis nombreux	Margin, 16714:9
II 1112b:	<u>chapter heading</u>: Brusque revirement ... avec ⌊ Albertine pour Paris	Layer, 16741:98
II 1112c	⌂ Et, un soir, comme ... la veille de son départ	Margins, 16714:9-10
II 1112d	⌈ les fidèles étant descendus ... d'autres à ⌊ Doncières	Margin, 16714:10
II 1113a	maintenant qu'il n'y avait ... dans le wagon	Above-l, 16714:10
II 1113b	⌈ La vérité, d'ailleurs, est ... venir d'un ⌊ jour à l'autre	⌉ Margin & layer, ⌋ 16714:10
II 1113c	bien qu'absente ... allait revenir	Above-l, 16741:99

II 1113d	⌈ arriver de nouveau, dans quelques jours <u>&</u>
	  certes
	  ⌊ *[MS has: <u>venir</u>]*
		Above-l, 16741:99

II 1114a	⌈ Nous pouvons avoir roulé ... nous blesse pour ⌊ toujours	Margin, 16741:99
II 1114b	à Trieste *[after <u>avec qui j'ai passé</u>]*	Margin, 16714:12
II 1114c	⌈ et que, d'ailleurs, je dois ... regardez comme ⌊ c'est extraordinaire	⌉ Margin & above-l, ⌋ 16714:12
II 1114d	(c'est un peu baroque ... la mer)	⌉ Further addn: ⌋ margin, 16714:12
II 1114e	(oh! pas du tout ... pourriez croire!)	Above-l, 16741:99

II 1114f	⌈ Je ne les appelle jamais ... que je n'entends
	  rien."
	  *[But 16714:12 has: Albertine calls Vinteuil's
	  ⌊ daughter <u>grande soeur</u>]*
		⌉ Above-l & margin,
		 ⌋ 16741:99

II 1114g	en l'emmagasinant	Above-l, 16714:12
II 1115a	qui sait? d'avoir laissé mourir ma grand'mère;	Above-l, 16714:12
II 1115b	caché derrière un buisson	Above-l, 16741:100

II 1115-16a	⌈ où (comme quand j'avais ... sans nous en ⌊ douter (1116)	⌉ Margin & layer, ⌋ 16714:13
II 1116a	et lui inspirait à la fois ... et l'indolence	Layer, 16714:13
II 1116b	≏ me déchirait intolérablement le coeur	Margin, 16714:13
II 1116c	⌈ après avoir fait donner ... située à un autre ⌊ étage	Above-1, 16714:15
II 1116d	qui n'était séparée ... une mince cloison	Above-1, 16714:15
II 1117a	Ce que j'avais redouté ... ≏ de sa jouissance	Margin, 16714:16
II 1117b	inconnu *[after* entendre comme le son*]*	Written in, 16741:101
II 1118a	⌈ lui dis-je très bas ... sorte de diaphanéité ⌊ musicale	Margin, 16714:19
II 1118b	⌈ "Du reste, me dit-elle ... quelques jours avec ⌊ elle	Margin, 16714:20
II 1118c	≏ pour Cherbourg	Above-1, 16714:20
II 1119a	(son oncle y ... conseiller d'ambassade)	Above-1, 16741:103
II 1120a	⌈ Qu'était, à côté ... ni même les concevoir ⌊ exactement	Margin, 16714:23
II 1120b	⌈ Trieste *[after* irait peut-être à. ⌊ 16714:23 has: Nice (?) (Proust's interrogation mark) *]*	Corr. 16741:105
II 1120c	⌈ ≏ à Cherbourg ou à Trieste ⌊ *[*16714:24 has simply: Nice*]*	Corr. 16741:105
II 1120d	Comme ma vie et son avenir eussent changé!	Above-1, 16741:105
II 1121a	⌈ Trieste *[after* pensais maintenant à. ⌊ 16714:25 has: Amsterdam (ou Nice) *]*	Corr. 16741:105
II 1121b	⌈ Laisser partir bientôt ... Ne partiriez-vous ⌊ pas avec moi?	Margin, 16714:25
II 1121c	Cherbourg et *[after* Albertine pour*]*	Above-1, 16741:105
II 1121d	⌈ A tout prix il fallait ... l'amie de Mlle ⌊ Vinteuil	Above-1, 16714:25
II 1121e	≏ comme un devoir d'obéir ... qui désirait	Above-1, 16741:106
II 1122a	⌈ Ainsi, devenus grands ... avec les uns et les ⌊ autres	Margin, 16714:25
II 1122b	⌈ Ma tante aurait pu ... elle les aurait ⌊ difficilement.	⌉ Above-1 & margin, ⌋ 16741:106
II 1122c	(on disait ... pour tenir compagnie à mon père	Margin, 16741:106
II 1122d	⌈ que ma grand'mère avait toujours ... ⌊ l'affliger autant qu'elle	⌉ Above-1 & margin, ⌋ 16741:106
II 1122e	⌈ Albertine a-t-elle compris ... à l'existence ⌊ de cette femme	Layer, 16714:25
II 1122f	"Mais vous devriez épouser ... serait heureuse."	Layer, 16714:25
II 1123-24a	⌈ Grisé par la reconnaissance ... qui allaient ⌊ fondre sur nous	Layer, 16714:25
II 1123a	et dans le plus grand monde aussi, on me l'a dit	Above-1, 16741:107
II 1124a	"Alors, vous refusez mon invitation pour Paris?	Above-1, 16714:26
II 1124b	(Et je sentais bien ... les cousines de Bloch.)	Margin, 16714:26
II 1124c	⌈ Elle n'était pas rentrée ... elle avait envoyé ⌊ le lift	Margin, 16714:26
II 1124-25a	⌈ Albertine ne m'avait pas quitté ... il ne finît ⌊ par éveiller maman (1125)	⌉ Margin & layer, ⌋ 16714:27
II 1125a	le vent étant ... (à craindre)	Above-1, 16741:108
II 1125b	surtout Andrée, qui ... n'étant pas là	⌉ Above-1: layer, ⌋ 16714:27
II 1125c	dans l'hôtel d'abord ... le soir même.) Ensuite	Margin, 16741:108
II 1126a	ces volets, au pied desquels ... nous embrasser)	Margin, 16714:27
II 1126n.1:II 1204a:	du livre (?) *[*Sic - not (du livre?)*]*	Above-1, 16714:28
II 1126n.1:II 1204b:	elles étaient superficielles	Above-1, 16714:28
II 1126n.1:II 1204c:	plus profondes	Below-1, 16714:28
II 1126n.1:II 1204d:	⌈ le passé survit ... quand je me ⌊ réveillais brusquement	Above-1, 16714:28
II 1126b	⌈ Deux ou trois fois ... nous en avons fini la ⌊ lecture	Margin, 16714:28
II 1126-27a	⌈ Au reste, les maîtresses ... à les voir ou à ⌊ les penser	Margin, 16741:110

II 1127a	J'incline même à croire ... même pas regardée?]	Later addn: margin & layer, 16741:110
II 1128a	[Ces mots, j'avais cessé ... plus cruelle encore de ma souffrance]	Margins, 16714:28-29, & layer, 16714:29
II 1128b	[renouvellement solennellement ... et du sang de ma plaie	Margin, 16714:29
II 1128c	⌐Je m'entendis moi-même pleurer	Margin, 16714:29
II 1128-29a	[⌐Tout cela n'était-il ... sourire de fierté modeste (1129)	Margin, 16714:29-30
II 1129a	qui n'avait jamais connu la coquetterie	Above-1, 16741:111
II 1129b	[Depuis longtemps déjà ... une telle ressemblance	Glued in, 16714:30
II 1129c	"Je suis venue ... Cela m'a réveillée	Above-1, 16714:30
II 1129d	[que maman me montrait & avec des mouvements ... ne lui échappaient pas	Margin, 16714:31
II 1130a	Elle semblait elle-même ... une vue peinte]	Margin & above-1, 16714:31
II 1130b	que tu étais content ... à l'idée de l'épouser	Above-1, 16714:32
II 1130c	Pense que ta maman ... un jour de départ	Margin, 16714:32
II 1131a	[D'abord, au lieu de rester ... n'aie pas trop de chagrin. Voici.	Margin, 16714:33

La Prisonnière

La Prisonnière

Notes and Descriptions

(1) n.a.fr. 16715-16719.   The manuscript.

    (Some separate pages from 16718:117
to 16718:119 are patchy and brown,
and look older than the notebook
into which they are glued; these go
from the equivalent of 'ce temps
passé' (III 388) to 'la vie,
l'univers auxquels' (III 392).)

(2) n.a.fr. 16742, 16743.   The first typescript, part of which
is corrected. Much of 16742 is the
same as 16744 - see below.

(3) n.a.fr. 16744.   The second typescript, in the BN
classification. This description is
initially correct; but, in fact,
much of the typescript is the same
as 16742 (which is generally a
carbon copy of 16744). The main
difference is that, apart from p.
35, 16744 is uncorrected from p.11
to p. 100. There is then much
correction on pp. 101-103 (largely
part of the street-cries).

(4) n.a.fr. 16745-16747.   The third typescript (according to
the BN).

    There are no corrections by Proust
after 16746:81, except on 16746:
158-159, and a very few in 16747.

(5) n.a.fr. 16767.   Galley-proofs. These are posthumous;
the table therefore takes almost no
account of them. They contain one
oddity: Céleste appears as Françoise
on 2v (see III 17). This mistake
was carried through into the early
editions too, P. Kolb notes in his

review of V. Graham's <u>The Imagery of Proust</u> (<u>Modern Language Quarterly</u>, XXIX (1968), pp. 116-20 (p. 119)).

(6) <u>Names</u>.   In 16715-16719:

Morel often appears as <u>Bobby Santois</u>; from here on, the Pléiade notes point this out.

La Prisonnière

Table of Additions

III 9a	Dès le matin ... morfondu dans la [NB: this is evidently not a true addition, since the main MS starts with pluie ou en partance]	Margin, 16715:2
III 9b	à certain petit personnage intermittent [16715:2 had simply: à mon imagination]	Above-l, 16715:2
III 9-10a	Ce fut du reste surtout ... n'ont aucun rapport avec lui (10)	Margin & layer, 16715:2
III 10-11a	Quand Albertine savait ... ≏à Paris, est si rare (11) [But 16715:6 layer does have, roughly: Les cloisons qui séparaient ... et le rapprochement des pièces (III 11)]	Not in 16715:2; in 16744:4, partly crossed out (also 16744:14)
III 11a	ce qui, à cause de la façon ... presque rendormi	Interline, 16715:2
III 11b	Ce n'est pas que ... d'Albertine chez nous	Margin, 16744:5
III 12a	Non pas qu'il ... m'avait fermé, mais	Not in 16715:3; in 16744:5
III 12b	que d'ailleurs je ne trouvais plus ... avec laquelle je m'ennuyais	Margin, 16715:3
III 12c	que j'avais la sensation nette de ne pas aimer	Margin, 16745:6
III 12d	Aussi, pour commencer ... il fait beau."	Layer, 16715:3
III 12-13a	ou prétendu tel ... la lettre de maman (13) [However, the MS page, 16715:3, is cut; so some might originally have been in this]	Layer, 16715:3
III 13a	Le premier jour ... ≏l'absence de mes parents	Layer, 16715:4
III 13b	(parlant gentiment ... avec dévouement)	Margin, 16744:8
III 13-14a	Cette hostilité, je ne peux ... ce qu'elle croyait mon bonheur (14)	Layer, 16744:7
III 14a	que cela regardait avant tout ... ne trouvait pas cela inconvenant	Layer, 16715:4
III 14b	ce qui surprenait beaucoup ma mère	Layer, 16744:7
III 14c	≏où elle pouvait avoir ... qui ne la gâte pas toute entière	Margin, 16715:4
III 14d	et dont l'idée ... plus intolérable	Above-l, 16744:9
III 14e	ou même aujourd'hui si ... de Paris ou de Combray	Above-l & margin, 16715:5
III 14f	Malgré tout ... la question convenance	Above-l, 16742:5
III 14-16a	≏je crois qu'Albertine eût ... plus encore que pour nous punir (16)	Margin & layer, 16715:5
III 16a	≏L'éducation que lui donna ... en calmant peu à peu [And the rest of III 14-16a is rather later than the section about Albertine]	Interline, 16742:6
III 16-17a	Maman m'écrivait: ... apporter la société." (17)	Margin & above-l, 16715:6
III 17a	Je sonnais ... chercher Albertine [See, however, Pl.n.1; Mais je lui avais ... me l'avait procuré is in margin, 16715:7]	Margin, 16744:10
III 17b	≏J'avais parlé à celle-ci ... et des voitures."	Margin, 16715:6
III 17c	≏lui faire par là ... de m'épouser [16715:6 addn has simply: la séduire]	Corr. margin, 16744:10
III 17d	On verra plus tard ... qui lui étaient restées	Margin, 16745:17

III 17e	⌐≏ Albertine s'était étonnamment ... fort peu ⌊ intéressé	In Céleste's writing, 16742:9
III 17-18a	⌐ Seul le curieux génie ... d'une colombe." (18) ⌊ [Part of this is on an added page, 16746:10, crossed out; but it does not have (III 18): Votre pyjama ... d'une colombe."]	Margin, 16745:17
III 18a	≏ Albertine, ... quelques années, à Balbec	Above-1, 16742:9
III 18b	≏ même dans l'ordre des choses bêtes	Above-1, 16745:17
III 18c	Elle allait jusqu'à ... par un cochon."	In Céleste's writing, 16742:9
III 18-19a	⌐ Physiquement, elle avait changé ... laisse ⌊ pousser sa barbe (19)	Handwritten page, 16742:10
III 19a	⌐ "Je crois qu'Andrée ... ne connais pas." ⌊ [However, pas." appears in the relevant place on 16742:15]	Margin, 16742:11
III 19b	⌐ Certes il m'était impossible ... trop las d' Albertine ⌊ [The part in 16742:15 (crossed out) is: il m'était impossible ... était caché]	Not in 16715:7; in margin, 16742:11. Part in 16742:15
III 19c	j'avais compté dire ... à s'y reconnaître. Et	Layer, 16715:7
III 19-20a	⌐≏ Et ce prestige ... me tranquilliser (20) ⌊ [Ends as Pl.n.1, III 20]	Layer, 16715:7
III 20a	⌐≏ D'autre part ... dans le ravissement." ⌊ [Last sentence later addn]	Margin & layer, 16715:7
III 20b	(laquelle se trouvait ... revenir à Balbec)	Margin, 16742:11
III 20-21a	⌐ Malgré tout, pour éviter ... d'une heure. - C'est vrai?" (21) ⌊ [Advice to go to Saint-Cloud is in 16742:15. The very last C'est vrai? (21) is added only on 16745:24]	Handwritten, part in margins, 16742:12-13
III 20c	⌐ L'amour n'est ... Je n'aimais plus Albertine, ⌊ car	Further addn, above-1 & margin, 16742:12
III 21a	dans sa vie encore si courte	Above-1, 16745:22
III 21b	autant dire avec sensualité	Margin, 16745:22
III 21c	⌐≏ Sans me sentir ... ≏ de l'emploi de son temps ⌊ [But has: j'étais resté jaloux d'elle. Corr. 16745:24]	Margin, 16742:13
III 21-23a	⌐≏ certes, j'avais fui Balbec ... revenu avec ⌊ elle à Paris (23)	Apparently separately- typed pages, 16742:13- 14
III 22a	⌐ Et il est facile à une femme ... Qui saura ⌊ jamais?	Margin, 16745:25
III 22b	(sans faire intervenir ... sensuelle)	Margin, 16742:13
III 23a	⌐ En réalité, en quittant ... m'échapperait ⌊ toujours	Margin, 16742:14
III 23b	Je l'interrogeais à brûle-pourpoint:	Margin, 16745:27
III 23c	"Ah! à propos ... tendrement elle me disait:	Not in 16715:8; in 16744:15
III 23d	⌐ Mais, plutôt que de ... causeries ⌊ investigatrices	Above-1, 16745:27
III 24a	Je ne songeais pas ... de surveiller pour moi	Margin & layer, 16742:17
III 24b	à empêcher	Above-1, 16745:28
III 24c	≏ C'était d'autant plus dangereux que	Above-1, 16745:28
III 24d	Quant à la raison ... je lui disais que	Margin, 16715:8
III 24e	Ce n'était pas vrai ... accompagner mon amie	Margin, 16715:8
III 24-25a	≏ Je ne dirai qu'une ... de la solitude (25)	Layer, 16715:8
III 25a	⌐ Malheureusement, à défaut ... ≏ continuent à ⌊ jouer	Above-1 & margin: layer, 16715:8
III 25b	des incidents aussi ... par la vie intérieure	Interline, 16745:30
III 25c	Mais ces heurts internes ... pas tout de suite	Above-1 & margin, 16745:30
III 25d	⌐ par les exaltantes vertus ⌊ [16715:8 layer has: Grâce au charme fécond]	Corr. margin, 16742:17
III 27a	en bavette et [after une laitière]	Margin, 16715:14

III 27b	tenant le crochet ... les carafes de lait	Margin, 16715:14
III 28a	ainsi cloîtré [after l'offre d'un bonheur qu']	Margin, 16742:21
III 28b	⌈ Seul le désir qu'elle excitait ... sur un haut ⌊ pavois	Margin, 16715:15
III 28c	⌈ ≏ Elle était capable de ... pas capable de lui ⌊ donner	Margin, 16715:15
III 28d	l'illusion de [after procurer auprès de moi]	Margin, 16742:22
III 29-30a	⌈ D'ailleurs, la jalousie ... une ignorance également complètes (30) [May be contemporaneous with MS, as the rest of 16715:17 is left blank after qui ne l'eût ⌊ pas connue (aimée in MS)]	⌉Margin & layer, 16715:17
III 30-31a	⌈ Quelquefois je rencontrais ... ≏ Mais ces châteaux, ces forêts, les (31) [However, a layer was evidently torn off after ⌊ this]	Margin, 16715:19
III 31a	yeux de mon esprit ... ≏ désirés par Albertine	⌉Not in 16715:19; in ⌋16744:27
III 31-32a	⌈ Et j'y descendais ... ou commander une glace ⌊ (32)	Margin, 16715:20
III 32a	⌈ ≏ sachant que le goût ... mais en diffère ⌊ entièrement	Margin, 16715:20
III 32b	"le genre" [afterthought?]	Above-1, 16715:20
III 32-33a	⌈ Quand j'avais dit ... des conseils de toilette ⌊ (33)	⌉Margin & above-1, ⌋16715:21
III. 32c	⌈ qui est le signe ... appelle des haines	⌉Further addn, margin, ⌋16715:21
III 33n.2:III 1063a: De même ... ≏ de violettes		Margin, 16715:22
III 33-34a	⌈ De toutes les robes ... et qu'on pourrait nommer (34) ⌊ [Spills into page]	Margin, 16715:24
III 34a	Mais la robe ... de penser à la femme	Interline, 16745:48
III 35a	⌈ ≏ Je mentirais en disant ... d'assez savoureux ⌊ [Part, at the beginning, torn]	Layer, 16715:25
III 35b	⌈ malheureusement spirituelle ... de son ⌊ terroir que l'accent	⌉Interline: layer, ⌋16715:25
III 35-36a	S'il n'y avait ... sans cesse "Frochedorf" (36)	Margin, 16745:52
III 36a	⌈ ≏ Une fois que ... un feu d'ajoncs" [But the quotation "[...] l'âpre saveur [...] ⌊ feu d'ajoncs" is already in 16744:35]	⌉Margin & interline, ⌋16744:35
III 36-37a	Du marquis de Lau ... ≏ il ne se gênait pas (37)	⌉Above-1 & margin, ⌋16745:53
III 37a	⌈ ≏ le panache à la mousquetaire ... vocabulaire de Mme de Guermantes ⌊ [About Montesquiou here]	Layer, 16715:25
III 37b	D'ailleurs, même ... à la Saint-Simon	⌉Interline: layer, ⌋16715:25
III 37c	⌈ Or, ce n'était jamais ... ≏ des toilettes du ⌊ même genre	Margin, 16742:36
III 37d	dans la mesure où ... pour Albertine	Margin, 16745:54
III 38a	⌈ d'un rubis en flammes ... pour faire des visites." [But this was probably in a removed part of ⌊ the MS]	⌉Not in 16715:26; in ⌋16742:36-37
III 38-42a	⌈ Ce qui est extraordinaire ... précipitamment à ⌊ parler robes (42)	Layer, 16742:37
III 38b	et eût oublié ... lui tenir à coeur	Margin, 16745:55
III 38c	≏ au sujet d'une alliance ... même pas abouti	Interline, 16745:56
III 38d	⌈ cela ne me ressemble pas ... au-devant ⌊ d'un gros échec	Margin, 16745:56
III 38e	⌈ et dont la France ... je le pense [Note: 16745:57 is a typed copy of ⌊ corrected 16745:56]	Margin, 16745:57
III 38f	et ne recevrions que de mauvais coups."	Interline, 16745:57
III 38-39a	⌈ En disant cela ... se modifie notre souvenir(39) [16742:37 layer had simply: C'est qu'il avait ⌊ oublié.]	Margin, 16746:56

III 39a   ⌈Encore plus que les diplomates   Corr. 16745:57
                    ⌊*16742:37 layer had simply:* De même les hommes
                    politiques *etc.]*
III 39b   Quant aux gens du monde ...de peu de chose   Margin, 16745:57
III 39c   (l'affaire Dreyfus ... depuis deux ans)   ⌉ Above-1: layer,
                                            ⌋ 16742:37
III 40a   ⌈En réalité, il ne décolérait pas   Margin, 16745:61
                    ⌊*Note:* 16745:61-62 *is a typed copy of*
                    corrected 16745:60*]*
III 40b   ⌈Chose assez particulière ... arrivait   Margin, 16745:60
                    ⌊automatiquement
III 40c   ⌈"Affaire Dreyfus, affaire ... le terme est ⌉ Margin, 16745:61 *[see*
                    ⌊impropre;   ⌋ *note,* III 40a*]*
III 42a   ⌈- Les femmes n'entendent rien ... notre pauvre Margin, 16745:66
                    ⌊pays."
III 42-44a   ⌈- Vous rappelez-vous ... le thé chez ... Jupien ⌉ Not in 16715:26; in
                    (44)   ⌋ 16742:37-39
                    [Perhaps in a removed part of the MS]
III 43a   ⌈eun   Above-1, 16742:37
                    ⌊*16742:37 had:* une*]*
III 44a   ⌈suprême faveur pour le baron! ... marqué cette ⌉ Not in 16742:39; in
                    ⌊coutume quotidienne   ⌋ 16745:69-70
III 44b   ⌈⌂La nièce du giletier ... ⌂cette expression ⌉ Not in 16715:26; in
                    fétide   ⌋ 16742:39, text & margin
                    [Note: this is only rough version; in full in
                    ⌊*16745:70]*
III 44-45a   ⌈⌂de payer le thé, à 15 centimes ... lui avaient ⌉ Not in 16742:39; in
                    ⌊toujours échappé (45)   ⌋ 16745:70-71
III 45-47a   Mais il répondit à ... qui avait englouti ses Margin & layer,
                    vaisseaux? (47)   16745:72
III 47a   Il est certain ... qu'eût été son frère   ⌉ Not in 16715:26; in
                                                  ⌋ 16742:39
III 47b   ⌈Morel avait dit à ... Rien ne lui plaisait   Margin, 16742:39
                    ⌊mieux
III 47-49a   ⌈Mon opinion personnelle est ... impossible aux Layers, 16742:40
                    gens de sa sorte (49)
                    [Note: a new layer starts at Rien ne plaisait
                    ⌊mieux, *III 49]*
III 48a   ⌈la petite n'acceptant du reste ... où cela lui ⌉ Above-1: layer,
                    ⌊convenait   ⌋ 16742:40
III 48b   ⌈(dans le plus grand monde ... qu'elles font Margin, 16745:79
                    ⌊recevoir)
III 49a   ⌈D'ailleurs, la jeune fille ... centaines de ⌉ Not in 16715:26; in
                    ⌊photographies   ⌋ 16742:40
III 49b   Lui, moins bête ... à la lettre   Margin, 16742:40
III 49n.2-51a ⌈Mais, malheureux romancier ... en est diminué Layer, 16742:40
                    ⌊(51)
III 50a   et ne va qu'en auto   Margin, 16745:83
III 51a   (le baron n'avait ... de bataille)   Margin, 16745:85
III 51b   ⌈De cette évidence aux yeux ... que de tout le Margin, 16745:85
                    ⌊reste
III 51-54a   ⌈⌂On se souvient peut-être ... un puissant agent ⌉ Not in 16715:26; in
                    de rupture (54)   ⌋ 16742:40-44
                    ⌊*[From* dans ce changement *(54) is handwritten]*
III 51c   Il y avait peut-être ... reprendrait le dessus Margin, 16745:86
III 51d   son projet criminel   Above-1, 16745:86
III 51e   vicieux *[after* sincère en disant que ce*]*   Above-1, 16745:86
III 52a   ⌈après quelques troubles neurasthéniques   Above-1, 16745:88
                    [16745:88 had simply, after son système
                    ⌊nerveux: d'abord troublé de malaises*]*
III 53a   ⌈avec lequel il avait été ... auparavant dans le Margin, 16742:42
                    ⌊train

III 54-55a	⌈Ce n'était pas, d'ailleurs ... en tous cas
	  insignifiant (55)
	  *[This incident is briefly alluded to in margin,
	  16742:30; see III 55n̄.2. A small part is also
	  in 16742:39, text and margin, crossed out]*
		2 separate pp., part
		typed, part in Proust's
		writing, 16742:44-45

III 55a,n̲.	Elle avait failli ... si c'était vrai	Margin, 16745:94
III 55b̄	⌈Sauf cet incident unique, tout se passait normalement	Above-1, 16742:46
III 55-56a	⌈quand je remontais de chez ... je courais vers elle (56)	Margin, 16715:27
III 56a	⌈Je les jetais dans la phrase ... les fluides espaces de la pensée	Margin, 16715:27

III 57-58a	⌈⌂Mais ce n'était pas ... lui donnaient la
	  timidité d'une coupable (58)
	  [But ⌂"Il faut tâcher ... de la connaître is in
	  16715:28-29, crossed out]
		Layer, 16715:29

III 58a	C'est quand elle ... comme étant des mensonges	⌉Margin & layer, 16715:29
III 58b	Comment! c'était ... qui m'avait dit cela!	Margin, 16742:50

III 59-61a	⌈Les défauts d'Andrée ... peut-être d'accord
	  avec Albertine (61)
	  [Andrée's 'haines momentanées' are mentioned
	  in margin, 16711:79 (cp. III 60)]
		Margin & layer,
		16715:31

III 60a	⌈Mes satisfactions lui causaient ... ne pouvait
	  cacher
	  [MS addn has simply: Mon plaisir avait l'air de
	  l'agacer prodigieusement]
		Corr. 16742:53

III 60b	⌈Or, j'appris que le père ... aussi bien que
	  quiconque
	  [MS addn has: Or, j'appris qu'on n'était
	  nullement certain que le père [...] eut (sic)
	  rien fait d'indélicat, qu'Andrée n'en avait pas
	  plus de preuves que personne]
		Corr. above-1,
		16745:104-105

III 60c	C'était peut-être pour vous éloigner	⌉Above-1: layer, 16715:31
III 60d	répondais-je en retrouvant ... me reprenait:	Margin, 16745:106
III 61a	⌈De l'amour ... incapables de la faire surveiller	Layer, 16715:31
III 61b	⌈Il semble que naisse ... ne dépend pas de nous de renouveler	⌉Margin & interline, 16742:54
III 62a	Je continuais à interroger ... dans sa chambre	Margin, 16745:108
III 62b	"Je crois que ... elle était heureuse	⌉Margin & layer, 16715:32
III 62c	⌈Elle évitait de me regarder ... soudain tout ronds	Margin, 16742:55
III 63a	⌂que Françoise appelait rageusement des socques	Margin, 16715:33
III 63b	⌈d'autres en chinchilla, et dont ... qu'elle habitait chez moi	Margin, 16715:33
III 63c	Elle avait aussi des choses ... mes vingt ans."	Margin, 16715:33

III 63-64a	⌈⌂Elle, parce qu'elle ... bout à bout et
	  conciliées (64)
	  [Probably not addn]
		⌉Glued on to page,
		16715:34

III 64a	⌂Elle n'était pas frivole, du reste	Above-1, 16745:115
III 64b	lisait beaucoup ... ⌂Ne le niez pas + Pl.n̲.3	⌉Margin & layer, 16715:35
III 64c	en se trompant d'ailleurs	Above-1, 16745:116
III 64d	⌈vous m'avez ouvert ... je ne le dois qu'à vous."	⌉Above-1 & margin, 16745:116
III 64e	On sait qu'elle ... influence sur Andrée	Margin, 16745:117
III 64-67a	⌈⌂L'une ou l'autre ... qu'elle ne connaissait pas (67)	Layer, 16742:59

III 64f	⌈interminable et toujours déconcertante
	  [Layer, 16742:59, had: intarissable arrivée
	  déconcertante (last word not in 16745:117)]
		Corr. 16745:117

III 64g	(mettant en pièces ... nous nous proposions)	Interline, 16745:117
III 67a	Ainsi n'avait-elle pas ... qui vivait avec moi	Interline & margin, 16745:123
III 67b	Les soirs où ... que je réclamais d'elle + Pl.n.2, down to: d'une fontaine	Layer, 16715:35
III 67n.1:	III 1068a: comme des promeneurs ... d'aviron nécessaire	Margin, 16742:59
	III 1068b: Les grands aigles ... de longs intervalles	Margin, 16745:124
	[Crossed out]	
III 67c	Ces effigies gardées ... quotidiennement l'habitude	Margin, 16715:36
III 68a	Elle était si bien encagée ... dans ma chambre + Pl.n.2	Margin & layer, 16715:36
III 68n.1:	III 1068c: Toutes les lances ... en fleur	Interline, 16742:61
	III 1068d: ≏devant un ... de ciselage	Above-l, 16742:61
	III 1068e: auxquels elle avait pris goût	Above-l, 16745:127
	[Crossed out]	
III 68b	qui désormais pouvaient la chercher vainement	Margin, 16745:127 *[but see III 68n.1]*
III 68c	tantôt dans la sienne ... de ciselure *[16742:61, above-l, gives: dans sa chambre ou dans la mienne]*	Interline, 16745:127
III 68d	à Paris, puis à Balbec encore ... n'avaient plus pour moi de mystère	Margin, 16715:37-38
III 68e	Elles étaient devenues ... la plus belle rose *[See Pl.n.1]*	Margin, 16745:129
III 69-72a	Au reste, ce n'était pas ... ≏et qui était si belle (72) *[But the layer on 16715:39, which is very torn, might have contained some of this]*	Not in 16715:39; in 16742:63-68
III 71a	tableaux raphaëlesques d'Elstir *[TS had: des tableaux de Raphaël]*	Corr. 16742:66
III 72-75a	≏On comprend ... elle s'était réveillée (75) *[This is a guess, since the top of the layer is torn; but the fragments left fit with the present text, down to profil (73), where the tear more or less stops. 16742:68 gives ≏present text]*	Layer, 16715:39
III 73-74a	Quelquefois, quand elle avait ... m'eût dit bien des choses (74)	Margin, 16742:69
III 74a	Et de même que ... près de ma joue	Interline: layer, 16715:39
III 74b	≏dans ma bouche que ... passait sa vie	Margin, 16742:70
III 74c	de la voir dormir ... que la sentir vivre	Margin, 16742:70
III 75a	≏Elle retrouvait la parole ... que me disait Albertine	Interline, 16715:39; also roughly in margin, 16715:42
III 75b	"Mon" ou "Mon chéri", suivis ... de ce livre, eût fait	Margin, 16742:70
III 75c	Tout en me les disant ... d'elle-même en baiser	Margin, 16742:70
III 75-76a	Pas plus que ... bien autre chose! (76)	Margin & layer, 16715:39
III 75d	(et c'est pour cela ... mystère), c'était une Albertine	Interline: layer, 16715:39
III 76a	Quelquefois j'éteignais ... que d'habitude	Further addn: layer, 16715:39
III 76b	Je me déshabillais (+ Pl.n.3) ... interrompue de baisers	Margin, 16715:40
III 76c	au-dessus des considérations ... seule véritable)	Margin, 16715:40
III 76d	dédiée comme une offrande	Above-l, 16742:74
III 76e	d'un "ex voto"	Margin, 16742:74
III 77a	≏Certes, j'eusse été ... ≏tant de concurrents	Margin, 16715:41
III 77b	Je ne le redirai jamais ... plus que tout	Above-l, 16742:74

III 77c	qui lui donnait la finesse ... un peu grasses [But this word is indubitably grosses]	Above-1, 16742:75
III 78-79a	Car, peu à peu ... ≙c'était ma tante Léonie (79)	Margins & layer, 16715:43-44
III 78b	Sans cela, Albertine n'eût pu ... sans mon contrôle	Margin, 16715:44
III 79a	avec exagération [after que je ressemblasse]	Above-1, 16742:77
III 79b	jusqu'à ne pas ... un baromètre vivant	Interline, 16742:77
III 79c	viennent nous jeter ... leurs richesses [afterthought?]	Above-1, 16715:44
III 79d	et leurs mauvais sorts	Above-1, 16742:77
III 79e	≙celle de l'horizon ... a disparu [afterthought?]	Above-1, 16715:45
III 79f	O grandes attitudes ... Dieu qui l'a formé	Margin, 16715:45
III 80a	≙Il y avait, quand ... je la replaçais de face	Margin & layer, 16715:45
III 80b	Quelquefois je finissais ... trouver la sonnette."	Layer, 16715:45
III 80-81a	Instants doux, gais ... ≙la douleur est rendue possible (81)	Layer, 16715:46
III 81a	Je ne m'étonnais plus ... la permanence d'un danger	Margin & layer, 16715:46
III 81b	et aussi (dans le plan ... bien plus tard)	Layer, 16715:46
III 84a	Il y avait des jours ... être aussi varié que l'autre	Margin, 16715:52
III 84b	que je ne choisissais pas [afterthought?]	Above-1, 16715:52
III 84c	sans que je pusse les choisir [afterthought?]	Above-1, 16715:52
III 84d	Il m'avait dit qu'il ... qu'il lui avait trouvé mauvais genre	Above-1, 16715:53
III 85a	Je ne songeais plus à ... avec Albertine ce jour-là	Margin, 16715:54
III 85-86a	D'ailleurs, l'amour est un mal ... rendaient mon bonheur insignifiant (86)	Margin & interline, 16715:55
III 86a	En attendant ... celle que nous voudrions	Margin, 16715:55
III 86b	On ne sait jamais ... une jalousie de l'escalier	Margin, 16715:56
III 86c	M. de Charlus [after de ce que. 16715:56 has: les latins (sic)]	Corr. above-1, 16742:88
III 86-87a	(peut-être des jeunes filles ... dans ma mémoire) (87)	Above-1 & margin, 16742:88
III 87a	(ou lesquelles)	Below-1, 16742:88
III 87b	Pourtant, quand ... faire parvenir à Aimé	Margin, 16715:56
III 87c	Et à la même minute ... ≙nous apprenons à lire	Layer, 16715:56
III 87d	où le baiser qu'Albertine ... C'étaient maintenant celles	Margin, 16715:56
III 88a	Or c'était souvent ... plus profonde du coeur	Margin, 16715:57
III 88b	Je veux dire, elle ... qu'elle n'y tenait pas	Above-1, 16715:57
III 88c	(par exemple ... de Borelli")	Margin, 16715:58
III 89-90a	C'est, du reste ... ou inévitable, ou impossible (90)	Layer, 16715:58
III 89a	devenus sans objet ... dont ils étaient accompagnés	Above-1 & margin, 16742:91
III 89b	Il est déjà difficile ... pas regardée?"	Above-1 & margin, 16742:91
III 89-90b	et dont, quand je l'apprenais ... revenir aux jeunes passantes (90)	Interline & margin, 16742:92
III 90-91a	où je déchiffrais les mensonges d'Albertine	Above-1, 16742:93
III 91a	d'un air négligent [afterthought?]	Above-1, 16715:59
III 91b	destiné à passer presque inaperçu [afterthought?]	Above-1, 16715:59
III 91c	La jalousie n'est souvent ... comptais sortir ce jour-là	Margin, 16715:59
III 91-94a	Au reste, à quoi bon ... d'être quitté par elles (94)	Layer, 16742:94

III 92a	Pour comprendre les émotions ... signe qui signifie vitesse	Above-1: layer, 16742:94
III 92-93a	Le mouvement et la fuite ... que notre amour est fonction (93) [16745:178 layer stops here]	Layer, 16745:178; clearly extra part of layer, 16742:94
III 94a	J'ai dit: "Comment ... et ardents rendez-vous	Margin, 16742:94
III 94-96a	Comme les choses probablement ... ≏ est le signe de la vérité (96) [Layer torn; last few words plausible guess]	Margin & layer, 16715:60
III 95a	≏ sans compter que rarement ... a choisi pour nous	Interline: layer, 16715:60
III 96-99a	Et puis elle a eu ... avait besoin de sommeil (99) [intonation de distinguishable in layer, 16715:60]	Not in 16715:60 [layer torn]; in 16742: 97-100
III 97a	Y a-t-il là possibilité d'erreur?	Margin, 16742:98
III 99a	je me saisis ... "Pas libre." [16715:60 has simply: Marcel tried to telephone]	Corr. interline, 16742:101
III 100n.5: III 1073a: Le mensonge ... leur caractère		Margin, 16716:1
III 100n.5: III 1073b: (souvent notre amie ... qu'elle a mauvaise mine)		Margin, 16742:102
III 100a	≏ Et je comprenais l'impossibilité ... à côté du vrai	Margin, 16716:1
III 100-101a	Mais déjà une ... plus rapides que l'éclair (101)	Margin & interline, 16742:103
III 101-102a	J'aurais pu en dire ... de toutes les Voix (102)	Layer, 16716:2
III 102a	Je ne quittai pas ... d'être coupées	Margin, 16742:105
III 102b	elle avait une robe de satin ... la rougeur des joues	Margin, 16716:3
III 102-106a	qu'elle avait eue ... durer tout un après-midi (106)	See III 102n.1; not in 16716:3; in 16742: 106-111
III 103a	il était si souvent adressé ... habitude, un signe machinal [TS had: elle, followed by small blank]	Interline & margin, 16742:107
III 103b	spontanés que je lui avais connus	Above-1, 16742:107
III 104a	impossibles à oublier	Margin, 16742:107
III 104b	la prudence significative de ses paroles ou	Above-1, 16742:107
III 105a	adopter et qu'on suit après par habitude [Had: prendre]	Above-1, 16742:109
III 105b	à la fin de la journée [after j'aimais souvent qu']	Above-1, 16742:109
III 106a	≏ et que je contemplais ensuite, se détachant ... doucement, sans pensée	Margin, 16716:4
III 106b	Il faudrait choisir ... ne possède pas tout entier	Margin, 16716:4
III 107a	Elle l'avait fait, en somme ... ≏ d'un air dolent	Margin, 16716:5
III 107b	D'ailleurs, je n'apprécie pas ... notre avenir dépend."	Margin, 16716:5
III 107c	(m'expliquant volontiers ... Empfindelei)	Margin, 16716:6
III 108a	D'autre part, l'accouplement ... Peut-être chez moi	Margin & layer, 16716:7
III 108b	≏ selon qu'on les considérait ... à moi ou en [MS does not make sense without it. Probably afterthought]	Above-1, 16716:7
III 109a	au besoin semé de réflexions ... manifestations maladroites [Same ink as page]	Above-1, 16716:8
III 109b	sentencieuses [16716:8 addn had: sensées]	Above-1, 16742:115
III 109c	et qui était le sien	Above-1, 16742:115
III 109d	Je crois vraiment ... une torture réciproque [Last 2 sentences perhaps later than rest]	Margin & layer, 16716:8
III 110-111a	Or il y a aussi ... à l'égard d'Albertine (111)	Margin, 16716:10

III 110-111b	Et, puis, il y avait peut-être ... vous en faire aimer! (111)	Layer: margin, 16716:10
III 111a	Sentant qu'elle était ... car elle ne dit rien	Margin, 16716:11
III 112a	Et avec cet égoïsme intellectuel ... que des chagrins."	Margin, 16716:13
III 112b	Comme jadis à Combray ... ≏d'aller mendier auprès d'Albertine	Margin, 16716:13
III 112c	honteuse [after je prendrais peut-être la]	Margin, 16742:120
III 113-116a	Aussi, parfois, de tels soirs ... avant le lever du jour (116)	Margin & layer, 16716:14
III 113a	(elle le savait ... avant de se coucher)	Further addn: margin, 16716:14
III 113b	comme une montre qui ... quelque appui qu'on lui donne	Interline: layer, 16716:14
III 113-14a	Ma jalousie s'apaisait ... devaient se jouer (114)	Margin, 16742:121
III 114a	chant des Anges [Had: souffle calme]	Above-1: margin, 16742:121
III 114b	Pourtant, un soir où ... Mais d'ordinaire	Above-1 & further layers, 16716:14
III 115a	mon chéri?" (et en me donnant mon prénom) [Had simply: Marcel]	Corr. margins, 16742:122-123
III 115b	Par une sorte de chassé-croisé ... la retombée des paupières	Margin, 16742:123
III 116a	L'ouïe, ce sens ... ≏nous en montrant la couleur [Later than III 116b]	Margin, 16716:15
III 116b	Les "rideaux" ... poulies d'un navire	Margin, 16716:15
III 116c	qui appareille et va filer ... rêve de jeunes employées	Interline, 16745:214
III 116-19a	Ce bruit du rideau ... trou, trou, trou (119)	Not in 16716:15; in 16744:101-102
III 116d	≏appelé des "Libraires" ... leur marchandise)	Margin, 16744:101
III 116e	≏et faisaient penser ... ecclésiastique d'autrefois	Margin, 16744:101
III 116f	- à peine colorée ...≏ variations insensibles -	Above-1, 16744:101
III 117-18a	confondu dans la foule ... répété deux fois (118)	Page missing after 16744:101; in 16745:216-217
III 117a	récitatifs déclamés ... C'était [Had: cris tels que]	Margin, 16745:216
III 117-18b	Les notes mêmes sur lesquelles ... en une cantilène indéfinie (118)	Margin, 16745:217
III 118a	évoquait constamment le souvenir des vieilles églises	Margin, 16744:102
III 118b	portant un fouet	Margin, 16745:217
III 118c	psalmodiait: "Habits ... Et de même	Margin & above-1, 16744:102
III 118d	usait pour sa litanie de la division grégorienne [Had: palestrinisait]	Above-1, 16744:102
III 118e	bien qu'elle fût ... et trois celles du trivium	Above-1 & margin, 16744:102
III 118-19a	avec deux chiens ... notre quartier; et (119) [16744:102 had: conduisant ses chèvres]	Interline, 16745:218
III 119a	Même le macadam	Above-1, 16745:218
III 119b	et de petits Italiens ... v'là le plaisir." [Some pages missing after 16744:102]	Not in 16716:15, nor 16744:102; in 16745:219
III 119c	"extraordinaire" du Trocadéro ... matinée de gala -	Margin, 16746:1
III 120a	tandis que dans la rue ... par notre conversation	Margin, 16746:2
III 120b	Et me rappelant ... trouvée moins bonne	Margin, 16716:17

III 121n.1:III 1076a: Et comme, quoique ... en réalité, car   Margin, 16716:17
    elle ajouta:
III 121a   Je ne lui souhaitais ... à savoir où!   Margin, 16746:3
III 121b   ≙"Oh! je sais bien ... vous vous tueriez   Margin, 16716:17
III 121c   Ainsi échangeâmes-nous ... celle de la   Interline & margin,
     sincérité   16716:18
III 121-22a "Cela ne vous gêne pas ... ≙un langage conforme Not in 16716:18, or
     à la (122)   16744:102 [some pages
     [In margin, 16746:11, crossed out, is: "Cela missing after 16744:
     ne vous gêne pas ... si léger?"]   102] ; in 16746:4-5
 III 121-22b où le coup d'éponge ... que la paralysie Margin, 16746:5
      disparaît (122)
III 122-26a ≙réalité et réglé sur l'heure ... je sais que Not in 16716:18; in
     vous les aimez (126)   16744:103-104
 III 122a   Pourtant dire ces paroles ... soit moins vrai; Margin, 16744:103
     au contraire
  III 122-23a Dans le monde du sommeil ... n'y sont pas Layer, 16746:5
      ignorés (123)
  III 123a ≙il n'en reste pas moins ... d'un sot ignorant Margin, 16744:103
  III 123b Et souvent une heure ... café au lait." Margin, 16746:6
   III 123c,n. Encore le don ... se présente à vous Layer, 16746:6
  III 123-24a et me permettait ... interminablement bercé Margin, 16744:103
      (124)
      [16744:103 had: et dissimulait que j'étais un
      fou]
  III 124a (les jours où ... retiré la vie)   Above-1 & margin,
                    16746:6
  III 124b d'où dérive la beauté ... et plus frais Margin, 16744:103
  III 124c En faisant varier ... souffrir mon coeur Margin & interline,
                    16746:6
  III 124-26a Parfois sur ces sommeils ... on ne le retrouve Handwritten page,
      plus (126)   16746:7
  III 126a ≙Dans ces divers sommeils ... qui créait la Margin, 16744:103
      beauté
  III 126b quoique bref [after dans ce sommeil] Margin, 16744:103
  III 126c En plus du plaisir ... auprès de moi Margin, 16746:8
III 126-28a - A la barque ... jusqu'au temps du chasselas Not in 16744:104; in 2
     (128)   closely handwritten
     [Note: there is a rough draft of - A la moule pages, & ~~some type,~~
     ... tonneaux!" (126-27) in margin, 16746:11, 16746:8-9
     crossed out]
  III 126d - Il arrive le maquereau   Above-1, 16746:8
  III 126-27a Malgré moi, l'avertissement ... ne durait pas Above-1, 16746:8
      (127)
  III 127a voilà le vitrier ... de l'Église   This part typed,
                    16746:9
  III 127-28a les modestes poireaux ... Suave mari magno Margin, 16746:9
      (128)
III 128-31a "Écoutez, je dis que ... qu'elle m'aimait (131) Close-written pages,
     [Partly in rough in layer, 16746:11 - much 16746:9-10
     shorter, and crossed out.
     Later than III 126-28a]
III 131a   je sentis quelle fatigue ... à celui du coeur? Margin & layer,
                    16716:19
III 131-36a J'étais, en tous cas ... y eût une compagne, Layer, 16746:12
     Andrée (136)
 III 134-35a Il est certain que ce récit ... et à sa Separate layer,
     promenade à Versailles (135)   16746:12
 III 135a (peut-on donc ... une personne différente?) Separate layer,
                    16746:12
 III 136a Encore ai-je tort de dire ... sans tirer de Interline: layer,
     conclusion nette   16746:12
III 136b   Laissant ces pensées ... était sortie Layer, 16716:19
III 136c   Il y eut d'abord ... de nouveaux s'ajoutaient Not in 16716:19; in,
                    part typescript,
                    part handwritten,
                    16746:13

III 136-37a	Il y avait aussi ... me charmer dès le matin (137)	Interline & margin, 16746:13
III 137a	⌂Sur le trottoir ... au train du matin	Margin & layer, 16716:15
III 137b	Le ronflement d'un violon ... ma bouillotte électrique	Above-1, 16746:13
III 137-38a	Au milieu de la symphonie ... d'antiquité. Voilà le réparateur." (138)	Not in 16716:19; in 16746:13
III 137c	partisan attardé de la pure mélodie:	Above-1, 16746:13
III 138a	Le petit fifre était-il ... c'était ces mots:	Above-1, 16746:13
III 138b	Dans une boucherie ... et la pesée des âmes [This is ⌂ in a layer, 16746:8, crossed out, after vitri-er, carreaux cassés, III 127]	Typed layer, 16746:13
III 138c	les plaçait dans d'éblouissantes ... des entrecôtes -	Margin: layer, 16746:13
III 138d	Et de nouveau ... les matières les plus diverses	Margin, 16746:14
III 138e	⌂Les petites porteuses de pain ... vivement les bouteilles de lait	Margin, 16716:15
III 138f	dans la boutique ou	Above-1, 16746:12
III 139a	et pareille [after la retrouver un jour]	Above-1, 16746:12
III 139-40a	Une fois, j'étais entré ... un commencement de beauté (140)	Not in 16716:20; in 16746:15-16 [one of these pages an addn, since headed by typist 132 & 132 bis]
III 140-41a	Je me lis à lire ... finir le mot de maman quand (141)	Margin, 16716:20-21
III 141a	Françoise alla la chercher ... en lui disant:	Margin, 16716:21
III 141b	"Hé bien ... la main?" [16716:21 margin had: n'ayez pas peur là au fond du couloir]	Corr. margin, 16746:17
III 141c	Et Françoise, en bonne ... et l'amant	Margin, 16746:17
III 141-43a	Elle était parée pour moi ... reste toujours insatiable (143)	Margin & layer, 16746:18
III 142a	- ô beauté des yeux ... faire l'amour!	Interline & further layer: layer, 16746:18
III 143a	tendu encore à ses extrêmes limites ... pour le baiser	Interline & further layer: layer, 16746:18
III 143b	Hélas! une fois ... ne l'enveloppait plus d'un vertige	Not in 16716:21; in 16746:18
III 143c	dépouillée de tant ... éveillés en moi	Above-1, 16746:18
III 143d	Elle prenait un air ... à la petite crémière [16716:21 has simply: Elle avait un nez [...] trop rond qui me parut bête, mais sa [...] joue était jolie quand elle était de profil, et lui ayant dit pour me donner une contenance etc.]	In later page, 16746:18; MS version crossed out on 16746:17
III 144a	et sans lever les yeux ... j'aurai mon polo	Margin, 16716:22
III 144b	et je pourrais m'en passer ... d'un ouragan de beauté	Not in 16716:22; in later page, 16746:18
III 144c	de verve et d'ensorceleuse gaîté."	Above-1, 16746:19
III 144-47a	Il est vrai qu'à Balbec ... pareille à un songe (147) [This long layer includes the passage reproduced as a footnote on III 146]	Margin & layer, 16716:23
III 147a	ne sifflait-elle même pas ... et l'irrite?	Interline: layer, 16716:23
III 147-48a	Je m'aperçus que ... j'avais besoin d'être seul (148)	Margin, 16716:24
III 147b	⌂elle devait déjà dire ... et que	Further addn, margin, 16716:24
III 148a	(immobilité qui ... sans bouger)	Interline, 16716:24
III 149-51a	que quand [last two words of 149] ... la voir dans sa loge? (151) [Perhaps not addn]	Glued-on layers, 16716:29

III 150-51a	Certes, ces souvenirs me causaient ... comme celle d'Ixion (151)	Margin & layer, 16716:29
III 151-52a	Et pourtant, cet amour ... pour cela mon amour (152)	Margin, 16716:30
III 152-53a	Mon mot n'était probablement ... inutile de garder copie (153)	Margin & layer, 16716:31
III 154-55a	supplice d'envie que lui avait ... fallait-il partir (155)	Glued-on layer, but very unlikely to be true addn, layer, 16716:32
III 154-55b	- Je vais me cavaler ... des plus basses époques (155)	Not in 16716:32; in 2 separately typed pages, 16746:33-34
III 155a	C'étaient, sur l'ordre ... quitte à visiter des contagieux [16716:33 margin had simply: an employee telephoned, since Françoise did not know how to]	Corr. margin, 16746:34
III 155b	Ah! pardon!	Above-1, 16746:34
III 155-56a	≙Demandez à cette dame ... ≙de vous dire que non (156)	Margin & layer, 16716:33
III 156a	≙Elles vont aller maintenant ... Albertine ne verrait ni Léa ni ses amies	Margin & layer, 16716:33
III 157a	Il fut plus grand encore ... ton Albertine."	Margin, 16716:34
III 157b	avec déférence [after me faisait téléphoner; afterthought?]	Above-1, 16716:35
III 158a	et ouvris au hasard la Sonate de Vinteuil [16716:36, crossed out, had Marcel playing Wagner]	In margins, 16716:36-37, crossed out; in layer, 16716:36
III 158b	Baigné dans l'attente ... d'une lumière intérieure	Layer, 16716:36
III 158c	aussi réchauffante que celle du dehors [afterthought?]	Above-1: layer, 16716:36
III 158d	l'appliquer à la Sonate ... n'y avions jamais vu [On the verso of a rough-draft fragment between 16716:36 & 37, there is in the margin a description of how thoughts of Albertine entered into Marcel's musical pleasure (in Wagner); but they enter into it in a fetishistic manner, à la Swann]	
III 158-59a	≙En jouant cette mesure ... Et comme on regarde alors (159)	In margins, 16716:36-37, crossed out; in layer, 16716:36
III 159a	≙une photographie ... la ressemblance	Layer, 16716:36
III 159b	par-dessus la Sonate ... de Tristan	≙In margin, 16716:37, crossed out; in layer, 16716:36
III 159c	Je me rendais compte ... ne s'éloignent que pour revenir	Layer, 16716:36
III 161-62a	Mais alors, autant que ... Je continuais à jouer Tristan (162)	Margin & interline, 16716:43
III 162-64a	Je ne sais pourquoi ... Peu à peu mon agitation se calma (164)	Layer, 16716:44
III 165a	Elle ôta un instant ... pas non plus."	Margin & layer, 16716:45
III 166a	dont les hôtels en rangée ... l'heure des lampes [Same ink as page]	Margin, 16716:48
III 166b	aussi séparé d'elles ... la fenêtre de ma chambre [Same ink as page]	Margin, 16716:48
III 167a	L'émotion dont je me sentais ... elles étaient dépouillées	Margin, 16716:49
III 167b	Quand il peint ... surnageait dans la lumière	Margin & interline, 16716:50

III 168a	Ce que les vieux quartiers ... la dernière goutte, mais *[Same ink as page]*	Margin, 16716:50
III 168b	Nous étions arrivés dans des quartiers ... des médailles antiques	Margin, 16716:51
III 169a	A vrai dire ... sur des lèvres neuves	Margin, 16716:52
III 169b	La présence d'Albertine ... 'ne se laissent pas approcher	Margin, 16716:53
III 170a	⌒ - et en trouvant presque ... et de descendre -	Margin & layer, 16716:55
III 170b	On trouve innocent de désirer ... contre lui!	Margin & layer, 16716:55
III 171a	Venise - Venise dont ... à franchir, de même *[MS refers to fatigue of journey to Florence (corr. to Balbec) being inevitable, etc. The rest of addn* **may** *be contemporary with MS, as it flows into main page]*	Margin, 16716:56-57
III 172a	Mais ces similitudes mêmes ... de la plus triviale réalité	Margin, 16716:59
III 172b	Une fois la réparation faite ... poursuivant son voyage	Margin & interline, 16716:59
III 172-73a	Voilà ce dont ... du passé pour lui rendre des couleurs (173)	Layer, 16716:59
III 173-74a	Parfois, dans les heures ... une sorte d'amour amphibie (174)	Layer, 16716:39
III 174-75a	nous descendîmes de voiture ... Puis nous remontâmes dans la voiture (175)	Margin & layer, 16716:60
III 176a	lourde, empourprée, opulente et captive *[afterthought?]*	Above-1, 16716:62
III 176-77a	Je dois ajouter ... puisque j'aimais Albertine (177)	Margin & layer, 16716:64
III 177-80a	Des faits accessoires étayaient ... j'admirais les peintures d'Albertine (180) *[Almost certainly later than III 180-81a]*	Margin & layer, 16716:66
III 180-81a	Et les peintures d'Albertine ... devant ce mauvais.vouloir (181)	Margin & interline, 16716:67
III 181a	⌒ Le cas d'une vieille femme ... est plus général	Margin, 16716:67
III 181b	Et l'amour n'épuise même pas ... imparfaitement reflétée	Margin, 16716:68
III 181-82a	Tout être aimé ... Albertine n'était pas folle (182)	Layer, 16716:67
III 181c	C'est terrible d'avoir ... lâcher sans crime	Above-1: layer, 16716:67
III 182-92a	J'appris que ce jour-là ... dans notre amour-propre (192) *[Sometimes varying versions of this: in 16746:81, 16746:84-87 and 16746:88-101]*	Not in 16716:68; in 16746:81 and 84-101
III 182-83a	On sait que sa maladie ... ne sortait plus de chez lui (183)	In 16746:84-85; not in 16746:88
III 183-84a	D'ailleurs, il n'avait jamais ... ⌒ ne sortait plus de chez lui (184)	Layer, 16746:81
III 184a	et quand il se levait ... sans l'avoir appris	In 16746:87; not in 16746:88; part, crossed out, in 16746:95
III 184-86a	et, ce qui est pire ... Bergotte les essaya tous (186) *[16746:81 had simply:* souffrant d'insomnies, il essayait avec excès de différents narcotiques*]*	Margin & layer, 16746:81
III 186-88a	Il mourut dans les circonstances ... sans invraisemblance (188) *[16746:81 had simply:* Il mourut, on l'enterra, mais [...]*]*	Not in 16746:81; in 16746:91-94

III 193a	Et pour me dire adieu ... je n'étais plus au bord de la mer	Margin, 16716:70
III 193b	Et ce fut encore ... de m'attacher à elle + Pl.n.2.	Margin (& layer), 16716:71
III 193c	Je dis à Albertine ... je partis chez les Verdurin [This margin addn continues with III 197-98a]	Margin, 16716:71
III 193-97a	Au moment où je partais ... l'oubli, ou le souvenir indifférent (197)	Layer, 16716:71
III 195-96a	Il perdrait tout l'argent que lui donnait ... à si bon marché (196)	Interline & margin: layer, 16716:71
III 197a	Il est très possible que l'amour ... la cervelle s'il était [The layer on 16716:44 ends with ≏this too, crossed out. It has: this was not the first time Morel had acted thus with a girl; he would bring a revolver and threaten to blow his brains out si jamais il était - ends here. See III 162-64a]	Interline: layer, 16716:71
III 197-98a	J'avais en moi ... allait m'être de nouveau retiré (198) [See III 193c. (Part of this is in crossed-out margin addn, 16716:77)]	Margin & layer, 16716:71
III 198a	- aussi richement qu'un laboratoire -	Margin, 16716:72
III 198b	insignifiante [after on place une]	Above-1, 16716:72
III 198c	J'offris mon bras ... assurer sa marche [afterthought?]	Above-1, 16716:72
III 199-201a	La mort de Swann m'avait ... ne viendrait plus (201) [This is clearly later than, or contemporaneous with, III 128-31a, since it refers to Albertine's ice-cream. See III 200]	Not in 16716:72, nor 16742:150; in 16746: 112-116
III 201-2a	que Swann rencontrait sa future ... de grand coeur, me répondit Brichot (202)	Margin & interline, 16716:72-73
III 202a	Hélas, en lui proposant ... fortifiante de la solitude	Layer, 16716:73
III 202b	de la très prude ... et de colère [Originally, this was the ear of Mme Verdurin furieuse]	Above-1 & margin, 16716:74
III 203-4a	Peut-être aussi avait-il ... causeurs d' autrefois (204) [Probably not addn]	Layer, 16716:77 [on lined paper]
III 203a	rien qu'en citant ... sa manière d'en parler	Interline, 16716:77
III 204-7a	Bien qu'une opération ... avait fait choisir? (207)	Layer, 16716:78
III 207a	Mais ce prêtre ... dans une maladie de peau	Margin & interline, 16716:79
III 207n.2:III 1081a:	On ne vous voit pas ... va-t-elle? [Same ink as page. In MS, 16716:97; see III 222]	Margin & above-1, 16716:80
III 208-10a,n.	"Verrons-nous ... poser sur mon épaule (210)	Page made of layers, 16716:103
III 210a,n.	- dans un coffret ... indigo -	Above-1: layer, 16716: 103
III 208a	Le baron était d'humeur ... paternité fictive	Margin, 16716:80
III 210-11a	Les manières conjugales ... dans les deux cas également malsaine (211)	Margin, 16716:82
III 212a	Encore n'est-ce pas seulement ... frappé des mêmes tares	Above-1 & margin, 16716:85, & layer, 16716:86 [but slides into MS, & is partly reproduced in it]
III 212b	Du reste, on voyait que ... comme à un tuteur nécessaire	Margin & interline, 16716:86
III 212-13a	d'autant plus qu'il avait eu ... que le baron avait dites (213)	Above-1 & layer, 16716:86

III 213n.1:III 1081b: "Il est pour moi ... je ne le vois   Layer, 16716:86
                     presque pas."
                     [However, see III 214, where this is not an
                     addn, but is in MS, 16716:86 (although
                     crossed out)]

III 213-14a   Si les conversations ... d'égarer l'inter-   Layer, 16716:86
                     locuteur (214)

  III 213a   le désir involontaire ... la part du feu   Margin: layer, 16716:
                                                                    86

III 214a   (en doutait-il ... était sûr?)   Layer, 16716:86
III 214b   pas ça, vous entendez ... me tirer par les   Margin, 16716:87
                     pieds
                     [16716:87 had: he came that morning]

III 214-16a   Il est possible que ... la vie révélée par Léa Layer, 16716:87
                     (216)

  III 215a   Le baron était surtout troublé ... soudaine   Separate layer,
                     d'une définition   incorporated into
                                                                   layer, 16716:87

III 216-19a   "Et qu'est devenu ... comme on dit en termes Margin & layer,
                     de justice, dessaisie (219)   16716:87

  III 217a   se passe dans une autre espèce ... tigres   Above-1: layer,
                     tranquilles)   16716:87

III 220a   Tout cela forme un enchaînement ... à un   Margin, 16716:92
                     public lointain

III 220-21a   M. de Charlus négligeait de dire ... quand il Layer, 16716:96
                     était en colère (221)

III 221a   collaborer en somme ... de dire à Bergotte   Margin, 16716:95
                     [First version of "Vous qui connaissez ...
                     très bien." is in 16716:87-88, crossed out; it
                     is expanded in margin, 16716:95; I note only
                     addns, therefore. See III 221b, c, d]

III 221b   ils sont adulés ... guère qu'à eux-mêmes   Margin, 16716:95
III 221c   qui est vraiment simple et serviable   Margin, 16716:95
III 221d   Comment, mon cher ... Je m'amuse comme une   Margin, 16716:95
                     reine

III 221-22a   parce qu'il sentait que Bergotte ... et   Above-1, 16716:96
                     méritait mieux + Pl.n.1, 222

III 222a   le fas et nefas ... du Sodoma   Probably addn:
                                                                   interline, 16716:96

III 222b   la musique [after C'est admirable.   Corr. 16716:97
                     MS had: ces oeuvres inédites]

III 222-23a   Elles seront là, à moins ... Mais ma   Margin, 16716:97-98
                     souffrance devenait visible (223)

III 223a   allons, entrons, vous prenez froid   Above-1, 16716:98
III 223b   Il reste seulement comme ... celle que nous   Margin, 16716:98
                     aimons

III 223-24a   Si nous n'avions que ... parce que nous n'avons Layer, 16716:98
                     plus rien (224)

III 224a   D'ailleurs, si tranquille ... qu'il devrait   Margin & interline,
                     le laisser guérir?   16716:99

III 225a   Maintenant j'eusse laissé ... dont on ne peut Margin, 16716:100
                     relativement souffrir

III 225b   Au moment où ... "tout particulièrement"   Layer, 16716:100
III 226a   M. de Charlus déboutonna ... la veille à   Margin, 16716:100-101
                     l'Opéra
                     [For an unknown reason, 16716:101 is not in
                     its proper place, but at the end of the
                     volume]

III 227a   il leva l'index en l'air d'un ton menaçant   Above-1, 16716:101
                     [Same ink as page]

III 227b   hésita un instant ... plus se contenir &   Above-1 & margin,
                     irrésistiblement   16716:102

III 227c   et de Saniette, qui nous apprit que ...   Above-1 & margin,
                     morte à six heures   16716:102
                     [16717:51 verso mentions her death]

III 227d   (qui le croyait ... "dingo")   Above-1, 16716:102

III 227e	"Est-ce que vous ... de l'amabilité	Margin, 16716:102
III 228a	imitant ainsi sans ... duc de Guermantes [16767:39vi has: le prince de Guermantes]	Not in 16716:102, nor 16742:191, nor 16746: 157; in 16767:39vi
III 228b	⌒Saniette, non sans crainte ... avec aigreur M. Verdurin	Layer, 16716:102
III 228c	avec résignation [after constamment, attendait; afterthought?]	Above-1: layer, 16716:102
III 228d	voilà des compétences [after hommes d'ordre] [More like les than des]	Above-1, 16746:156
III 228-30a	La raison du refus ... prêt à venir (230)	Not in 16716:102, nor 16742:191-92; in 16746:158-159 [2 separate pages, new- looking type]
III 229a	l'air exténué ... ivresses de la musique	Interline & margin, 16746:158
III 229b	par tant de quatuors ... consécutives	Margin, 16746:158
III 229c	polyphoniques [16746:158 had: symphoniques]	Margin, 16746:158
III 230a	On vous reprochait ... pour un ouvrier."	Margin, 16746:159
III 230b	(qui quand elle ... la lui témoigner)	Margin, 16717:1
III 230-38a	⌒C'est qu'en effet ... avec les fidèles, mais (238) [Note: layer, 16716:102, ends at Était-il brouillé, au contraire, avec (233); layer, 16717:1, starts un gentilhomme possesseur. 16717:1 originally ran: "J'ajoute qu'il se donne des airs d'inviter du monde chez moi, tout ça ne me plaît pas" conclut Me Verdurin qui s'arrêta net en nous voyant entrer]	Layers, 16716:102 & 16717:1
III 234a	de petites dames ... imiter le paon	Above-1: layer, 16717:1
III 234b	une pécore sans naissance ... La Molé!	Above-1 & further layer: layer, 16717:1
III 239a	On oubliait que Mme Verdurin ... renoncer à un plaisir	Margin, 16717:2
III 239b	mais de moins humiliant ... de plus facile à avouer	Margin, 16717:2
III 239c	En matière de crime ... c'est l'amour-propre	Margin, 16717:2
III 240a	Elle disait cela ... un devoir de sincérité	Margin, 16717:4
III 240-41a	Cependant j'étais ... dans une autre." (241)	Not in 16717:5, nor 16742:207; in 16746: 175-177, added pages
III 241-42a	Je ne pus plus ... à ma disposition entière (242)	Margin, 16717:5
III 242-43a	Et ce n'est pas ... de se coller, d'être père (243)	Margin, 16716:91
III 243a	Pendant ce temps-là j'étais charmé ... y ont souri	Not in 16717:6, nor 16742:209; in 16746: 179-180, added pages
III 243-44a	On eût par ailleurs ... Jeanne d'Arc." (244)	Margin & layer, 16717:6
III 243b	- Dites donc, devant ... deux mois vous auriez vu	Later addn: margin & layer, 16717:6
III 244a	- Qui sait? ... dans la vie."	Later addn: margin & layer, 16717:6
III 244b	on était sûr que ... des chuchotements & on est tranquille	Above-1, 16717:7
III 244c	Et Mme Verdurin était ... dans sa petite Église	Margin, 16717:7
III 244d	Sans cela, moi je montre les dents	Above-1, 16717:7
III 245a	Entendant parler de Mlle Vinteuil ... Montrez-moi-la"	Margin, 16717:9

III 245b | épiaient, pétillantes de curiosité ... et, somme toute | Margin, 16717:9
[Some of this, crossed out, on 16717:53]

III 246a | Seule, la reine de Naples ... la duchesse d'Alençon | Margin, 16717:12
[Crossed-out MS had, not the queen, but la Duchesse de St Herem (?); and another rough draft, layer 16717:39 verso, has her as Mme de Blécourt]

III 247a | Elle eût tant voulu ... qu'on avait à lui rendre | Margin & layer, 16717:12, & above-1 & margin, 16717:13

III 247b | aussi bonne qu'elle s'était ... les remparts de Gaète | Further layer: layer, 16717:12

III 247-48a | Il faut rendre pourtant ... aussi mal élevée qu'élégante (248) | Layer, 16717:13

III 248a | Mme Verdurin s'assit à part ... qu'elle connaissait mieux qu'eux | Layer, 16717:13

III 249a | et, n'ayant près de moi personne ... d'une telle apparition magique | Above-1 & margin, 16717:13

III 250a | au milieu d'un aigre silence, dans un vide infini | Above-1, 16717:15

III 250b | et c'est dans une rose ... du silence et de la nuit | Margin, 16717:15

III 250c | (pareilles ... sur une palette) | Margin, 16717:17

III 251a | Je regardai la Patronne ... qu'elle ne crierait pas à l'allégro | Margin & above-1, 16717:17

III 251b | encore enfant *[after la harpiste. MS had: la petite harpiste]* | Above-1, 16717:17

III 251-52a | soit par pudeur (252) | Above-1, 16717:18
III 252a | soit par respect humain | Above-1, 16717:18
III 252b | au sein de ce septuor | Above-1, 16717:20

III 252-53a | Et je cessai de suivre ... rentrer, Albertine, ma petite enfant (253) | Margin & layer, 16717:21
[However, 16716:98-99 has, crossed out: ≙ Mais depuis ma blessure ... le double d'Albertine (253)]

III 253a | ≙ cet ennui and était bien peu de chose ... me devenir indifférente | Further addn, layer, 16717:21

III 254a | ≙ la puissance de découvrir | Above-1, 16717:23
III 254b | tandis qu'il peignait sa grande fresque musicale | Above-1, 16717:23

III 255a | car, de même qu'il y avait ... les auditions de son oeuvre | Margin, 16717:24

III 255b | inestimables *[after colorations inconnues]* | Above-1: margin, 16717:24

III 255c | l'une si calme et timide ... pressante, anxieuse, implorante | Above-1, 16717:24

III 255-56a | Prière, espérance ... l'individuel existait | Margin, 16717:25

III 256-57a | Un accent, car tout de même ... le musicien la fixité des (257) | Margins, 16717:26-27
[16717:26-27 did have, crossed out: Différent des autres, semblable à lui-même avec une monotonie dans l'harmonisation du sujet traité, quel qu'il soit, qui prouve chez le musicien etc. (see III 257)]

III 257a | Tout au plus ... Cette patrie perdue | Layer, 16717:27

III 258-59a | L'andante venait ... gênés pour leurs camarades & qui avait recommencé (259) | Margin & layer, 16717:28

III 260a | immatériel et dynamique *[after s'intéresser à leur combat; afterthought?]* | Above-1, 16717:32

III 261a | Cette question me paraissait ... l'accent particulier de cette phrase | Margin, 16717:32

III 261b | ≙ à force de patience ... et de respect | Layer, 16717:33
III 261c | ≙ Du vivant même ... au fur et à mesure que | Layer, 16717:33

III 261d	L'amie de Mlle Vinteuil ... l'importune pensée qu'	Layer, 16717:33
III 262a	Des relations qui ... choisi comme amant	Layer, 16717:34
III 262b	Du re ste, Mlle Vinteuil ... assez douce *[However, roughly in 16717:33 margin, and in MS 16717:34, is, crossed out: [...] c'était seulement dans les égarements momentanés d'un plaisir convulsif qu'elle salissait l'image]*	Margin, 16717:34
III 263-64a	Ce qu'elle avait permis ... nous n'aurons jamais une idée (264)	Margin & layer, 16717:35
III 265-66a, n.	- C'est bien rendu ... passagèrement conscience (266)	Layer, 16717:36
III 266a, n.	Mais la soirée n'était pas finie	Above-1: layer, 16717:36
III 266-72a	M. de Charlus recommença ... à une troisième + Pl.n.1(272) *["La forme même ... amusant." (266) is already in margin, 16717:11, crossed out. A little of this, much abbreviated, is in crossed-out rough draft, verso of separate layer, 16717:39 (that giving III 272-73a)]*	Layer, 16717:39
III 271-72a	(à cause duquel ... qu'il ne recevait pas) (272)	Above-1: layer, 16717:39
III 272-73a	Je fus très étonné ... et lui étaient ravis (273)	Separate layer, 16717:39
III 273a	Les plus nobles étaient ... que le respect de l'étiquette	Margin, 16717:40
III 274-75a	Pensez que pour assister ... déplacer les gens que j'ai fait venir (275)	Margin & layer, 16717:41, & margin, 16717:42
III 274a	dit-il avec une intention ... admiration pour la reine	Further addn: margin, 16717:41
III 275a	Elles pouvaient même ... en la voyant passer."	Further addn: layer, 16717:41
III 275b	vous avez eu l'intelligence ... d'assurer le prestige de la réunion *[Crossed-out MS does refer to une personnalité providentielle]*	Above-1, 16717:42
III 275c	La Duras était merveilleuse. Enfin, tout	Above-1, 16717:42
III 276-77a	Vous comprenez, il faut ... la crainte de Palamède (277)	Margins, 16717:42-43, layer & interline, 16717:43
III 276a	En l'appelant la Molé ... actrices du monde, et & même considérée à ce point de vue	Further layer: layer, 16717:43
III 276-77b	et qui donnait à penser ... Charlus. Et certes (277, first word)	Further addn: layer, 16717:43
III 277a	Le monde des différences ... Mais où?	Probably later addn: layer, 16717:43
III 277b	Comme M. de Charlus aimait ... puisque j'y viens bien	Further addn: layer & margin, 16717:43
III 277-78a	La duchesse de Duras ... à la soirée de Mme de Duras (278)	Another layer, 16717:43
III 278a	Rien qu'en parlant ... cette fois c'était bien pis *[Later than III 278-79a]*	Margin & interline: layer, 16717:42
III 278-79a	Enivré de ses paroles ... qu'elle n'avait espéré (279)	Layer, 16717:42
III 279a	secrétaire de la Présidence ... la croix de Charlie	Margin, 16717:43
III 279b	Hé bien, c'est comme ça ... parler un moment de plus	Interline & margin, 16717:43
III 279c	"Je comptais ... d'être à dédaigner, mais	Margin, 16717:44
III 280a	Celui-ci, qui ne savait pas ... ne s'égaya pas	Margin, 16717:44
III 280b	le Charlus *[after sa Dulcinée sans que]*	Above-1, 16717:44
III 280c	et l'éclaire sur l'abîme où il roule."	Above-1, 16717:44

III 280–82a	["Je vous dirai, reprit ... auprès du violoniste (282)	Margin & layer, 16717:45
III 280d	[Et comme Brichot, qui ... jetée un peu au hasard	Layer: margin, 16717:45
III 281a	[Elle est interventionniste ... notre ami Cottard	Interline: layer, 16717:45
III 281b	[L'homosexualité ne lui déplaisait pas ... comme l'Église	Margin: layer, 16717:45
III 281c	sur l'orthodoxie	Above-1: layer, 16717:45
III 282a	["Allons, allez chercher ... que je vous fasse chercher	Margin & layer, 16717:45
III 282b	[Ah! quelle soirée! ... pas de temps à perdre [Later than III 282a]	Layer, 16717:45
III 282c	Mais d'abord l'universitaire ... à part	Above-1, 16717:45
III 282d	Éthiques [MS had: manuels de philosophie]	Layer, 16717:45
III 282e	[platonisa, à la mode de Germanie [MS had: écrivit]	Above-1, 16717:45
III 282f	C'est encore le Banquet ... et sans gigolos	Interline, 16717:45
III 282g	Il faut éviter ... piper avec des mots	Margin, 16717:46
III 283a,n.	Il peut être ... cent drachmes l'heure	Margin, 16717:46
III 283b	il n'est pas besoin d'être grand clerc	Above-1, 16717:46
III 283c	parler au jeune étourdi sans ambages	Above-1, 16717:47
III 283d	je ne peux pas dire que je n'en ai cure	Above-1, 16717:47
III 283e	comme qui dirait	Above-1, 16717:47
III 283f	[Je m'excusai en disant ... je n'oublie pas votre promesse	Margin, 16717:47
III 283g	[Comme vous me l'avez promis ... l'oncle de Morel)	Interline & margin; probably addn, 16717:47
III 287a	- toujours Hernani -	Above-1, 16717:56
III 288a	[- Ah! je ne sais pas ... le plus douloureux [MS had: Archicertain. Later than III 288b]	Above-1 & margin, 16717:57
III 288b	"Vous savez ... ou d'un autre	Margin, 16717:57
III 288c	qui s'éloigna aussitôt	Above-1, 16717:58
III 288–89a,n.	Cependant Ski ... un hilaire angélus (289)	Not in 16717:58, nor 16743:76; in 2 inserted pages, new type, 16747:20–21
III 289a	[distinctes d'ailleurs [after influences, celles]	Above-1, 16717:59
III 290a	d'une voix piaillante et cadencée	Above-1, 16717:60
III 290–91a	[C'est autre chose ... le prévenir, ne savais comment le faire (291)	Margin & layer, 16717:61
III 292a	[amuser votre femme ou ... de rêves et de mélancolie [But direct continuation from full MS page, so perhaps merely copied in from another notebook]	Margin, 16717:62
III 293a	Je ne croyais plus ... me garer pour l'avenir	Margin, 16717:63
III 293b	il y a là ce que ... et Dieu le mène"	Margin, 16717:63
III 293–94a	[Embarrassé, je fis dériver ... ce qu'ils dédaigneraient de créer (294)	Layer, 16717:63
III 295a	[D'ailleurs, la certitude ... Mme Verdurin viendrait nous appeler	Margin, 16717:64
III 295b	[Je me demande s'il ne couche pas avec [Same ink as page]	Above-1, 16717:64
III 295–96a	[Elles sont amies de toute une bande ... des adieux, une rupture (296) [This decision has appeared earlier in the MS, crossed out (16716:66–67), and appears later on, again crossed out, on 16718:47–50; but the MS does have at one point (16718:48): Aussitôt l'idée que j'avais eue chez Me Verdurin (sic; incomplete sentence)]	Margin & layer, 16717:65

III 296a	⌈ où l'anarchie fut ... de nos bons ⌊ dilettantes, mais	Margin, 16717:66
III 296-97a	⌈ Dites des noms. Oui ... Tout cela c'est des ⌊ blagues (297)	⌉ Above-1 & margin, ⌋ 16717:66
III 297a	⌈ et qui n'étaient pas des mythes ... deux ⌊ réputations injustifiées	⌉ Above-1 & margin, ⌋ 16717:67
III 297b	je ne me paie pas de mots)	⌉ Above-1: margin, ⌋ 16717:67
III 297c,n.	M. de Charlus ... l'un de l'autre	Margin, 16717:67
III 298a	⌈ Trois sur dix!" reprit Brichot ... simples. ⌊ "Trois sur dix!	⌉ Margin & interline, ⌋ 16718:2
III 298b	moins heureux que ... l'avenir ratifiera	Above-1, 16718:2
III 299a	ou pour un fol [after pour un calomniateur]	Above-1, 16718:2
III 299b	Dieu me pardonne!	Above-1, 16718:2
III 300a	⌈ Et les amants qu'avait eus ... ≙ qu'on appelle ⌊ principe	⌉ Margin & layer, ⌋ 16718:4
III 300b	Pl.n.3 + Raconter cela à Charles!	Layer, 16718:4
III 300c	Pas plus que ... ≙ c'est que c'est	Above-1, 16718:5
III 300d	que j'ai failli recevoir	Above-1, 16718:5
III 301a	C'était moi qui sortais ... ≙ d'autant plus que	Interline, 16747:42
III 301b	⌈ ≙ j'ai un très ... nom de Crécy │ [MS partly deleted here, but Charlus's parent ⌊ is mentioned]	⌉ Probably later addn, ⌋ 16718:5
III 301c	⌈ ≙ sans y avoir naturellement ... cela ne ⌊ charmait pas	⌉ Interline & margin, ⌋ 16747:42
III 301d	⌈ ≙ Car elle se faisait ... complètement d'être │ payée │ [But this is in MS, crossed out, in 16713: ⌊ 90-91, where Mme Verdurin relates it]	Margin, 16718:5
III 301e	⌈ Ce que je ne comprends pas ... cela n'arrivera ⌊ pas	Layer, 16718:6
III 301f	qui n'avait cessé de poursuivre son idée	Above-1, 16718:6
III 301-2a	⌈ qui rappelait celle d'un juge ... quelque │ chose de très attachant (302) │ [This is roughly in margin, 16718:1, crossed ⌊ out. May not be an addn]	⌉ Margin & glued-on ⌋ layer, 16718:6
III 302a	⌈ Mais ces moments de réaction ... la crainte de ⌊ la divulgation	Margin, 16718:7
III 303a	Brunswick, Charolais, Boufflers	Above-1, 16718:9
III 303b	- Vous êtes dur, baron ... vous faire plaisir	Above-1, 16718:9
III 303n.2:III 1087a:	Insister ... à Kitchener	Margin, 16718:9
III 303-4a	⌈ d'une voix aiguë et maniérée (304) [after- ⌊ thought?]	Above-1, 16718:9
III 304a	Vendôme, Villars ... le prince de Conti	⌉ Above-1 & margin, ⌋ 16718:10
III 304b	⌈ au XVIIe siècle ... et cela sans ⌊ [Breaks off here]	Above-1, 16718:10
III 304c	voile, à l'armée et à Strasbourg."	⌉ Not in 16718:10, nor │ 16743:102; written ⌋ in, 16747:47
III 304-5a	⌈ par ce pli que nous avons ... quelque chose ⌊ de particulier (305)	⌉ Margin & layer, ⌋ 16718:10
III 305a	Et pas un instant ... j'étais sûr de retrouver	⌉ Margin & interline, ⌋ 16718:11
III 305b	⌈ qui dans certains moments ... un fou ou un ⌊ criminel	Margin, 16718:12
III 306a	⌈ Il faisait le malheur ... une fille de ⌊ brasserie	Margin, 16718:15
III 309a	⌈ Mme Verdurin, du reste, eût-elle ... parler │ coûte que coûte au violoniste ⌊ [Later than III 309b]	⌉ Margin & layer, ⌋ 16718:20
III 309b	⌈ ≙ Celui-ci avait commencé ... dans le vif du ⌊ sujet	Margin, 16718:20
III 310a	et en attendant ne cessait ... le styler"	Margin, 16718:21
III 310b	⌈ Vous êtes la fable du ... cent mille francs ⌊ par an	Margin, 16718:23

III 310-11a	Le sculpteur intéressé ... du coin de l'oeil (311)	Margin, 16718:23
III 311-12a	"Du reste, même matériellement ... reprendre où nous en étions (312)	Margin & layer, 16718:24
III 312a	"Je pense que vous avez ... qu'il vous tient."	Margin & layer, 16718:25
III 312b	... La reine de Naples ... je lui aurais demandé [First stops are Proust's]	Margin, 16718:25
III 313a	Vous parliez de la reine ... où vous pourrez jouer [16718:27 has, crossed out: Ainsi tenez Me de Blécourt, je crois que c'est une maison assez sérieuse]	Margin, 16718:27
III 314a	A ce moment s'agitait ... céda la Patronne	Margin, 16747:65
III 314b	C'est un besoin pareil qui ... qu'elle ne pouvait l'affirmer, ce fut	Margin, 16747:65
III 314-16a	et pour montrer de l'impartialité ... un traître", s'écria Morel (316)	Margin & layer, 16718:29
III 315a	Et peut-être n'avait-elle pas ... sinon rigoureusement exactes	Above-1 & further layer: layer, 16718:29
III 316a	(car elle sentait ses mercredis sauvés)	Above-1: layer, 16718:29
III 316b	"Ah!" s'écria ... apostés par le mari	Margin, 16718:30
III 316c	et bientôt jeune chevalier ... montrer votre croix"	Above-1, 16718:30
III 316d	mais, par ces mots mêmes ... indiscutable à Morel	Above-1, 16718:30
III 316-17a	Vous ne devez pas être à ... Toujours est-il que (317) [MS does refer to M. and Mme Verdurin turning away their eyes, and to Charlus's pressentiment d'un malheur (317). Section starting Peut-être (317) perhaps rather later than rest]	Layer, 16718:30
III 317a	Pourtant M. de Charlus ... il les eût embrassés	Layer, 16718:30
III 317-18a	Et la pantomime éternelle ... le Dieu Pan (318) [Part in margin, 16718:26 verso]	Margin, 16718:31
III 318-19a	L'ambassadeur ... en proie à la terreur panique (319)	Layer, 16718:31
III 319a	par un de ces manèges qui ... du reste, tout le monde	Interline (& margin), 16718:31
III 320a	(bien qu'il sût que c'était elle) [afterthought?]	Above-1, 16718:33
III 320b	Celui-ci avait cru ... ne fût pas présenté à la reine	Margin, 16718:33
III 321-22a	Contre lui aussi elle était ... de beaucoup de vices (322)	Layer, 16718:34
III 321-22b	Tout près de moi, j'ai eu ... il faut reconnaître que (322)	Further layer: layer, 16718:34
III 322a	qu'Albertine avait ... et accaparés	Further layer: layer, 16718:34
III 322-24a	On pourrait croire ... empêchèrent de se raviver (324)	Layer, 16718:35
III 323a	On parle souvent ... au seuil de la mort	Interline: layer, 16718:35
III 323-24a	Certes, des pensées ... pas moins devenue délicieuse (324)	Further addn: layer, 16718:35
III 324a	avec une vitesse que ... progressivement croissante	Below-1: layer, 16718:35
III 324-27a	ce soir-là quand les maîtres ... à l'objectif déconcerté (327) [Earlier than III 321-22a]	Margin & layer, 16718:34

III 325-26a	M. Verdurin ajouta un mot ... Cet instant de gaîté passé: (326)	Further layer: layer, 16718:34
III 326a	D'abord cela m'eût ... procédé qu'il a eu	Further layers: layer, 16718:34
III 327a	- où subsistait ... ma grand'tante -	Below-1: layer, 16718:34
III 328a	Brichot, qui avait ... plaisir qu'il savait que	Margin, 16718:36
III 328b	J'écoutais Brichot ... à son propre corps	Margin, 16718:37
III 330a	J'aurais voulu ... le meilleur homme du monde	Margin, 16718:40
III 330b	Ce qui m'a étonné, c'est ... guère cette insurrection	Interline, 16718:40
III 330c	(On verra en effet ... aucune indulgence.)	Margin, 16718:41
III 330d	autant il était clair ... entrer tout à l'heure	Margin, 16718:41
III 330e	resté dans la voiture, presque aveugle	Margin, 16718:41
III 331a	dont j'eusse essayé de pénétrer la vie	Above-1, 16718:42
III 331b	Albertine ne m'avait ... me soupçonnât [This ≏ in 16718:48; but here MS had: Albertine me soupçonnait-elle [...] jaloux d'elle [...] ? etc.]	Above-1 & margin, 16718:44
III 332a	(avec une certaine ... nommé les Verdurin)	Margin, 16718:46
III 332b	(Il est vrai qu'elle ... à autre chose)	Margin, 16718:46
III 332c	Hors de moi à ces mots	Above-1, 16718:46
III 333a	pour lui montrer que ... qu'elle ne le croyait [MS had: pour savoir si Albertine l'avait vue]	Above-1, 16718:46
III 333b	≏Elle croyait que ... comme je voulais dire, Mlle Vinteuil	Not in 16718:46, nor 16743:152; in 16747: 96
III 333c	Même, je croyais ... m'avait sacrifié Mlle Vinteuil	Margin, 16718:47
III 333-39a	"Du reste, lui dis-je ... allé chez la Patronne (339)	Not in 16718:47, nor 16743:152; in 16747: 96-107, inserted pages
III 339a	≏je lui dis fort gauchement ... un affront pareil."	Layer, 16718:47
III 339b	ce qui était une espèce d'excuse stupide	In 16747:107 (not previously)
III 339c	phrase doublement ... par ma timidité	Not in layer, 16718: 47, nor 16743:153; in 16747:107
III 339-41a	Mais pendant qu'elle ... à cacher complètement (341)	Not in 16718:47, nor 16743:153; in 16747: 108-111, inserted pages
III 341a	au lieu de me défendre ... à vous dire ceci:	Layer, 16718:47
III 341b	C'est un rien ... cela est le signe	Not in layer, 16718: 47; in 16747:111
III 341c	Ma petite Albertine ... Vous le voulez?" [The actual spoken suggestion does not appear to be in the MS, but the decision, of course, is; see above, under III 295-96a]	Margin, 16718:48
III 341d	Et malgré la souffrance ... de minutieux détails	Layer, 16718:53
III 341e	Mais il est une heure folle, il faut vous coucher	Margin, 16718:53
III 342a	"Voulez-vous, pour vous distraire ... J'étais accablé	Layer, 16718:53
III 342b	(je le disais ... un aveu à Albertine)	Interline: layer, 16718:53
III 342-43a	Si jamais, ce qui est ... évitez-moi (343)	Margin, 16718:56
III 343-44a	Et ces larmes ... pour amener une réconciliation (344)	Layers, 16718:56

III 344-48a ⸢Ainsi nous présentions-nous ... nullement de   Layers, 16718:57
            │retrouver une prisonnière (348)
            │[Part of the very beginning of this is in
            ⸤rough, margin, 16718:56]

   III 344a et que d'autre part ... et même d'exécrer   ⸣Above-1: layer,
                                                                ⸤16718:57

   III 344b ⸢pouvoir garder Albertine ... m'eût rendu trop   ⸣Interline:layer,
            │jaloux   ⸤16718:57
            │[Had simply: de ne pas être quitté par
            ⸤Albertine]

   III 345a ⸢allait peut-être me dire ... mais qui   ⸣Interline:layer,
            │m'épouvantait   ⸤16718:57
            ⸤[Had simply: [...] qu'Albertine me quittât]

III 345n.2:III 1090a: ne voulût secouer en partie sa chaîne⸣Below-1: layer,
            ⸤[Had simply: [...] me quittât]   ⸤16718:57

   III 346a ⸢Je dois dire que ... rencontré Mme   ⸣Interline: layer,
            ⸤Verdurin."   ⸤16718:57

III 346-47a⸢voulût une liberté (je ... ne me trompât pas)   ⸣Interline (& layer):
            │(347)   ⸤layer, 16718:57
            ⸤[Had simply: [...] qu'elle me quittât]

   III 347a ⸢beaucoup [after qui ne serait pas du reste;   ⸣Below-1: 16718:57
            ⸤afterthought?]   ⸤layers

   III 348a ⸢une apparence d'énigmatique ... où, si elle   ⸣Glued on, 16718:57
            │était innocente   ⸤[not true addn]
            │[MS does not make sense without it, and
            │in any case, much of it appears, crossed out,
            ⸤on 16718:47-48]

III 348-49a D'autant plus ... de La Tour   Margin, 16718:58

III 349-51a ⸢Elle avait l'air de ... vouloir rompre, je   ⸣Margin & layer,
            ⸤mentais aussi + Pl.n.3 (351)   ⸤16718:59

   III 351a ⸢D'ailleurs, même en ... je cessais de lui en   ⸣Further addn:
            ⸤vouloir   ⸤layer, 16718:59

III 352-53a ⸢D'ailleurs dans ces mensonges ... la   ⸣Margin & layer,
            ⸤"décision" (353)   ⸤16718:60

III 353-54a ⸢On vivait un au jour le jour ... sont de   Layer, 16718:62
            ⸤l'aggraver (354)

   III 355a ⸢si nous n'avions pas dû nous réconcilier ...   Margin, 16718:63
            │accablé de sa nécessité
            ⸤[Perhaps contemporary with MS]

   III 355b ⸢Et certes, j'avais souffert ... perdre une   Above-1, 16718:63
            ⸤habitude

III 356-57a,n.Il n'y eut ... ou avec Mlle Vinteuil? (357)   ⸣Margin & layer,
                                                                ⸤16718:65

   III 357a ⸢Maintenant, si je continuais ... les questions   ⸣Margin, 16718:65-
            ⸤que je posais à Albertine   ⸤layer, 16718:66

III 358-59a ⸢J'aurais eu tort ... préparée sans le   Layer, 16718:67
            ⸤savoir (359)

III 359-60a ⸢"Venez dans ma chambre ... pour ne pas la   ⸣Margin & layer,
            │réveiller (360)   ⸤16718:68
            │[Proust has written: de ma mort, de mon oeuvre?.
            │16743:186 leaves a blank for this last word,
            │which is then filled in as amour, by Robert
            ⸤Proust perhaps, on 16747:145]

   III 361a s'il devait m'arriver surtout [afterthought?]   Above-1, 16718:68
   III 361b J'avais peut-être ... guerrière s'il le faut?   Margin, 16718:69
   III 361c ⸢ma conduite avait été assez adroite   Margin, 16718:70
            │[16718:70 had: ma conduite venait d'être ou
            ⸤avait été celle que je devais tenir]

   III 361d ⸢d'indépendance   ⸣Corr. above-1,
            ⸤[Had: brusques désirs de me quitter]   ⸤16718:70

III 361-62a⸢Et n'était-il pas difficile ... contre mon   Margin, 16718:70
            ⸤instinct (362)

   III 362a ⸢mauvaise liberté d' [after pour répondre à une   Corr. 16718:73
            │idée de.
            │Had: une idée semblable en elle. Correction
            ⸤in same ink as page]

III 363-64a Ce matin-là ... vivais par le dedans (364)   ⸣Margin & layer,
                                                                ⸤16718:73

III 364a	Hélas! tout cela ... m'intéresser à Albertine	Margin, 16718:74-75
III 364-65a	et, comme disait Françoise ... d'une telle "perfidité" (365)	Margin, 16718:75
III 365-66a,n.	Je me demandai ... en ma possession dominatrice	Margin & layer, 16718:76
III 366-67a	Quant à l'argent ... que j'ignorais moi-même (367)	Margin & layer, 16718:77
III 366a	et même ne peut s'empêcher de le palper	Above-1: margin, 16718:77
III 367a	Assise à côté ... pas de belle prison	Margin, 16718:78
III 367n.2:III 1091a:	J'eus un jour ... sa photographie? [See III 364a]	Margin, 16718:80
III 368a	Albertine n'avait d'abord pensé ... l'argenterie l'intéressait	Margin, 16718:80
III 369-70a	Je voulus une ou deux fois ... et de s'attacher à vous (370)	Margin & layer, 16718:83
III 370a	(ou tous les trois à la fois) [afterthought?]	Above-1: layer, 16718:83
III 370-71a	Certes, Albertine était ... dont j'aurais voulu me débarrasser	Margin & interline, 16718:84
III 371a,n.	(et qui ... de Montjouvain) [This, roughly, is in 16718:79, crossed out]	Margin, 16718:84
III 372a	Et pendant qu'elle jouait ... une infante de Velasquez	Interline & margin, 16718:84
III 372b	de cet Ange musicien	Above-1, 16718:84
III 372c	et n'ayant plus ... à leur égard	Above-1, 16718:85
III 372d	réciproquement [after à leur égard, les avait]	Below-1, 16718:85
III 373a	Une seule fois, cette musique ... la possibilité des autres	Margin, 16718:86
III 373b	≏inaperçues, larves obscures ... distinctes la première fois, mais	Margin & above-1, 16718:86
III 374a	Mais il n'est pas possible ... aucun sens	Margin, 16718:88
III 374b	certains arbres d'une route de Balbec [Same ink as page]	Above-1, 16718:89
III 374c	ou plus simplement [afterthought?]	Above-1, 16718:89
III 374n.2:III 1091-92a:	dire peut-être ici ... en éveillait (1092)	Margin, 16718:89
III 375a	de l'Ensorcelée ... Rideau Cramoisi [MS had: de Me Le Hardouey, de Mlle de Touffedelys, de la Clotte]	Margin, 16718:91
III 375b	derrière lesquels il y a le Passé	Above-1, 16718:91
III 375c	les pâtres du terroir ... un village d'Écosse [MS had: des bergers, des jeteurs de sort des acheteurs de chevelures de jeunes filles, et une même anxiété]	Interline, 16718:91
III 376a	Les phrases de Vinteuil me ... de pierre de Thomas Hardy	Margin & layer, 16718:92
III 377-78a	Remarquez qu'il n'a pas ... Dostoïevsky a apportée au monde (378)	Margin, 16718:94
III 379-80a	Je reconnais tout de même que ... Smerdiakov se pendant, son crime accompli (380) [Note: 16719:73 has, crossed out: je comprenais maintenant après les avoir trouvé (sic) si ridicules les vers de Baudelaire: Si le viol, le poison, le poignard, l'incendie; then crossed out in margin is: N.B (sic) je supprime ici le viol le poison etc (sic) parce que je le mets dans le dernier chapitre du livre. Il faudra seulement que je dise bien avant cela à Balbec que si j'aime le soleil rayonnant sur la mer, je trouve absurde [torn] sans vérité pour [torn] des (??) êtres bons [torn] [two illeg. words] les [torn] [illeg. word] sataniques [torn] audelaire comme [torn] le viol le poison le poignard l'incendie]	Margin & layer, 16718:99

III 381a	Je me remettais à douter	Above-1, 16718:100
III 382a	⌈ selon qu'Albertine jouait ... ou du Borodine & tantôt ⌊ [Same ink as page]	Above-1, 16718:102
III 382b	chaque jour, chez elle	Above-1, 16718:103
III 382c	⌈ où Albertine, devenue ... ses souliers en ⌊ toile d'or	Margin, 16718:104
III 383a	⌈ montrant d'autres ensembles selon ... de ⌊ précipices	⌉ Margin & layer, ⌋ 16718:104

III 383-84a	⌈ ajoutait rétrospectivement ...⌓Rien de tel
	  chez moi (384)
	  [This appears partly in 2 crossed-out pages,
	  16718:106-107; there, the artists concerned
	⌊ are Coëllo and Mategna]
		Margin, 16718:106

III 383-84b	⌈ pour moi, comme il se plaisait ... devant ⌊ elle-même (384)	⌉ Above-1: margin, ⌋ 16718:106
III 384a	⌈ et que, n'en saisissant que ... si c'était ⌊ le cas pour elle, mais	⌉ Margin & interline, ⌋ 16718:108
III 384-85a	⌈ tantôt elle me disait ... les journaux de la ⌊ veille) (385)	Margin, 16718:109
III 385a	⌈ Non, jamais la jalousie ... avec justesse, les ⌊ plaisirs, la qualité	Margin, 16718:111
III 386a	⌈ Alors sous ce visage ... n'avais pas connu ⌊ Albertine	Margin, 16718:113
III 386b	(car si son corps ... aux prises de ma pensée)	Margin, 16718:114
III 387a	⌈ Quelquefois il faisait ... jaillissant qui ⌊ désaltère	Margin, 16718:115
III 388a	⌈ Derrière tel regard ... assimilé au mien. Par ⌊ exemple	Margin, 16718:117
III 389a	⌈ "Elles sont allées ... qu'elle ne les ⌊ connaissait pas?	⌉ Above-1 & margin, ⌋ 16718:118
III 389b	⌈ A ce nom de ... pas préparé de défense [16718:117 verso gives:⌓ La réalité ... de ⌊ défense]	⌉ Further addn, margin, ⌋ 16718:118
III 389-91a	⌈ Les paroles si gentilles ... complice, de les ⌊ laisser se reposer (391)	Layers, 16718:119
III 391-92a	⌈ Je le voyais tout le temps ... il n'a pas ⌊ idée de chercher (392)	Margin, 16718:119
III 394a	A tout hasard ... que je pouvais lui faire	Margin, 16718:123
III 394b	⌈ Pour les robes de Fortuny ... préférence pour ⌊ celle-là	Layer, 16718:123
III 394c	⌈ je me laissai emporter ... qu'on l'appelle rose ⌊ Tiepolo	⌉ Interline & layer, ⌋ 16718:123
III 395a	Mais aussitôt je me rappelai ... de vos yeux?	⌉ Margin & interline, ⌋ 16718:123
III 395b	⌈ en même temps qu'il ... pour qu'elle n'en eût ⌊ pas l'idée	Margin, 16718:123

III 396-97a	⌈ Et voulant profiter de ... reparler de vos
	  relations (397)
	  [MS had: Ainsi maintenant on ne me dit plus
	  que c'est avec Simone que vous avez des
	⌊ relations mais avec Andrée."]
		Margin, layer &
		above-1, 16718:124

III 397a	⌈ "Qu'est-ce que vous voulez que cela me fasse" ⌊ ... réellement l'acte	Margin, 16718:125
III 398a	⌈ Si je vous disais que ... me donner dans un ⌊ instant?	⌉ Above-1 & margin, ⌋ 16718:126
III 399a	⌈ pour aller voir des verreries ... voulais lui ⌊ donner	Above-1, 16718:127

III 399b	⌈ se détourna, et - ... ne me rendit pas mon
	  baiser
	  [MS had simply: she did not kiss Marcel as
	⌊ usual on the neck or lips, but on the cheek]
		Interline, 16718:127

III 399c	⌈ Je l'embrassai alors une seconde fois ⌊ [MS had: Marcel held out his face]	⌉ Corr. above-1, ⌋ 16718:127
III 399d	⌈ serrant contre mon coeur ... et de ⌊ résurrection	Margin, 16718:127

III 399e	au lieu de me rendre ... s'écarta *[MS had: she moved away from Marcel's neck and lips again - see Pl.n.1]*	Corr. above-1, 16718:127
III 399f	Il me semblait que ... elle m'eût semblé plus dure	Margin, 16718:128
III 400a	Il me sembla que ... dans ma chambre tout à l'heure	Layer, 16718:128
III 401a	Je sais que je prononçai ... aussi modifiés?	Margin, 16718:130
III 401-2a	je ne pus me recoucher ... revenir l'instant d'après (402)	Apparently added, 16718:130 (since not in 1st version, 16718:131), & margin, 16718:131
III 402a	Tout à coup, dans le silence ... qu'Albertine avait ouverte *[MS had simply: Marcel heard the noise of the window opening; he was surprised because she knew it was forbidden, and surprised too at the violence of the sound, as if she were saying: Oh! en voilà assez, j'étouffe]*	Margin & layer, 16718:131
III 403a	Et en même temps je pensai ... faire faire."	Margin, 16718:132
III 403b	Je sentis se soulever ... dans une tempête	Margin, 16718:132
III 403c	mon agitation retomba ... indifférent qu'elle y fût	Above-1, 16718:132
III 403d	Je m'endormis, mais ... l'approche de la mort?	Layer, 16718:132
III 404a	Je ne lui parlai même pas du yacht	Above-1, 16718:132
III 405a	Aussi je me résignai ... et nous allâmes à Versailles	Margin, 16718:134
III 405b	Cette rapidité même ... allions à Versailles + Pl.n.1	Above-1, 16718:134 & layer, 16718:128
III 406a	comme elles le sont aujourd'hui ... des flots ou des blés *[Almost certainly not addn, however. Not in Proust's writing; probably dictated]*	Layer, 16718:118
III 406-7a	Nous revînmes très tard ... la porte Maillot (407) *[This in MS, however, on 16718:134, although partly squeezed into bottom margin]*	Margin, 16719:1; also layer, 16718:128
III 408-10a	Nous nous arrêtâmes ... en plusieurs fois (410)	Not in 16719:4; in handwritten page, glued in, 16747:224
III 409-10a	Il est vrai que, si ... ≙ nous remontâmes en voiture (410)	Above-1, 16747:224
III 412a	dans la rivière, à l'ombre sous les arbres	Above-1, 16719:9
III 412b	Et toutes ces rêveries ... me rendre invisible *[Same ink as page]*	Margin, 16719:9
III 413a	Depuis qu'Albertine ... le souvenir. Oui, c'était le moment;	Margin & layer, 16719:10
III 413-14a,n.	Il arriverait ... l'ont aimée.) (414)	Margin, 16719:11
III 414a	J'ai eu beau la catéchismer ... elle n'a pas voulu	Interline, 16747:238
III 415a	≙ Alors - tant on peut ... autre chose que:	Margin, 16747:238

La Fugitive

La Fugitive

Notes and Descriptions

(1) <u>n.a.fr. 16719-16722.</u>   The manuscript. Much of the main
narrative of these MS volumes appears
either on glued-in sheets, or squeezed
into the page in cramped handwriting;
I have noted only what are clearly
additions.

The following noteworthy passages are
written on the same kind of paper as
the <u>Du Côté de chez Swann</u> fragments
in n.a.fr. 16703, i.e. paper with a
double red margin; these passages are
probably, therefore, all early ones:-

16720:110-116: Starts 'Quelques jours
après' (III 566; see Pl.n.3) and ends
'dans la littérature' (III 572).

16721:11: Starts at the approximate
equivalent of 'elle était maîtresse
de faire' (III 577) and ends 'étant
une disposition collec[tive]' (III
579).

16721:22: Starts 'Moi qui n'avais pas'
and ends 'il n'y avait rien' (III 583).

16721:117-118: Starts 'avoir traversé
en plein soleil' (III 648) and ends
'ne seraient pas ailés' (III 649).
(16721:118 is not in Proust's writing.)

16722:10-12: A draft of Marcel's
waiting in Venice just before the
departure of the train (≃III 652-655).

16722:23: Starts (with some crossing-
out) at the approximate equivalent of
'pas plus tard qu'il y a six mois',
mentioning novels - of George Sand?
(III 658), and ends 'pauvre grand'
mère!" disait' (III 660).

16722:48: Starts '"Et pourtant, qui
sait' and ends '- Sous un autre nom'
(III 674).

16722:51: Starts 'Cette sagesse-là'
and ends 'c'est l'Histoire!' (III
675). (This may not be as old as the
other pages above.)

One misreading in the present text
needs to be pointed out; it may be
simply a misprint, but it makes
nonsense of an important passage.
On III 574, Mlle de Forcheville is
telling Marcel who she is - Gilberte,
of course; the passage should run,
according to 16721:4, 'vous veniez
à la maison, votre amie Gilberte',
but in recent Bibliothèque de la
Pléiade editions, the text has: 'vous
veniez à la maison, avec votre amie
Gilberte', which makes it sound as
though the person speaking is <u>not</u>
Gilberte herself. (The earliest
Pléiade edition - 1954 - in fact gave
the correct version.)

(2) <u>n.a.fr. 16749.</u>

The second half of the typescript,
starting at III 558. It is typed by
(probably) the same typewriter as
most of <u>La Prisonnière</u>. No corrections
by Proust; the table hardly refers to
it.

(3) <u>Names.</u>

In 16719-16722:

Morel often appears as <u>Bobby Santois,</u>
and Mme de Stermaria as <u>Mme de Kermaria;</u>
Pl. notes point this out. Andrée
sometimes appears as <u>Germaine;</u> one of
the 'jeunes filles' as <u>Maria</u> (verso of
16720:111 - see above, under (1)); and
Gilberte as <u>Mlle d'Ablancourt,</u> and <u>Mlle
d'Ossencourt</u> (on 16721:11, and 16720:
112 verso - see above, under (1)).

La Fugitive

Table of Additions

III 419a ⌈ de réaliser (et auxquels ... aussitôt   Margin, 16719:13
    ⌊ évanouis)

III 419b ⌈ Et, devinant confusément ... ≏contenté de me le   Margin, 16719:14
    | dire
    | [In crossed-out MS, Marcel tells himself she
    ⌊ will be back]

III 420a   J'avais une telle ... aussi cruelle que la mort   Margin, 16719:15

III 421a   Et en même temps ... peu sage de les lui donner Margin, 16719:19

III 422a ⌈ Puis-je dire, du reste ... et serait heureuse   ⌉ Margin & layer,
    ⌊ au retour   ⌋ 16719:19

III 422b   Une fois épousée ... empêche de nous éloigner! Margin, 16719:20

III 422c ⌈ qu'il faudra que je fasse ... quelques heures   Interline & margin,
    | à ce qu'elle   16719:20
    | [MS had: ce que je vais faire tout de suite et
    | ce qu'elle attend pour faire ce qu'elle doit
    ⌊ désirer etc.]

III 423a ⌈ Cette deuxième hypothèse ... leur servante. Foi ⌉ Margin & layer,
    ⌊ expérimentale   ⌋ 16719:21

III 424a ⌈ dans le bruit de la fenêtre ... ouverte!   Above-1, 16719:22
    ⌊ [afterthought?]

III 424b ⌈ Je n'avais pensé ... d'Albertine voulu par   Margin, 16719:22
    ⌊ elle-même

  III 424c   c'est-à-dire situé ... penser à un départ   ⌉ Above-1 & layer:
    ⌋ margin, 16719:22

III 424d ⌈ relativement à moi ... en réalité, ce départ   Above-1, 16719:22
    ⌊ [afterthought?]

III 424e   autrefois à Combray [afterthought?]   Above-1, 16719:23

III 425-28a ⌈ Certes, ce coup ... la pitié pour la douleur ⌉ Margin & layer,
    ⌊ (428)   ⌋ 16719:24

  III 427a   Ce malheur était ... nous ne les trouvons pas ⌉ Interline: layer,
    ⌋ 16719:24

  III 427- ⌈ C'est le seul fait, ce fut tout ... papier d' ⌉ Interline: layer,
    28a ⌊ emballage la veille (428)   ⌋ 16719:24

III 429a ⌈ D'ailleurs il fallait qu'elle ...≏à l'encontre Margin, 16719:25
    | du but
    ⌊ [Probably later than III 429b]

III 429b ⌈ Certes je n'avais plus ... sans que j'eusse   ⌉ Layer (& margin),
    ⌊ l'air d'y tenir   ⌋ 16719:25

III 430a ⌈ La souffrance ... où l'on se couche avec sa   Margin, 16719:25
    ⌊ douleur

III 430b ⌈ (ces malles en forme ... de ma mère)   Margin, 16719:26
    ⌊ [Same ink as main page]

III 431a ⌈ Puis je me rappelai ... qui l'a fait mander   ⌉ Margin & layer,
    | [After a large blank, with diagonal line   ⌋ 16719:27
    ⌊ through it, on 16719:27. Spills into page]

III 431b ⌈ Tout mon espoir ... ce que je l'en ramenasse Margin, 16719:28
    | [Perhaps not addn, since top of page, just
    ⌊ above, is torn]

III 431c ⌈ torturé par la certitude ... de l'avenir   ⌉ Above-1 & margin,
    ⌊ [Had: je me représentais avec certitude]   ⌋ 16719:28

III 432a   qu'elle avait voulue [afterthought?]   Above-1, 16719:28

III 432b   impénétrable et capté   Margin, 16719:28

III 432c,<u>n</u>.	Devant la porte ... sans revenir	Layer, 16719:28
III 432d	Pour Albertine elle-même ... mais à la longue, une fatigue	Margin, 16719:29
III 432e	en un oiseau pareil ... il avait aimée	Layer: margin, 16719:29
III 432f	On se le dit ... ≙ et que celui-ci [MS does not have <u>se</u> - see Pl.n.3. Later than III 432<u>d</u>]	Further addn: layer on margin, 16719:29
III 433a	Peut-être y a-t-il ... la nature subjective de cet amour	Layer, 16719:29
III 434-35a,n.	Je reconnais ... en bonne humeur (435)	Not in 16719:30
III 435a	Je pourrais être ... renoncé à elle	Margin, 16719:31
III 435b	et comme à mon insu	Margin, 16719:31
III 435-36a	Sans doute j'avais ... le plagiat de soi-même (436) [Perhaps later than III 435a and b]	Margin & layer, 16719:31
III 436a	rapide et efficace ... jadis à Doncières [Same ink as page]	Above-1, 16719:31
III 436b	Le projet de cette démarche ... par manque de volonté	Margin, 16719:32
III 439-40a	Je me rappelais, la première fois ... aux hommes sans imagination (440) [But 16719:35 does have ≙ <u>je ne me faisais pas ... peut penser</u> (440)]	Interline, 16719:35 [an unlined page]
III 440a	et qui est moins ... que du déformant amour [This is in 16766:242-43, in expanded form, but not previously]	Above-1, 16719:35
III 440b	Par une gymnastique ... comme à moi Rachel	Margin, 16719:36
III 440-41a	Mais quelle importance ... qu'elle ne soit pas avec d'autres (441)	Layer, 16719:36
III 441-42a	Tu crois que c'est inventé ... s'était cru quitté par Rachel (442)	Margin, 16719:36
III 442a	Enfin je suis doublement ... la fille du prince de Guermantes	Margin, 16719:37
III 442-45a	Saint-Loup devait être ... même plus que notre vie (445) [However, ≙ <u>Depuis qu'il s'était ... "J'ai répondu</u> (444) is roughly in 16719:37, crossed out - see Pl.n.1, 442. Later than III 445-46a]	Layer, 16719:37, & margin, 16719:38
III 443a	Il y a des moments ... que la peur	Further layer, 16719:37
III 444-45a	Je ne me trompais pas ... Ce qui au fond me rendit si heureux (445)	Further layer, 16719:37
III 445-46a	Une chose, du reste ... Mais cette souffrance dura peu (446)	Margin & above-1, 16719:38
III 446-47a	Pourtant je m'en réjouissais ... de ne pas revenir et de vivre sans elle (447)	Above-1 & layer, 16719:38
III 447a	Ah! combien mon amour ... m'était impossible. Et	Margin, 16719:39
III 447b	Ce dont je venais ... d'apprendre le présage [afterthought? Had: <u>Ce que je venais de goûter un instant</u>]	Corr. above-1, 16719:40
III 448a	Je pensais tout le temps ... ce n'était pas elle qui les ouvrait	Margin & layer, 16719:41
III 449a	Je ne dirai pas ... qu'impatienter Albertine	Margin, 16719:42
III 450a	Et pourtant, quelque joie ... et, en disant le contraire, ment [Later than III 451a]	Margins, 16719: 43-44
III 451a	Bientôt, le silence ... fin à mes souffrances. Mais	Margin & above-1, 16719:44
III 451b	j'éclatai de fureur et de désespoir, car	Above-1, 16719:44
III 451c	et dont l'horreur d'ailleurs ... et qu'il avait perdue	Margin, 16719:45
III 452a	J'entendis à l'étage ... davantage dans la vie	Margin & layer, 16719:46

III 454a   Ainsi je ne suis pas bien à plaindre   Margin, 16719:49
III 455a   ┌ ce yacht où vous ... Et pour la terre   ┐ Above-1 & margin,
            │ [However, see III 367-68, where the yacht is   │ 16719:50
            └ in main body of MS]   ┘
III 455b   Le yacht était déjà ... le Cygne   Interline, 16719:50
III 455c   le bateau ni [after de vous faire accepter]   Above-1, 16719:51
III 455d   ce yacht [after vous, m'éviter]   Above-1, 16719:51
III 455e   ┌ un bateau à voiles et une Rolls Royce   Above-1, 16719:51
            └ [Had simply: une Rolls]
III 455f   et même le yacht   Above-1, 16719:51
III 455g   ┌ l'un au port, ancré, désarmé, l'autre   Above-1, 16719:51
            │ [16719:51 had, preceding this: Et comme je ne
            │ m'en servirai pas qu'elle a chance etc. Corr.
            └ to text version]
III 455h   ┌ du yacht [after je ferai graver sur le Above-1, 16719:51
            └ See Pl.n.5]
III 456a   ┌ Quant à la Rolls, elle eût mérité   ┐ Corr. above-1,
            └ [Had: Pauvre Rolls, elle méritait]   ┘ 16719:52
III 456-57a ┌ Hélas, cette lettre feinte ... Albertine au   Layer, 16719:53
            └ plus vite (457)
   III 456-57b ┌ c'est-à-dire consacrant ce que je disais (457)   ┐ Above-1: layer,
               └ [afterthought?]   ┘ 16719:53
   III 457a   ┌ ce que je disais, elle ... que c'était faux   ┐ Above-1: layer,
               └ [afterthought?]   ┘ 16719:53
III 458a   (prononcés mensongèrement ... que j'aimais)   Above-1, 16719:53
III 458-61a ┌ Le résultat de ... auprès de moi m'enivrait   ┐ Margin & layer,
            └ (461)   ┘ 16719:53
   III 458-60a ┌ J'ouvris le journal ... reçu la consécration   Layer, 16719:53
               │ de l'habitude (460)
               └ [Probably later than III 458-61a]
   III 460-61a ┌ Dans un autre sens aussi ... cette forme du   Layer, 16719:53
               │ bonheur (461)
               └ [Possibly later than III 458-60a]
III 461a,n. Je ne dis pas ... davantage son retour   Margin, 16719:59
III 462-65a ┌ En faisant la chambre ... sang clair du rubis   Layer, 16719:55
            │ (465)
            │ [16715:46 has, in layer, a shorter version of
            │ this incident; there, it takes place before
            │ Albertine's flight, but Proust notes that he
            └ may place it elsewhere]
III 465-66a,n. J'allais acheter ... après ma mort (466)   ┐ Margin & layer,
                                                                    ┘ 16719:65
   III 466a,n. Comment pourrait-il être ... nous-même? Aussi   ┐ Further addn: layer,
                                                                    ┘ 16719:65
III 465-66b ┌ En réalité, dans ces heures ... à son souvenir   ┐ Margin & layer,
            └ (466)   ┘ 16719:57
III 466-67a ┌ Pourquoi eussé-je cru ... désirs et   Margin, 16719:58
            └ espérances? (467)
III 467a   ┌ qu'elle hésitait à croire, par exemple [after-   Above-1, 16719:59
            │ thought?
            └ MS had: annonçant]
III 467b   ┌ Il se doubla ... consternation [afterthought?   ┐ Corr. above-1,
            └ MS had: Il ne connut plus de bornes]   ┘ 16719:60
III 470-71a Mais avant de dire ... ≃ quand il me dit:(471)   Layer, 16719:66
III 472a   ┌ Ma douleur se changea ... ce que j'ai pu.   Margin, 16719:68
            │ [But 16719:69 has, crossed out: [...] "Tu n'es
            │ pas content de moi me dit-il, mais j'ai fait ce
            │ que j'ai pu. (Also crossed out, in slightly
            │ expanded form, in margin, 16719:66. See III
            └ 471 Pl.n.1.)]
III 472-73a Lâchée de nouveau ... des premiers jours (473)   Margin, 16719:69
   III 473a elle avait repris pour moi toute sa valeur   ┐ Above-1: margin,
                                                                    ┘ 16719:69
III 473b   ┌ - Mais enfin elle est bien ... Pourtant j'étais   ┐ Margin & interline,
            └ tourmenté   ┘ 16719:70
III 474a   ┌ Je lui faisais des reproches   Above-1, 16719:70
            └ [Same ink as page]

III 474-75a	Et au fond, pourquoi ... la pensée de cette vie qui m'échappait (475) [MS had simply: it could not go on]	Margin, layer, & above-1, 16719:72
III 475a	D'ailleurs ne valait-il ... pour me séparer d'Albertine?	Margin, 16719:73
III 476a	Je laissai toute fierté ... que j'en reçus un [MS has (not crossed out): de rien. Je reçus un telégr. (sic) Il était de Mᵉ Bontemps]	Margin, 16719:75
III 476b	Elle ne revint jamais	Interline: margin, 16719:75
III 477a	Car tout le temps ... mieux jugées que moi	Margin, 16719:79
III 478a	C'était le temps où ... aussi stérilement pur	Margin, 16719:80
III 479a	Alors je pensai pour ... ne serons pas dérangées."	Margin, 16719:81
III 480-81a	Françoise devait être ... connaître son bonheur."	Margin & layer, 16719: 84, & margin & layer, 16719:85
III 481a	Que le jour ... encore le jour [Later than III 480-81a]	Layer, 16719:85
III 482a	Je n'avais plus qu'un espoir ... dépouiller pour jamais	Margin, 16719:86
III 482b	par l'entrechoc de flux si contrariés [Had: d'un tel entrechoquement]	Above-1, 16719:86
III 482c	permettant de lire à l'échelle qualitative [Same ink as page. Had: indiquant par la qualité]	Above-1, 16719:86
III 483a	⌐Albertine m'avait semblé ... leur contenant et que	Above-1 & margin, 16719:87
III 483b	coup de sonnette que ... rapporteraient-elles pas [MS had: arrivée]	Interline, 16719:88
III 485-86a	Ce message téléphonique ... ç'avait été, une demi-heure après (486) [But part of 16719:95 must have been left blank for this]	Added on 16719:95, layer 16719:95, & above-1, 16719:96
III 487a	De sorte que ... grande à me voir au retour	Layer, 16719:96
III 487b	tempêtes et falaises [afterthought?]	Above-1, 16719:97
III 487c	s'éveillait en partance pour l'Italie [Probably contemporary with MS, which does not make sense without it]	Margin, 16719:97
III 488a	la visibilité de mon propre amour, ne l'avaient-ils pas	Above-1 & margin, 16719:97
III 489a	que d'autres encore éliminent [afterthought? The missing 2 words (see Pl.n.3) are also above-1, and are probably ou renfoncent]	Above-1, 16719:103
III 489n.4:III 1101-1102a:	Ces soupçons ... son voyage (1102)	Margin, 16719:103
III 489b	(portant comme je faisais ... et du passé) [Same ink as page]	Margin, 16719:104
III 492a	Parfois je me ... au moins, toute partielle	Margin, 16719:109
III 494a	Un matin, je crus voir ... beaucoup d'années encore!	Margin, 16719:115
III 494-95a	Aussitôt ce nom ... au Grand Hôtel de Balbec (495)	Layer, 16719:115
III 495-96a	Il est certain que ... la lâcheté du monde pouvait me pardonner (496)	Interline & layer, 16719:116
III 496a	J'avais rêvé ... et leur amour importun	Margin, 16719:116
III 497n.1:III 1102a:	ou comme ... cet exemple ailleurs	Margin, 16719:117
III 497a	Jamais je ne retrouverais ... qui seul est divin?	Margin, 16719:118
III 498-99a	Et en somme j'avais eu ... pas manifestée encore (499) [On layer of lined paper; but none the less seems to be late. This comparison with Swann is begun on 16720:14 verso]	Margin, 16719:119, & margin & layer, 16719:120
III 499a	(je l'avais ... ma mémoire) [afterthought?]	Above-1, 16719:120

III 500a   ⌈comme l'évolution de notre amour avait été   Above-1, 16719:121
         ⌊rapide   *[also, ≏, above-1,*
                                                               16719:120]

III 500b   longue pour moi comme un siècle   Above-1, 16719:121

III 501a   ⌈Et ainsi il me semblait ... ≏c'eût pu être une   Margin & glued-on
         autre   layer, 16719:125
         [MS has: même plus tard. Much of 16719:125 made
         ⌊*up of patched-together different sections]*

III 501-3a   Tout au plus ... suffisait à mon désir (503)   Layer, 16719:125

III 503a   ⌈La femme dont nous avons ... vers qui tend   Margin & interline,
         toute notre vie   16719:125
         ⌊*[Later than III 503-4a]*

III 503-4a   ⌈Certes même j'avais ... illusoires d'une loi de Margin, 16719:125
         ⌊causalité (504)

III 504a   J'avais cru que ... qui a le dessus   Layer, 16719:125

III 504b   ⌈Sans doute j'avais pu ... amplificateur du   Further addn: layer,
         ⌊désir + Pl.n.4   16719:125

III 504-6a   ⌈≏Le refus de Mme de Stermaria ... m'était   Layer, 16719:126
         ⌊devenue indispensable (506)

III 505a   ⌈Car ce n'était même pas ... plusieurs jeunes   Above-1: layer,
         ⌊filles   16719:126

III 505-6a   ⌈Encore dans ce cas d'Andrée ... de la séparation Further layer: layer,
         ⌊(506)   16719:126

III 506-7a   ⌈J'avais tremblé ... la vie d'un autre être   Margin, 16719:126
         ⌊(507)

III 507a   douloureuses, ces inéluctables *[afterthought?]* Above-1, 16719:126

III 507b   ⌈même que nous avions ... vérité de nos destins   Margin, 16719:127
         ⌊aussi

III 508a   ⌈à la fidélité *[after en effet maintenant;*   Above-1, 16719:128
         ⌊*afterthought?]*

III 509a   ⌈Quelle tristesse ... ≏voulu me dire: "J'ai ces   Margins, 16719:
         ⌊goûts."   130-131

III 509b   ⌈le jour où après la visite ... avec Albertine   Margin, 16719:131
         et où
         ⌊*[Same ink as page]*

III 509-10a   ⌈Mais dans notre mémoire ... Avait-elle rougi?   Below-1 & margin,
         (510)   16719:131
         [16719:131-132 had, largely crossed out: Mais
         dans notre mémoire il n'y a aucune trace de
         ⌊*cela]*

III 510a   ⌈Et maintenant elle ... l'existence de cette   Margin, 16719:132
         réalité dont
         [16719:132 has: Mais maintenant elle, crossed
         out. This addn may have been made during a
         ⌊*copying-out]*

III 510-11a   ⌈Mes curiosités jalouses ... apprendrait bien   Margin & layer,
         ⌊des choses (511)   16719:133

III 512a   ⌈J'aurais voulu ne pas ... des nouvelles   Margin, 16719:135
         ⌊curiosités

III 512b   ⌈même physiquement *[after dans la vie,*   Above-1, 16719:135
         ⌊*Albertine]*

III 512c   avec la naïveté des théologiens antiques   Margin, 16719:135

III 513a   comme disait Saint-Loup   Above-1, 16720:2

III 514a   ⌈Et puis, un seul petit fait ... qu'elle m'avait Margin, 16720:2
         ⌊quitté

III 515a,n.   ⌈Aimé, qui ... l'un de l'autre   Margin, 16720:9
         [This mode of punctuation seems to be Céleste's,
         since on 16726:32, in a passage copied by her,
         she writes: un pur relativisme" for:
         ⌊*relativisme)]*

III 515b   ⌈D'abord c'était elle ... celle-ci venait aux   Margin, 16720:9
         ⌊bains

III 516a   On espère que ... une petite apparission   Above-1, 16720:10

III 517a   ⌈auxquels l'impossibilité ... sorte de   Margin, 16720:12
         ⌊probabilité

III 517b   ⌈qu'elle n'avait pas eu le courage de se   Above-l, 16720:13
           ⌊refuser [afterthought?]
III 517c   ⌈qu'elle avait cherché à éviter ... des plaisirs Above-l, 16720:13
           ⌊et des peines [afterthought?]
III 517-18a,n.Tout de même ... avec l'amour (518)   Margin, 16720:13
III 518a   c'est parce que ... toute une double existence   Margin, 16720:14
III 519a   ⌈C'est un des pouvoirs ... par l'intérêt, par la Margin, 16720:15
           ⌊tendresse
III 520a   ⌈Je me voyais perdu ... je ne la rencontrerais   Margin, 16720:21
           ⌊jamais
III 520b   ⌈comme un ouvrier l'objet qui ... ce qu'il veut   Margin, 16720:21
           ⌊faire
III 521a   Mais cette dernière renaquit ... qui est là."   Margins, 16720:22-23
III 522a   ⌈J'essayais de ne penser ... si maintenant je   Glued in, 16720:23
           │les avais reçues
           │[Perhaps not addn; and first few words of
           ⌊16720:24 double with it]
III 522b   ⌈Le chroniqueur cynégétique ... d'une tristesse   Margin, 16720:24
           │infinie ..."
           ⌊[Rows of stops added by Pl.]
III 522-23a⌈Même quand peu à peu ... une femme qui m'avait   Margin, 16720:25
           ⌊plu (523)
III 523a   ⌈Sans doute il n'y avait rien ... ne change-t-   Margin, 16720:26
           ⌊elle pas grand'chose
III 524a   ⌈On dit quelquefois ... détachée a péri   Layer, 16720:26
           │[This, crossed out, is in margin, 16719:110,
           ⌊down to C'est peut-être]
III 524b   ⌈Ai plein de nouvelles ... lettre suit."   Above-l, 16720:27
           │[Note: originally, in 16720:27, Aimé told
           │Marcel all his news in direct speech, not in
           ⌊a letter]
III 524c   ⌈Le lendemain vint une lettre ... que lui seul   Margin, 16720:27
           │possède
           │[On 16720:26 verso, Proust notes that this
           │remark about handwriting could be applied to
           ⌊Mme de Guermantes or someone else]
III 524-25a⌈que Mlle Albertine, qui avait ... se   Margin, 16720:27
           ⌊chatouiller, à jouer (525)
III 525a   enlever et lui faisait [afterthought?]   Above-l, 16720:27
III 525b   ⌈même sur la plante des pieds ... à se pousser   Interline, 16720:27
           ⌊dans l'eau
III 525-26a,n.Quand M. de Charlus ... par Albertine (526)   Margin, 16720:29
III 528a   ⌈de marbres féminins ... sa faute. C'est-à-   ⌉Margin, 16720:33 &
           │dire au   │layer, 16720:24
           │[May not be addn, as 16720:33 margin runs   │
           │straight on from 16720:32 main MS, and MS does   │
           ⌊not make sense without it]   ⌋
III 529a   ⌈- certes quand elle eut un peu duré - [after-   Above-l, 16720:34
           ⌊thought?]
III 530a   ⌈Certes je désirais toujours ... méchamment que Margin, 16720:36
           ⌊je la savais
III 530b   ⌈Sans doute Albertine ... d'abord complaisamment Margin, 16720:36
           ⌊avoué
III 531a   ⌈D'ailleurs en avais-je ... sa jeunesse, la lui   Margin, 16720:37
           ⌊ôter
III 531b   ⌈et d'autant plus que ce foulard ... qu'on goûte Layer, 16720:37
           │le passé
           │[Including Pl.n.1. The passage is, roughly, on
           ⌊16720:2 verso, and margin, 16720:3]
   III 531n.1:III 1105a: Hors de nous? ... d'être introuvable,⌉Separately written
                mieux: │layer: layer, 16720:
                [Cp. I 642-44a]   ⌋37
III 532a   ⌈Et j'étais au fond ... était comme l'ombre de   Margin, 16720:38
           ⌊mon amour
III 533a   - la "complication" amenée -   Above-l, 16720:41
III 533-34a⌈Sans doute en moi ... l'inverse de ce qu'elle   Margins, 16720:41-42
           ⌊était autrefois (534)
III 536a   ⌈⌐pris pour point de départ ... l'avait été   Above-l, 16720:47
           ⌊l'idée contraire -

III 538a,n.	(Et même ... et mon coeur.)	Layer, 16720:53
III 538-39a	Car, quoi qu'on dise ... nous semble vraie	Margin, 16720:55
III 539a	[par un défaut d'éclairage ... manquer la pièce [& bien *[before mis en scène]*	Above-1, 16720:55
III 539b	qui devrait être cachée ... des personnages, et	Interline, 16720:56
III 539-40a	[Mais souvent même plus ... l'unité d'une [personne (540)	Layer, 16720:56
III 541-42a	[Au milieu d'autres noms ... la vie réelle qui [est mentale (542)	Margin, 16720:59
III 543a	[Mais d'abord, un souvenir ... à recréer un [souvenir & (la doucheuse, la blanchisseuse)	Margin & above-1, 16720:64
III 546a	[Et quelle difficulté plus grande ... j'eusse [moins souffert!	Margin, 16720:70
III 547a	[entre elles et avec l'amie de Mlle Vinteuil [*[afterthought?]*	Above-1, 16720:72
III 547b	[en découvrant cette Andrée nouvelle *[after-* [*thought?]*	Above-1, 16720:73
III 549a	[préférant avoir l'air de ne pas vouloir *[after-* [*thought?* [MS had: embarrassé de *]*	Above-1, 16720:78
III 549-50a	[Je lui demandai si ... le souvenir de cela." [(550)	Margin, 16720:79
III 550a	[qu'après avoir si souvent cherché à me les [imaginer [*[Same ink as page]*	Above-1, 16720:80
III 550b	[Si l'on entend d'une pièce voisine et sans [rien voir [*[Same ink as page]*	Margin, 16720:80
III 551a	[Les romanciers prétendent ... mais nous ne le [rencontrerons jamais	Margin, 16720:82
III 551-52a	[Différant en cela encore ... pu désirer la [présence (552) [*[Last words now indistinguishable]*	Layer, 16720:84
III 552-53a	[Et parmi ces dernières ... frais d'une grappe [de raisin (553)	Margin & layer, 16720:84
III 553-54a	[Car *[last word of 553]* nos sensations ... [l'aimait bien." (554) [*[May be contemporary with main MS, since [blank space left for it]*	Layer, 16720:87
III 554a	[Autrefois, mon temps ... prolongeait [indéfiniment	Margin, 16720:88
III 554b	[De sorte que j'aurais pu ... une habitude qu'une [personne	Interline, 16720:88
III 555a	[même rien de mieux *[after désirer rien d'autre;* [*afterthought?]*	Above-1, 16720:89
III 557-58a	[Et j'aurais vraiment bien pu ... d'autres [présents de Gilberte (558)	Margin & layer, 16720:96
III 558-59a	[Et pourtant, si on ... y restait imprimé comme [en creux (559) [*[16720:98 has, crossed out: Quand l'hiver fut* [revenu un beau dimanche de Toussaint, j'allai [me promener au Bois. [Probably later than III 559-60a *]*	Margin & layer, 16720:97, & margin, 16720:98
III 559-60a	Je fredonnais ... se désagréger devant moi (560)	Margin & layer, 16720:98
III 560a,n.	D'ailleurs ... en arrière	Margin, 16720:99
III 561a	[Ma jalousie étant tenue ... pas", que dans un [cimetière	Margin, 16720:100
III 561b	Et parfois la lecture ... effets très courts	Margin, 16720:101
III 563a	[d'excellente famille ... vaguement aux [Guermantes *[afterthought?]*	Above-1 & margin, 16720:105
III 563b	Que de fois j'avais ... par ce regard dissimulé	Margin, 16720:105
III 563c	- presque à demi mienne -	Margin, 16720:105
III 563d	[Mon coeur battait ... j'étais amoureux fou [d'elle	Margin, 16720:105
III 564a	Qui n'a au cours ... aiguë mais brève, et	Margin, 16720:106

III 564b	à la façon d'un romancier qui ... un personnage imaginaire *[MS had simply: et par erreur fondus ensemble]*	Margin, 16720:107
III 564-65a	Dès lors je ne pouvais ... dans un coin de salon) (565)	Margin & layer, 16720:107
III 565a	et (je ne pensais pas ... l'homme qu'échauffe l'espérance, je remarquais *[MS had simply: Marcel would go to see Mme de Guermantes]*	Layer, 16720:107
III 566a	simple, grande et blonde *[Looks more like mince than simple]*	Interline, 16720:109
III 566-67a	Et moi, connaissant ... je souris et (567)	Margin, 16720:110
III 567a	Et elle n'est pas restée ... moins vivement."	Margin, 16720:110
III 567b	et d'y rester s'il lui plaisait	Not in 16720:110
III 567c	Au-dessus du jour blême ... la laitière aux joues roses *[MS had simply: le carreau était tout rose de l'aurore d'hiver]*	Above-1 & margin, 16720:110
III 568a,n.	Et j'entendais ... naquis!"	Margin, 16720:111
III 568b	ce n'est pas un certain ... un des lecteurs du journal	Margin, 16720:111
III 568-69a	(pour rester dans ... lentement exprès) (569) *[Perhaps not later addn]*	Above-1, 16720:112
III 569a	fin plus belle ... de son début) *[Perhaps not later addn]*	Below-1, 16720:113
III 572n.1:III 1109-10a:	Le grand fait ... ne me connaissait pas, ne ... (1110)	Not in 16720:116, nor 16749:26
III 573a	Et en effet, depuis ... de la jalousie de Swann *[Spills into page. MS had, crossed out: Ah! vous connaissez Mlle de Forcheville me dit Madame de Guermantes]*	Margin, 16721:2
III 576-77a	Mme de Guermantes avait même ... riait de tout son coeur (577)	Margin & layer, 16721:10
III 578-79a	après leur mort. Elle avait presque ... toutes les familles royales (579) *[Perhaps not addn. An early version, crossed out on 16721:11, attributes Mme de Guermantes's changed attitude simply to curiosity]*	Margin & layer, 16721:11
III 580-81a	"Je sais très bien ... sans être grossier (581)	Margin & layer, 16721:14
III 583a	Elstir était maintenant ... les Guermantes sont représentatifs *[MS had simply: public taste was gradually changing]*	Above-1 & margin, 16721:20
III 585-86a	Si honteuse que Gilberte dût être ... avec une sincérité complète + Pl.n.1 (586) *[Last word no longer there]*	Layer, 16721:25
III 586a	Sans doute, Gilberte n'allait pas ... personnellement", reprit Gilberte (586) *[However, 16721:25 has, crossed out: Gilberte n'allait]*	Layer & margin, 16721:25
III 587-88a	Malgré cela, dans ... admirateur de Saint-Simon (588)	Margin & layer, 16721:28
III 588a	Elle aimait aussi ... que sur M. d'Agrigente	Further layer, 16721:28
III 588b	"Oh! pauvre Babal ... ni l'un ni l'autre." *[Later than III 587-88a and III 588a]*	Layer, 16721:28
III 589a	"de l'enflure *[afterthought?]*	Above-1, 16721:30
III 589b	"Vous ne voulez pas ... cesser de le ressentir	Margin, 16721:31
III 589c	je n'ai eu que le temps de me rattraper	Above-1, 16721:31
III 589-91a	Le lendemain je reçus ... qui m'avait écrit (591)	Starts in MS page, but could be addn, and continues on layer, 16721:32

III 590a	comme un compresseur se soulève [afterthought?]	Above-1: layer, 16721:32
III 591a	[Le surlendemain matin ... avec désolation. [Quoi?	Margin, 16721:33
III 592-93a, n.	Je n'aimais plus ... qu'ils ont perdue	Margin, 16721:38
III 593a	tout d'un coup & effectif et [afterthought?]	Above-1, 16721:39
III 593b	de réparer le temps perdu [afterthought?]	Above-1, 16721:39
III 594a	[et la tristesse [after Peut-être alors la [fatigue; afterthought?]	Above-1, 16721:41
III 595-96a	[parler avec apitoiement parce qu'on ... tendresse de seconde main (596) [Probably not late addn, as continues straight [on from main MS, 16721:42]	Layer, 16721:43
III 596a	⌒ Elle avait hésité ... plaisir rentré tôt	Margin, 16721:43
III 596b	Elle était en effet revenue ... voix du mercredi	Margin, 16721:44
III 596c	[Ma mère, du reste ... tous les dix ans [[Later than III 596a]	Margin, 16721:44
III 597a	[Elle n'avait pas grand temps ... un plaisir [complet	Margin, 16721:45
III 597-98a	Il est vrai que ... celui des domestiques (598)	Layer, 16721:45
III 599a	Et même ... besoin de sa présence. D'autre part	Margin & above-1, 16721:46
III 599b	[toute idée de caprice ... étant écartée [after- [thought?]	Above-1: margin, 16721:46
III 599c	(dans l'espoir ... avec Albertine)	Margin, 16721:46
III 599-600a	[Du reste ce n'était pas ... qu'elle s'était [elle-même tuée (600)	Margin, 16721:47 & layer, 16721:46
III 600-601a	[Je dois avouer que ... cacher sa rougeur." [(601)	Further layer, 16721: 46
III 601a	Tel le malheur ... révélation d'Andrée	Above-1, 16721:47
III 602-3a	[En tous cas, c'était ... me plaçant dans [l'hypothèse où (603)	Margin & above-1, 16721:49
III 603a	d'inventer un mensonge	Above-1, 16721:50
III 603b	[elle me croyait plein de bonheur ... loin. [Peut-être était-elle irritée	Margin & above-1, 16721:50
III 603c	qui depuis vivait avec Rachel et	Above-1, 16721:50
III 604a	[⌒ Car elle n'était pas ... mes deux séjours à [Balbec	Margin & layer, 16721:51
III 605a	malgré le désespoir de ... ne tint aucun compte	Interline, 16721:51
III 605b	[ratifiant ainsi, à mon propre ... opinion de [Rachel	Above-1, 16721:51
III 605c	(pour ennuyer ses parents ... surprendre Morel)	Margin, 16721:52
III 606a	[D'ailleurs je ne suis pas sûr ... le regard d'un penseur [But line left blank in MS, probably for some observation like this, so perhaps not late addn]	Margin, 16721:54
III 607a	[les chefs-d'oeuvre peut-être ... sont sortis non [[MS had: ce n'était pas]	Margin, 16721:55
III 607b	[En tous cas à cette époque ... de la "brute [épaisse"	Layer, 16721:55
III 607-8a	[elle ajouta que la principale ... Cette idée [réveilla ma jalousie et (608)	Margin & interline, 16721:56
III 610a	[Peut-être vivons-nous ... la vérité des [caractères	Margin, 16721:59
III 610b	si triste malgré tout ... des paroles d'Andrée	Above-1, 16721:59
III 610c	[et aussi le soir où j'avais vu ... ne pourra [domestiquer	Margin & above-1, 16721:59
III 611a	[Et ces charmes qui ... de sensibilité et [d'esprit	Layer, 16721:61
III 611b	[de sorte qu'on a tort ... il ne peut être que [mauvais	Margin, 16721:61
III 611-12a	[Ces derniers mots m'accablaient ... ce camp d' aviation, etc. (612) [Ces derniers ... Puis rather later than rest. [The whole addition is later than III 612-14a]	Layer, 16721:63 [Layer given pagination 62 by BN]
III 612-14a	[Quand Andrée fut partie ... quand elle vivait [ici, d'après vous (614)	Further layer, 16721:63

III 614a	sur cette canaille, vous savez ... choux", ce jeune homme [MS has, crossed out: sur ce neveu des Verdurin]	Margin, 16721:63
III 614-15a	Du moins Mme Bontemps ... n'empêchant pas de se marier (615)	Margin, above-1 & layer, 16721:64
III 615-17a	Mais il faut surtout ... Mais personne n'y croit (617)	Margin & layer, 16721:66
III 617-18a	En somme je ne comprenais toujours pas ... véritable rencontre possible (618)	Margin & layer, 16721:67
III 617-18b	Les mobiles sont dans ... qui l'était peut-être! (618)	Layer: margin, 16721:67
III 619-20a	Et puis il n'y a pas ... cette explication et je me disais (620)	Margin & layer, 16721:70
III 621a	et, à cause de cela, la manifestent avec ... tout à fait lucide	Margin, 16721:73
III 623a	(et cette dernière fois ... tout à fait arrivé)	Margin, 16721:78
III 623b	(parce que cela ... aux souvenirs de Combray)	Margin, 16721:79
III 624a	dans cette nouvelle ville aussi	Above-1, 16721:80
III 625a	en cachant ses larmes [after que ma mère l'avait afterthought?]	Above-1, 16721:85
III 626a	(exceptons ... Dethomas)	Above-1, 16721:87
III 626b	les allumettières, les enfileuses de perles	Margin, 16721:87
III 626c	les petites ouvrières ... noirs à franges	Above-1, 16721:87
III 626d	Qui aurait pu me dire... à la recherche des Vénitiennes	Margin & interline, 16721:88
III 630a	comme au sommet d'une vague bleue	Margin, 16721:97
III 630b	et cabrée, qui s'effarait ... et le marbre retentissant	Margin, 16721:97
III 630c	même seulement pour ... et corner des cartes	Above-1, 16721:97
III 630-39a	Plusieurs des palais ... la direction du Rhin." (639) [But the meeting with, and invitation to, Mme Sazerat is in margin, 16721:97; and some of the rest is in the layer, 16721:97, which is reproduced in Pl. appendix, III 1051-54. See below, III 630n.1:III 1051-54a]	Not in 16721:97; in 16749:127-142
III 630n.1:III 1051-54a:	Plusieurs des palais ... invisible à moi-même (1054)	Layer, 16721:97 [This layer is given pagination 96 by BN, but is attached to 97]
III 1051a	salle aux piliers ... entière à fresques [More added, perhaps, but illeg. and torn]	Above-1: layer, 16721:97
III 1051b	protégés d'ailleurs ... au chapiteau d'or [Pl. has [...] for or]	Above-1: layer, 16721:97
III 1052a	avec une familiarité qui m'étonna	Above-1: layer, 16721:97
III 1052b	Il est charmant, il ressemble ... en mieux."	Above-1: layer, 16721:97
III 1052-53a	non sans rudesse. Je ... un masque de Carnaval (1053)	Further layer: layer, 16721:97
III 1053a	≏que voulez-vous & vous ne voulez pas ... cuisine italienne."	Above-1 & layer: layer, 16721:97
III 1053b	Mme de Villeparisis ne répondit pas ... dans un murmure:	Further layer: layer, 16721:97
III 1053c	en mettant le mot comme entre guillemets	Further layer: layer, 16721:97
III 639a	Rien que pour ... Raffineries Say	Above-1, 16721:99
III 640a	hypocritement [after expression presque aussi]	Addn, 16721:102
III 641a	Une autre fois, à ... données à Albertine	Margin, 16721:102
III 642a	Et en m'apercevant ... parce qu'on a oublié [But moves into bottom of 16721:104, which is left blank]	Margins, 16721:104-105
III 643a	Et si, quand Swann ... que comme l'absence	Margin, 16721:106
III 643b	et de pouvoir être réuni à elle [afterthought?]	Above-1, 16721:107

III 644a	[la pensée ayant un pouvoir ... que n'ont [pas les tissus	Margin, 16721:108
III 644b	[J'avais définitivement ... loi générale de l' [oubli [A crossed-out first draft, almost identical, is in margin, 16721:110]	Margin, 16721:109
III 645a	[Mais alors je songeai: ... du désir de l' [immortalité [Later than III 644b]	Margins, 16721:109- 110
III 645b	⌐plus que dans une peinture de la Renaissance [A comparison with Veronese is in MS, crossed [out]	Margin, 16721:110
III 647a	pendant quelques instants [afterthought?]	Above-1, 16721:116
III 647b	et bientôt dissipé [afterthought?]	Above-1, 16721:116
III 648a	[où le temps était particulièrement beau [[afterthought?]	Above-1, 16721:116
III 648b	⌐"loopings"	Above-1, 16721:118
III 648c	[à grand renfort d'ailes [[Had: et dans toutes sortes de positions sans cesse de faire manoeuvrer les ailes]	Corr. above-1, 16721:118
III 648d	[de Garros [[Had: des frères Wright]	Corr. above-1, 16721:118
III 649a	[(cause plus profonde ... fera souffrir) [[afterthought?]	Above-1, 16721:120
III 650a	[Le soir, avec leurs ... étroitesse de ces calli [[Cp. II 572-73a]	Margin & layer, 16721:122
III 651-52a	[je [last word of 651] demandai ... au sérieux [ma prière [Had: tandis que la certitude que ma mère ne voudrait pas remettre le départ]	Margin, 16721:125
III 652a	[à un complot imaginaire ... forcé d'obéir, [cette volonté	Margin, 16721:125
III 652b	[si c'était sérieux ou non ... regarder [l'enveloppe	Above-1 & margin, 16721:125
III 655n.4:III 1116a:	- malgré tout ... d'un astre -	Margin, 16722:14
III 655a	[qu'elle avait seulement ouvertes [afterthought? [Had: non encore ouvertes]	Above-1, 16722:14
III 655b	[tâcha que moi-même ... pour prendre la lettre [[afterthought?]	Above-1, 16722:14
III 657a	chez la mère de Robert ... de son fils	Above-1, 16722:18
III 657b	voyant qu'on n'était pas ... pour la soif	Margin, 16722:20
III 658-59a	[Ma mère, tout en maintenant ... épargnait un [dernier chagrin (659) [But room left on page, so perhaps not late]	Margin, 16722:22
III 659a	[crois-tu tout de même ... familiales un autre [jour."	Margin, 16722:23
III 660a	[Devant tout événement ... n'eût pu le supporter [[This, approximately, on 16722:23 verso]	Margin, 16722:24
III 660b	ne voulait pas, dans ... Pl.n.1. Elle	Margin, 16722:25
III 661a,n.	[Ce que j'appris ... eurent lieu immédiatement [[Down to avait pensé que c'était un. See Pl. n.2. The rest is reproduced in 16749:177-78, with some corrections, a few of which are not in the Pl. version but which seem to be made from an authentic copy]	Margin, 16722:26
III 662-64a	[Ces fiançailles excitèrent ... c'est mon pater." [[But room left for margin addn on page]	Margin & layer, 16722:27
III 664a	qu'elle trouvait un homme distingué	Margin, 16722:28
III 664b	qui changeait la conversation ... de Legrandin	Margin, 16722:28
III 665a	[j'ai toujours dit qu'ils faisaient [after- [thought? [MS had: Ce sont]	Above-1, 16722:28
III 665n.1:III 1116b:	Legrandin s'était ... à 55 ans	Above-1, 16722:29
III 669a	(et bientôt après ... duchesse de Guermantes)	Above-1, 16722:37
III 669b,n.	Tout ce qui ... de connaissance."	Margin & layer, 16722:37
III 670a	[cette duchesse de Guermantes [after l'ont [entendue; afterthought?]	Above-1, 16722:38
III 670b	puis la duchesse de Guermantes [afterthought?]	Above-1, 16722:39

III 670-71a   ⌈ D'ailleurs bientôt le salon ... un nid   ⌉ Margin & layer,
           ⌊ silencieux (671)   ⌋ 16722:40
III 674a   ⌈ Aussi ma mère, pour ... ne tarda-t-elle pas à   Margin, 16722:48
           ⌊ ajouter:

III 675a   "Il paraît que ... qui les possédera."   Margins, 16722:49-50
III 675b   mais révèle aussi d'autres lois + Pl.n.3   ⌉ Addn towards bottom of
                                         | p., 16722:51 [very
                                         | wide top & bottom
                                         | margins on this page,
                                         | which is an old one
                                         | containing only the
                                         ⌋ one sentence]

III 676a   qui ne salue même pas le curé [afterthought?] Above-1, 16722:53
III 676-77a   Je vis d'ailleurs ... ≏ disparu: mon amour (677) ⌉ Margins & above-1,
                                         ⌋ 16722:54-55
III 677a,n.   Ce déplacement ... pendant quelques jours   Layer, 16722:55
III 678a   On trouvait même ... aveugle devant l'évidence Margin, 16722:55
III 678b   malheureusement [after Mais j'avais été]   Margin, 16722:55
III 679a   ⌈ Maintenant je comprenais ... sur Albertine   Margin, 16722:58
           ⌊ + Pl.n.1
III 679-80a   Si donc, sauf en ... amenât des amies (680)   Layer, 16722:58
III 680-81a   ⌈ L'occasion de cette conversation ... en ce   ⌉ Margin & layer,
           ⌊ même Balbec (681)   ⌋ 16722:59
  III 680a   dans cette première phase [afterthought?]   ⌉ Further addn: margin,
                                         ⌋ 16722:59
  III 681a   humoristiques ou autres [afterthought?]   ⌉ Above-1: layer,
                                         ⌋ 16722:59
III 681-82a   ⌈ Du moins je le crus ... qui lui avait plu   Margin, 16722:60
           ⌊ + Pl.n.1, 682
III 682a   ⌈ Les choses, en effet ... aimait encore   Layer, 16722:60
           ⌊ uniquement les femmes
III 683-84a   ⌈ Mais si Robert trouvait ... jamais été aussi   ⌉ Margin & layer,
           ⌊ élégante (684)   ⌋ 16722:61
  III 684a   - qui se trouva d'ailleurs ... millions promis - ⌉ Above-1: layer,
                                         ⌋ 16722:61
  III 684b   Forcheville ayant presque tout mangé   ⌉ Above-1: layer,
                                         ⌋ 16722:61
III 685a   ⌈ où il s'attachait à elle ... en public dans sa   Above-1, 16722:62
           ⌊ jupe
III 686a   - invisible pour moi -   Above-1, 16722:65
III 687a   ⌈ si blond, d'une matière ... son monocle devant Margin, 16722:67
           ⌊ lui

Le Temps retrouvé

Le Temps retrouvé

Notes and Descriptions

(1) <u>n.a.fr. 16722-16727</u>. The manuscript. As the Pléiade editors point out (III 688 <u>n</u>.1), there is no break indicated after <u>La Fugitive</u>; <u>Le Temps retrouvé</u> continues in the same Cahier, 16722 (as, in fact, did <u>La Fugitive</u> after <u>La Prisonnière</u>, in 16719). The typescript of <u>La Fugitive</u> (16748-49), however, ends at 'que je me reproche le plus' (III 697).

The whole of 16726 seems to have been conceived separately, though it could not possibly be later than the other near-definitive Cahiers of <u>Le Temps retrouvé</u>: quite apart from its subject-matter, it contains some old MS paper and typescript (described just below). It gives the section beginning 'Et, repensant à cette joie', III 877, and ending 'et que nous n'aimons plus', III 917. 16725:137, however, continues after 'dans l'action effective', III 877, with 'A ce moment le maître d'hôtel', III 918; the whole Cahier 16725 ends at 'n'étant pas liée plus forcément', III 918, and 16727 (whose cover is numbered by Proust <u>19</u>, corrected to 20) then goes straight on: 'forcément à la solitude'. Proust must have written out all of 16726 at the same time as the rest, perhaps even before; but he may have been unsure precisely where to place it.

III 883-89a gives details of some <u>Du Côté de chez Swann</u> typescript to be found in this 'separate' Cahier (16726: 8); and two glued-together cut-out sheets attached to 16726:17 are also almost certainly early, since they are of the paper with a double red margin of which much of n.a.fr. 16703[1] is composed. They are written on in the small, near-illegible handwriting of the 1911 period, and contain an eventually excised (or reworked) discussion of art.[2]

The last two pages of 16727 (124, 125) are, as may be gathered from the Pléiade editors' notes for III 1047-48, in a state of extraordinary confusion. I have done the best I can to divide the comparatively early and the comparatively late, but it was not always easy.

(2) n.a.fr. 16750, 16751.   The typescript, starting at 'Toute la journée', III 697. A posthumous copy, to which the table hardly refers.

(3) Names.   In 16722-16727:

Morel often appears as Bobby Santois; Pl. notes point this out. Norpois sometimes appears as Brichot (see III 781n.2; III 783nn.3, 4, 5; III 784nn.3, 4; III 785n.1); Charlus, once, as M. de Gurcy (Pl. reads this as 'M. de Quercy': see III 860n.2); and Mlle de Stermaria as Mlle de Kermaria (see III 976n.1).

---

1 The MS fragments of Du Côté de chez Swann already mentioned (Part II, pp. 54, 169).

2 See above, Part I, Ch. 1, p. 59n.1.

Le Temps retrouvé

Table of Additions

III 691a	⌈Je n'aurais d'ailleurs pas ... que j'avais ⌊eues du côté de Méséglise	Layer, 16722:69
III 691-92a	⌈Les promenades que ... la Vivonne mince et ⌊laide (692) [See III 693 for last part of this in MS (16722:71)]	Layer, 16722:70
III 692a	⌈Et elle-même avait tant ... ne l'était plus ⌊du tout	Margin, 16722:70
III 692b	⌈Nous causions, très agréablement ... avions en ⌊nous promenant	Margin, 16722:70
III 692c	≏ et en tournant ensuite à droite [afterthought?]	Above-1, 16722:70
III 693a	Mais quand elle vérifia ... elle dînait si tard!	Margin, 16722:72
III 693b	⌈peut-être simplement ... que vous semblez ⌊apprécier	⌉Probably addn, ⌋margin, 16722:72
III 693c	⌈Épanchant brusquement ... l'autre jour du ⌊raidillon	Margin, 16722:72
III 694a	Et tout d'un coup ... que Saint-Loup Rachel	Margin, 16722:73
III 694-95a	Je ne pensai pas à ... c'est le Chagrin (695)	Layer, 16722:73
III 695-96a	⌈Si, pourtant ... ridicule, et "entraînant" ⌊(696)	Further layer, 16722:73
III 695a	car j'avais déjà vu ... amenée par le Temps	⌉Above-1: further ⌋layer, 16722:73
III 695b,n.	Je lui demandai ... nos douleurs	⌉Margin: further layer, ⌋16722:73
III 696a	Je ne lui demandai pas ... composent en partie	Margin, 16722:74
III 697a	⌈En somme, elle résumait ... du côté de ⌊Méséglise	Margin, 16722:74
III 697b	⌈Toute la journée, dans ... que vous passez au ⌊lit - [Later than III 697-98a]	⌉Margin & layer in ⌋margin, 16722:78
III 697-98a	⌈toute la journée, je la passais ... un rayon de ⌊soleil (698)	⌉Margin & layer, ⌋16722:78
III 697c	et les lilas de l'entrée	⌉Later addn, margin ⌋& layer, 16722:78
III 698a	⌈comme certaines femmes qui ... représenter les ⌊autres) [See III 665, where equivalent passage not addn]	⌉Margin & interline, ⌋16722:79
III 699a	⌈et même l'impatience ... de se développer ⌊[MS page cut, however, just before this]	⌉Margin & layer, ⌋16722:80
III 699b,n.	Ma mémoire ... ne trouvais pas	⌉Margin & layer, ⌋16722:81
III 700a	Je comprenais du reste ... à Tansonville	Margin, 16722:82-83
III 700n.6:III 1120a:	Santois imitait ... dans la	Margin, 16722:83
III 700-701a	⌈Françoise, qui ... à lui-même de grands revers ⌊(701)	⌉Margin & layer, ⌋16722:83
III 701a,n.	Par politesse ... Sanilon	⌉Interline: layer, ⌋16722:83
III 702a	⌈Ne trouves-tu pas ... les cheveux pour paraître ⌊brune	Margin, 16722:84
III 702-3a	Puis, sentant que ... et cernait ses yeux (703)	Layer, 16722:84
III 703-4a	J'eus du reste l'occasion .... à ma mère." (704)	Layer, 16722:85
III 703a	(pour anticiper ... à Tansonville)	⌉Above-1: layer, ⌋16722:85

III 703b	Même immobile ... en mouvement, en action	] Further layer: layer, 16722:85
III 704a	moitié mondaine, moitié zoologique	] Above-1: layer, 16722:85
III 704-5a	[Quant à cet amour ... sans plaisir, des maîtresses (705)	Margin, 16722:85
III 705a	[Il est possible que ... pour les nègres	Interline, 16722:85
III 705b	[Moi, je suis un soldat ... autant qu'en sanscrit."	Interline, 16722:85
III 706a	Ce qui est curieux ... l'enchantement ait cessé	Margin, 16722:86
III 706n.3:III 1120-21a: Je parlai ... sens particulier (1121)	Margin, 16722:87
III 707a	J'étais triste ... longtemps avant ma naissance	Margin, 16722:87
III 707-8a	[Un jour pourtant ... et dominant reste difficile (708)	Layer, 16722:88
III 708a	[et pour m'éblouir à Paris ... Gilberte qui me mentît	] Further addn: layer, 16722:88
III 708b	[au cours d'un flirt qu'il ... qui l'intéressait	] Further addn: layer, 16722:88
III 708c,n.	Pour me décider ... que du dehors [However, this is in main MS, 16722:88, where first word is pu. Cp. III 707: the passage was doubtless intended as: J'ai, du reste, été fiancé, mais je n'ai pas pu me décider à l' épouser (et elle y a renoncé elle-même etc., as III 708n. It is A. Pugh who ingeniously suggests this reading in his unpublished thesis, p. 483]	Further addn to layer, 16722:88
III 708-9a	[pour lire avant de m'endormir ... j'avais envie de les voir (709) [But 16722:88 has, crossed out: Gilberte lent him volume of Goncourt, which consoled him somewhat for his discouragement at not writing, and which also made him regret his unfulfilled desires]	Layer, 16722:88
III 709a	[par un crépuscule ... des anciens pâtissiers [afterthought?]	Margin, 16722:101
III 710a	[La maîtresse de la maison ... effeuillaison de la fleur	Margin, 16722:103
III 711a	[quotidiennement [after qu'entre-regarde; afterthought?]	Above-1, 16722:104
III 714a	[On ne l'appelait chez nous que ... Lui-même en aurait ri	Margin, 16722:113
III 714b	Il n'a jamais su faire un bouquet	Margin, 16722:113
III 715a	[de ce coiffage, idée [after qui aurait donné l'idée; afterthought?]	Above-1, 16722:114
III 715b	[qui était son neveu préféré [after par le célèbre duc]	Above-1, 16723:2
III 715c	depuis Mme d'Hazfeld	Above-1, 16723:2
III 715d	et de la princesse de Hanovre	Above-1, 16723:2
III 716a	[suggestive [after le renvoyer. Et la; after-thought?]	Margin, 16723:3
III 716b	[sur un signe gracieux de la maîtresse de maison [afterthought?]	Above-1, 16723:3
III 716c	ce qui, de fil en aiguille ... toute semblable [Had: tandis que Madame Cottard dit qu'un fait (corr. from idée) semblable]	Above-1, 16723:4
III 716d	l'Écossais	Above-1, 16723:4
III 716e	un très grand	Above-1, 16723:4
III 717a	[et d'ailleurs, c'était ... donc le journal de Goncourt	Margin, 16723:5
III 717b	Prestige de la littérature! [afterthought?]	Above-1, 16723:5
III 717c	Une vieille femme ... dans mes oreilles	] Above-1 & margin, 16723:6
III 718a	[Je résolus de laisser ... ≏à divers points de vue	Margin, 16722:91

III 719a	⌈ Il en résultait qu'en ... une vérité d'art │ [Some of this, very roughly, is in 16722: ⌊ 89-90, crossed out]	⌉ Margin & above-1, │ 16722:92
III 719-20a	Quand on lit des ... une Figure!" (720)	Margin, 16722:93
III 720a,n.	puisque le Journal ... le Curé de Tours	Margin, 16722:94
III 721a	⌈ D'ailleurs tous ces faits ... cinquante ans ⌊ plus tôt	Margin, 16722:95
III 721-22a	⌈ que j'eusse, si je ne l'avais pas connue ... ⌊ donnait pas, et (722) [afterthought?]	Margin, 16722:96
III 723a	⌈ ce qui forçait à changer de dictionnaire pour ⌊ lire [afterthought?]	Margin, 16722:99
III 723b	Je rentrai alors ... rejoint ma maison de santé	Margin, 16723:8
III 723c	⌈ ayant envie d'entendre ... alors, la guerre ⌊ [Also in margin, 16723:7, crossed out]	Margin, 16723:8
III 723d	non seulement de toilettes "floues"	Above-1, 16723:8
III 724a	par leur thème décoratif	Above-1, 16723:8
III 724b	Le Louvre ... longtemps sevrées"	Margin, 16723:9
III 724c	⌈ sensationnelle ⌊ [Had: artistique]	⌉ Above-1: margin, │ 16723:9
III 724-25a	⌈ Les tristesses de l'heure"... individuelles de ⌊ chacun." (725)	Margin, 16723:10-11
III 726a	⌈ (Ils étaient d'ailleurs ... l'art admiré ⌊ jusque-là.)	Margin, 16723:12
III 727a	⌈ Dans le monde (et ... l'irreligion, l'anarchie, │ etc. ⌊ [Later than III 727b]	⌉ Margin & layers, │ 16723:13
III 727b	Aussi le dreyfusisme ... les os sous la peau	Margin, 16723:13
III 728a	⌈ (A vrai dire ... infiniment plus grande ⌊ + Pl.n.1.)	Layer, 16723:14
III 728b	Les mots de dreyfusard ... chouan ou bleu	Margin, 16723:14
III 728c	⌈ avant que l'Allemagne ... dans la peau. En un ⌊ mot	Margin, 16723:14
III 729a	⌈ Quelquefois on voyait ... et avant la fin du ⌊ premier mois	Margin, 16723:16
III 729-30a	⌈ en un mot tout ce que le public ... parmi les ⌊ anciens fidèles (730)	Layer, 16723:16
III 730a	⌈ Or Morel n'aurait pas dû ... personne ne le │ savait ⌊ [Later than III 730-31a]	⌉ Margin & layer, │ 16723:16
III 730-31a	⌈ Une des étoiles du salon ... dans un décor ⌊ sombre (731)	⌉ Margin & layer, │ 16723:16
III 731a	Je dois dire que ... à tous les excès de table	⌉ Further layer: layer, │ 16723:16
III 731- 32a,n.	⌈ Je vis ... n'intéresseront plus (732)	⌉ Interline & margin: │ layer, 16723:16
III 732a	On fut très étonné ... d'échecs définitifs	Further layer, 16723:16
III 732-33a	⌈ Les choses étaient ... se résignaient à la │ simplicité (733) ⌊ [Last word illeg.]	Layer, 16723:16
III 733a	⌈ Mme Verdurin disait:... égard à la naissance ⌊ [Most of 16723:17 blank]	Margin, 16723:17
III 733-34a	⌈ Tous ces téléphonages ... démenties par l' ⌊ événement (734)	Layer, 16723:17
III 735a	⌈ du restaurant où ... un soir de perme ⌊ [Had: aux chasseurs du Cirro (?) ou de Larue]	⌉ Corr. above-1, │ 16723:19
III 735-36a	⌈ Ah! si Albertine ... de voisin à la campagne ⌊ (736)	⌉ Margin, 16723: │ 19-20
III 736a	⌈ Celui-ci donnait de ... Mais au printemps au ⌊ contraire	⌉ Layer, 16723:20 & │ margin, 16723:21
III 737a	une fois que Bloch nous avait eu quittés	Above-1, 16724:2
III 737b,n.	Saint-Loup revenait ... de chronologie	Margin, 16724:2
III 738-39a	⌈ "Est-ce que tu ... qu'ils ont peur." (739) │ [MS had simply: Or je m'étais absolument trompé. │ A rough version of this addn, crossed out in │ margin, 16724:4, has Mlle de Bressac, not Mlle ⌊ de Guermantes]	⌉ Margin & layer, │ 16724:3

III 739a	⌈Mais Bloch avait complètement ... le ramenais chez lui quand	Margin, 16724:4
III 740a	⌈Guillaume" ⌊[Had: eux]	Above-1, 16724:6
III 740-41a	⌈"Il paraît qu'il est ... Un point, c'est tout." (741) ⌊[Down to aussi rageur (741) later than rest]	Margin & layer, 16724:6
III 742a	⌈tacite & dans son amour de la France [after-thought?]	Above-1, 16724:7
III 743a	⌈Les jeunes socialistes ... vaines et haineuses formules	Margin & layer, 16724:10
III 743-44a	⌈et qui, joint à un certain ... - le guérissait (744)	Margin, 16724:11
III 744a	En avons-nous ... divers théâtres d'opérations [Spills into blank part of page]	Margin, 16724:12
III 744b	pour qu'il le dénature d'ailleurs	Above-1, 16724:13
III 746a	⌈le roman passionné [Seems to be only afterthought? MS does not make sense without it]	Above-1, 16724:16
III 746-47a	⌈Je parlai à Saint-Loup ... faire réformer son neveu?" (747)	Margin, 16724:19
III 747a	avait prétendu qu'il ... "défectuosités" et	Layer: layer, 16724: 18 [BN gives the main layer, an unpublished passage, a page-number to itself - 18 -, even though it is attached to p.19]
III 747b	⌂de les avoir provoquées	Layer: layer, 16724:18
III 747c	⌈il avait même cru ... "décrépir". Ce germanophobe	Layer, 16724:19
III 747d, n.	⌈Il trouvait ... aussi vite [I could not find this addn, to which Pl. clearly had access]	Not in 16724:19; relevant pp. missing in TS (16750: between 78 & 79)
III 747e	⌈Sans doute le lift ... ce que nous avions cru ["prendre [ses] galons comme concierge" appears also in margin, 16711:72]	Layer, 16724:19
III 748a	Et lui dire ainsi ... lui envoyer un calembour"	Margin, 16724:20
III 748-50a	⌈Elle ne perdait pas ... la coutume - pissetières (750)	Margin & layer, 16724:21
III 750a	Au moins était-elle ... pour le faire réformer [Probably later than III 750-51a]	Margin, 16724:22
III 750-51a	⌈Le maître d'hôtel n'eût pas ... pas battu mais vainqueur (751)	Margin & layer, 16724:22
III 752a	⌈Tout au plus me dit-il ... me fâchait davantage encore, c'est qu'	Margin, 16724:25
III 753a	⌈L'épopée est tellement belle ... Hugo, Vigny ou les autres	Margin, 16724:27
III 753b	subitement labourée ... même détachée du tronc [MS had: détachée du corps par un boulet]	Above-1, 16724:27
III 754a	le "fléau" [MS had simply: la guerre]	Corr. margin, 16724:28
III 754b	écrivant des poèmes [afterthought?]	Above-1, 16724:28
III 755a	nouvelle [after de mon arrivée, une]	Margin, 16724:30
III 755b	grâce à vous rendues délicieuses	Above-1, 16724:32
III 756-57a	⌈Françoise avait voulu ... jeune homme timide et sanglant (757) [Later than III 757a]	Margin & layer, 16724:34
III 757a	⌈que donnaient au fond tous les permissionnaires et	Margin, 16724:34
III 757b	⌈il avait surtout semblé ... réel), il semblait [Perhaps contemporary with MS]	Margins, 16724:34-35
III 757c	⌈Car il est extraordinaire ... l'insignifiance des propos	Margin, 16724:36

III 757-58a [Je crus comprendre ... aller chez Mme Verdurin   ] Margin & layer,
            [(758)   ] 16724:36
III 758a   mais qui de notre balcon ... la parade, etc...   Margin, 16724:37
III 758b   [et obéissant en cela à ... leur départ en   Interline, 16724:37
            [chasse, etc.
III 758c   [partir en chasse ou rentrer après la berloque   Above-1, 16724:37
            [[MS had simply: descendre]
III 758-59a [A certains points de vue ... par des   Layer, 16724:37
            [personnages + Pl.n.2 (759)
            [[See III 759 Pl.n.1: the layer has before
            [ville: otre balcon la, so beginning of sentence
            [is probably De notre balçon la ville [...].
            [After semblait, there is an illeg. word which
            [might be feuillage, then a tear in paper, then:
            [informe et]
   III 759a   Pourtant des coins ... s'éclairaient, et   ] Above-1: layer,
                                                                 ] 16724:37
   III 759n.2:III 1125a: (un journaliste péremptoire ... qu'on] Above-1: layer,
            [puisse dire)   ] 16724:37
III 759b   en chemise de nuit ... l'Hôtel du libre échange   Margin, 16724:38
III 759-60a [- Tu te rappelles ... peut devenir l'opération   Layer, 16724:38
            [principale (760)
III 760a   J'attends Hindenburg ... les Anglais et nous   ] Later addn: layer
                                                                 ] & margin, 16724:38
III 760-62a [Il faut dire pourtant ... éblouissants ou   Layer, 16724:37
            [raseurs (762)
III 762-63a [j'avais marché, fait un ... prenant un chemin   Layer, 16724:38
            [pour un autre (763)
   III 762a   mais stabilisé pour toute la belle saison   ] Above-1: layer,
                                                                 ] 16724:38
III 764-65a   D'ailleurs - ceci ... à la rue Garancière (765)   Margins, 16724:41-42
III 766a   [Bref, les gens du monde ... ne comprendra pas   Margin, 16724:44
            [davantage
III 767a   [Pl.n.3 + quelles qu'eussent ... pas le vice,   Margin & interline,
            [c'était la vertu   16724:45
            [[Two-and-a-half-lines left blank in MS after
            [d'autant plus coupable que]
III 767b   d'une douairière en us, les vieux jours   Above-1, 16724:45
III 767c   et "Gaillard d'arrière"   Above-1, 16724:46
III 767-68a,n.Les articles ... fleurs stériles (768)   Margin, 16724:47
III 768-69a [Morel, qui était au bureau ... il n'y avait   ] Margin & layer,
            [plus à revenir (769)   ] 16724:46
   III 769a   Elle voulait leur persuader ... peu d'hommes   ] Interline: layer,
                                                                 ] 16724:46
III 770a   [certifie son authenticité   Above-1, 16724:48
            [[May not be later addn]
III 770b   [Sans doute des jeunes gens ... ≏tant d'années   Margin, 16724:48
            [et
            [[But in same ink as main MS, and spills into
            [page]
III 770-71a [Au temps où je croyais ... chacun d'eux. Et   ] Margin & interline,
            [sans doute (771)   ] 16724:49
            [[However, ≏ Au temps où ... je ne laissais (770)   ]
            [appears roughly on a crossed out 1/3 of a lined   ]
            [page, adjoining 16723:4]   ]
III 771a   [≏ la grande figure France ... deux de ces   Margin, 16724:49
            [querelles
III 771b   [Mais les coups qu'ils ... ≏ m'avait exposé les   Margin, 16724:50
            [principes
III 771-72a [Malgré cela la vie ... leurs plaisirs sans   Margin, 16724:50
            [penser jamais que (772)
III 772a   et qu'il n'y aurait plus ... ni terre   Above-1, 16724:50
III 772b   (puis bientôt ... quelque temps de là)   Below-1, 16724:51
III 772-73a [Les Verdurin y pensaient ... la victoire de la   Layer, 16724:51
            [France (773)

III 773a   ⌈Le bourrage de crâne ... membre vivant de   Margin, 16724:52
               ⌊cette nation

III 774n.2:III 1127a: Même ... avec moi   Margin, 16724:54

III 775-76a   ⌈Aussi la guerre était-elle ... déshonorés et   Margin, 16724:56-57
              ⌊pantelants (776)

III 777a   ⌈n'a aucun rapport ... quelque chose de russe   Margin, 16724:58
              [Very unlikely to be addn; the volume ends here,
              & Proust probably squeezing it in on last page.
              ⌊MS does not make sense without it]

III 777b   ⌈La guerre se prolongeait ... qu'ils oublieraient Margin, 16725:1
              ⌊aussi vite

III 777c   ⌈C'était l'époque où ... son cri de joie   Margin, 16725:1
              ⌊[Probably later than III 777a]

III 779a   ⌈que j'aime beaucoup, même ... depuis quelques   Margin, 16725:4
              années
              [MS had: et c'est fort touchant qu'à son âge
              ⌊il se soit[...]]

III 779-80a   A propos de Brichot ... son camarade étonné   Margin, 16725:5

III 780-81a   ⌈Sans doute les paroles ... successivement les   Layer, 16725:5
              ⌊uns aux autres (781)

    III 780a   imaginatif et plus [after en même temps que]   ⌉Above-1: layer,
                                               ⌋16725:5

    III 780b   plus crédule et [after first parenthesis]   ⌉Above-1: layer,
                                               ⌋16725:5

    III 780c   ⌈Ce que M. de Charlus ignora toujours [after-   ⌉Above-1: layer,
                   ⌊thought?]   ⌋16725:5

    III 781a   ⌈par la pléthore ... son anéantissement [after-   ⌉Above-1: layer,
                   thought?   ⌋16725:5
                   ⌊Had: sa destruction]

III 782a   ⌈"il y a là des symptômes ... prendre au   Margin, 16725:7
              ⌊sérieux" [afterthought?]

III 782b   ⌈"la fameuse Kultur qui ... enfants sans défense" Margin, 16725:7
              [afterthought?
              ⌊la fameuse Kultur in layer, 16760:24viii]

III 782c   ⌈"si nous voulons gagner ... M. Lloyd George"   Margin, 16725:7
              ⌊[afterthought?]

III 782-83a   ⌈Il me faut noter ... que je ne le comprenais   ⌉Margin & layer,
              ⌊pas (783)   ⌋16725:8

III 784a   ⌈"les résultats de ces élections ... majorité du   Margin, 16725:9
              ⌊pays"

III 784-93a   ⌈D'ailleurs, avez-vous ... les gens sont   ⌉Margin & layer,
              intelligents (793)   16725:9, & layer,
              [An illeg. word after sont si (see III 784n.2)   16725:10
              looks like remarquablement; MS then gives dés
              before the tear. See also III 792n.1: MS addn
              originally read: Elle lui dit seulement une fois
              qu'il avait tort d'écrire si souvent [...];
              ⌊another section is glued over this]

    III 788a   que pour Ferdinand de Cobourg   ⌉Below-1: layer,
                                                              ⌋16725:9

    III 788b   ⌈Et pour dire cela Odette ... employant un terme ⌉Further layer: layer,
                   d'atelier   ⌋16725:9
                   ⌊[Later than III 788-89a]

    III 788-89a ⌈Son langage à elle ... le plus humble private." ⌉Further layer: layer,
                   ⌊(789)   ⌋16725:9

    III 790a   ⌈Certes, les articles de ... de si justes   ⌉Further layer: layer,
                   ⌊raisonnements! Or   ⌋16725:9

    III 792a   d'abord parce que ... etc.", mais surtout   ⌉Interline: layers,
                                                              ⌋16725:10

    III 792b   "On ne camoufle pas ici la vérité   ⌉Above-1: layer,
                                                               ⌋16725:10

III 793a   ⌈Parfaitement, mon cher ... sera peut-être tué   ⌉Margin & interline,
              demain!   ⌋16725:10
              ⌊[Later than III 793-94a]

III 793-94a   ⌈Quand Auguste de Pologne ... à mon avis une   Margin, 16725:10
              ⌊mauvaise affaire (794)

III 794-95a	Et puis, remarquant ... touchant et gracieux quand il a écrit (795) *[16725:10 has, crossed out: <u>Du reste ajouta-t-il</u>* <u>*pour se reprendre, à un point de vue différent*</u> <u>*du mien, Barrès écrit que la Cathédrale [...]]*</u>	Layer, 16725:11
III 795a	Nous y avions notre chapelle, nos tombeaux	Above-l: layer, 16725:11
III 796a	Pourquoi la restitution ... chaque année?	Margin, 16725:11
III 796b	de vaincre (pour ma part ... ne nous est pas dit)	Margin, 16725:11
III 796c	la France qui est la France juste ... autre chose que des tombes	Margins, 16725: 11-12
III 796d	Notre excellent Norpois ... les dés en sont jetés"	Margin, 16725:12
III 796-97a	Or rien ne dit qu'une ... Pour en revenir à la guerre elle-même (797)	Margin & layer, 16725:12
III 797a	l'empereur	Below-l, 16725:12
III 797b	comme le général Pau:	Below-l, 16725:13
III 797-98a	Dieu sait si personne ... Ainsi tourne la Roue du monde (798)	Margin & layer, 16725:13
III 798a	ou bien: "Qui n'est pas ... est contre nous"	Above-l (& margin), 16725:13
III 799a	Il avait pris l'habitude ... seuls dans un salon	Margin & layer, 16725:14
III 800a	comme par une ingénieuse mise en scène *[afterthought?]*	Above-l & margin, 16725:15
III 800b	Tout de même je crois ... aux premiers temps de la mobilisation	Margin & above-l, 16725:15
III 800-801a	Il gardait tout son respect ... aurait eu besoin de l'accordeur (801)	Margin, 16725:16-17
III 801a	en plus grand nombre que d'habitude ... des pouvoirs publics	Margin, 16725:17
III 801b	La plus grande impression ... les yeux d'habitude	Margin, 16725:17
III 801-2a	Après le raid ..."étoiles nouvelles" (802)	Margin, 16725:18
III 802a	et peut-être je me trompais ... ne vous frappera pas ce jour-là?	Margin, 16725:19
III 802-7a	La nuit était aussi belle ... un instant les yeux au ciel, mais (807)	Margin, 16725:20 - margin & layer, 16725:21
III 803<u>n</u>.2:III 1129a:	(Rendre ... l'avenir?)	Interline & margin: layer, 16725:21
III 803-6a	Certes je connaissais ... de paix entre lui et Morel (806)	Further layers: layer, 16725:21
III 805a	avec un homme ... un lion et un serpent	Above-l: layer, 16725:21
III 805-6a	Dieu lui a conseillé ... de ne pas venir (806) *[Had: Dieu lui a inspiré de ne pas venir]*	Interline: layer, 16725:21
III 806a	ce sera matière à cours ... projetées par bombardement	Interline: layer, 16725:21
III 806-7a	Quels documents ... bombardement, qui firent que (807) *[Layer had: <u>Cette pensée de bombardement fit</u>* <u>*lever encore un instant à M. de Charlus les*</u> <u>*yeux au ciel, mais [...].*</u> *Later than III 806a]*	Further addn: layer, 16725:21
III 807a	non pas pour en rapporter ... saint-émilion, mais	Above-l: further addn: layer, 16725: 21
III 808a	aussitôt, se rappelant ... dilettantisme à me reprocher *[MS does not make sense without it]*	Glued in, 16725:23 *[unlined paper]*
III 808-9a	Il faisait une nuit ... le signe oriental du croissant (809) *[Later than III 809a]*	Margin & interline, 16725:24

III 809a	⌈ et en continuant pendant quelques instants ... ⎪ de contact et de regards ⎪ *[Had simply:* <u>il resta en arrêt devant un</u> ⎣ <u>Sénégalais qui passait ... qu'il était admiré</u>*]*	Margin, 16725:24
III 809b	encore immobilisé par le passage du Sénégalais	Above-1, 16725:24
III 809-10a	⌈ Mais dans la rue ... ≏ ma curiosité le fut aussi ⎪ (810) ⎣ *[See Pl.n.1, 810]*	Margin, 16725:26
III 809c	assez éloignée du centre	⌉ Above-1: margin, ⌋ 16725:26
III 810-11a	⌈ Je me rappelai ... qui s'y mêlait, ma ⎣ curiosité (811)	Margin, 16725:27
III 811a	Je crus d'abord ... le n° 28	Interline, 16725:28
III 812a	⌈ je fus tiré de mon indifférence & qui me ⎪ firent frémir ⎪ *[Had:* <u>j'eus un frémissement en entendant les</u> ⎣ <u>phrases suivantes</u>*]*	⌉ Corr. above-1, ⎪ 16725:29 ⌋
III 812b	⌈ Je compris maintenant ... délibérément dans ⎪ l'hôtel ⎣ *[MS had:* <u>Je ne pus pas résister à entrer</u> *]*	Margin, 16725:30
III 813a	⌈ Les journaux ont même fait allusion ... tous ⎣ descendus	Margin, 16725:31
III 814a	⌈ Non seulement c'est pas ... même un imbécile." ⎣ *[Had:* <u>c'est plutôt un imbécile à mon avis</u>*]*	Above-1, 16725:33
III 814-15a	⌈ Voilà le 7 qui sonne encore ... cours-y voir ⎪ (815) ⎣ *[Later than III 815a]*	Margin, 16725:35
III 815a	Allons, Maurice ... suivant le patron qui	Margin, 16725:35
III 815b	⌈ et puisque tu gueules et ... pas de pitié" ⎣ *[afterthought?]*	Margin, 16725:36
III 816a	⌈ "Une seconde", interrompit ... qui était ⎣ Monsieur Victor	⌉ Margin, 16725:38, & ⌋ layer, 16725:39
III 816-17a	⌈ Jupien avait ainsi ... Il a tué son sergent." ⎣ (817)	Margin, 16725:39
III 817-18a	⌈ avaient une certaine ressemblance ... l'illusion ⎪ de prendre du (818) ⎪ *[Probably not addn, but these two pages are in* ⎣ *very hasty writing]*	⌉ Separate pages, ⎪ 16725:40-41 ⌋
III 818-19a	⌈ Ce qui enlève aussi ... de leur excessif amour ⎣ (819)	Layer, 16725:42
III 818a	⌈ pareil en cela à celui ... son neveu avec ⎣ Rachel	⌉ Interline: layer, ⌋ 16725:42
III 819a	⌈ quelquefois simplement après ... qu'on ne la ⎣ reverra jamais	⌉ Interline: layer, ⌋ 16725:42
III 819-20a	⌈ Il existe alors chez ... personne ne se ⎣ présentait (820)	⌉ Separate layer, ⌋ 16725:42
III 820a	⌈ On était très agité ... au titulaire une ⎣ punition	Margin, 16725:42
III 821a	⌈ On peut charrier tant qu'on veut ... vraiment ⎣ quelque chose	Margin, 16725:43
III 821b	⌈ envoyer des pruneaux dans la gueule ⎣ *[Had:* <u>fusiller</u> *]*	⌉ Corr. above-1, ⌋ 16725:44
III 821c	⌈ Tous ces garçons étaient ... la fâcheuse ⎣ influenza."	Margin, 16725:44
III 821-22a	⌈ - Et puis, c'est un homme ... donc un Boche ⎪ ... (822) ⎣ *[Proust's stops]*	Margin, 16725:44
III 822-23a	Pendant ce temps ... on s'en fiche") (823)	Layer, 16725:45
III 823a	⌈ On entendait des clients ... connaissance d'un ⎣ mutilé	⌉ Margins, 16725: ⌋ 45-46
III 824a	⌈ D'ailleurs il n'avait pas ... dissimulée du ⎣ vicomte	Margin, 16725:46
III 824b	⌈ et qu'il n'entrât d'ailleurs ... l'argent qu'il ⎣ lui devait *[afterthought?]*	⌉ Above-1 & margin, ⌋ 16725:46
III 824-25a	⌈ Jupien les avait recommandés ... surprend dans ⎣ ses paroles (825)	⌉ Margin & layer, ⌋ 16725:47

III 825-26a	Tu penseras à moi ... au nom de la France ... (826) & ajouta-t-il (826)	Margin & layers, 16725:48
III 826a	et pour profiter de ... du charmant jeune homme et [≙in margin, 16725:48, crossed out]	Margin, 16725:49
III 826b	pendant le temps interminable ... la lumière était mauvaise	Margin, 16725:49
III 826c	dit le gigolo, qu'on avait oublié de prévenir	Above-1, 16725:49
III 826-27a	La mauvaise impression ... un peu conventionnelle (827) [Later than III 827a]	Margin, 16725:50
III 827a	Jupien parfois les prévenait ... et tant d'innocence	Margin, 16725:50
III 827b	Et même le voleur ... ne peuvent contenter	Margin, 16725:49
III 827-28a	Le jeune homme eut beau ... avec ceux d'un autre (828)	Layer, 16725:50
III 828a	auquel le baron ne laissa pas ... l'amour-propre de M. de Charlus	Margin & layer, 16725:50
III 829a	pendant que je monte fermer la chambre [after-thought?]	Above-1, 16725:52
III 830a	Jupien ne voulait pas parler ... boire avec leur domesticité [Later than III 830-31a]	Margins, 16725: 53-54
III 830-31a	"C'est surtout, ajouta Jupien ... pas doué pour cela (831)	Margin & layer, 16725:54
III 832a	Et à vrai dire ... des sommes énormes!	Margin, 16725:55
III 833n.1:III 1131a:	Je l'avais à peine ... entièrement noires [See III 833b]	Margin, 16725:58
III 833a	assez cavalièrement, car ... l'avion allemand se tenait	Margin, 16725:57
III 833b	En un instant ... l'habitant inconnu de Pompéi	Margin & layer, 16725:58
III 833-34a	Mais qu'importaient ... les déshonorer. Plusieurs + Pl.n.1, 834	Later addn on layer, 16725:58
III 834-36a	≙plus que de retrouver leur liberté ... peur que cela fût appris (836)	Margin & layer, 16725:56
III 835a	au pied d'un mauvais lieu pompéien [after-thought?]	Above-1: layer, 16725:56
III 837a	pour ainsi dire en toute innocence et	Above-1, 16725:59
III 837b	médiocre [after pour un salaire. Perhaps not addn]	Above-1, 16725:59
III 837c,n.	Les peintures ... laissait passer	Margin & layer, 16725: 59
III 838a	Sans doute je sentais ... que hâter la mort	Margin, 16725:62
III 840a	de croix de justice [afterthought? Had: d'in pace]	Above-1, 16725:66
III 840b	C'est dans le même sentiment ... et d'in pace	Margin, 16725:66
III 840c	Enfin la berloque ... Elle me dit que [Had simply: Françoise and maître d'hôtel were still up]	Interline, 16725:67
III 841a	D'ailleurs je sentis ... au sujet de Robert	Margins, 16725: 67-68
III 841b,n.	Cependant si ... réponses contradictoires	Margin, 16725:68
III 842a	épouvantée [after dire à Françoise; after-thought?]	Above-1, 16725:68
III 842b	et ce jour-là pas de pitié!	Above-1, 16725:68
III 842c	- Seigneur, Vierge Marie! ... - La Belgique, Françoise, mais [Later than III 842c]	Margin, 16725:68
III 842d	ce qu'ils ont fait ... rien à côté!"	Margin, 16725:68
III 842e	"Je ne peux pas ... assez fou ...	Margin, 16725:69
III 842-43a	Il confondait le gouvernement ... moins de vingt ans." (843)	Margin, 16725:70
III 843a	et parfois, pour lui être ... c'était exactement le contraire	Margin & interline, 16725:70

III 843b	Il croyait du reste ... était pour le lendemain	Margin, 16725:71
III 844a	"Ah! cette bon sang ... à s'en relever vite [Had: Les Boches seuls se relèveront vite de la guerre]	Margin, 16725:72
III 844b	qu'elle avait cru devoir finir ... la pauvre Belgique"	Margin, 16725:72
III 844-45a	Du reste Françoise commençait ... en ferions autant." (845)	Margin & layer, 16725:73
III 846a	Le maître d'hôtel ... la Guillaumesse!"	Margin, 16725:76
III 846b	pour quelques temps [Had: pendant q.q. (sic) jours]	Corr. above-1, 16725:77
III 846c	en protégeant la retraite de ses hommes [Had: en entraînant ses hommes à l'attaque]	Corr. above-1, 16725:77
III 846-47a	Jamais homme n'avait ... chaque fois que je sortais de chez lui (847)	Margin & interline, 16725:77
III 847a	et d'autre chose aussi [Probably contemporary with main MS]	Above-1, 16725:78
III 848a,n.	Quant à ... de Clemenceau	Margin, 16725:79
III 849a	Elle prit immédiatement ... semblant de n'avoir pas entendu [Probably later than III 849 b,c,d]	Margin, 16725:81
III 849b	Si encore elle avait pu ... tout dévisagé."	Margin, 16725:82
III 849c	Et comme elle aurait ... quelque chose!" [Later than III 849d]	Margin, 16725:82
III 849d	Sur moi aussi elle épiait ... ne lui servent plus à rien."	Margin, 16725:82
III 850a	bien avant la guerre [afterthought?]	Above-1, 16725:83
III 850b	à demi inconsciente, à demi ... pourtant arriveront)	Margin, 16725:85
III 851a	en dissimulant d'un sourire ... tête triangulaire	Margin, 16725:86
III 851n.1:III 1132a: Capitalissime et ... l'idée de Gregh.) [The illegible word may be avec]		Layer, 16725:87
III 852a	D'ailleurs, un peu plus tard ... exclusivement de Mme de Guermantes	Margin & interline, 16725:89
III 852-53a	Saint-Loup causa ... indirectement la mort de Saint-Loup (853) [Probably later than III 852a]	Layer, 16725:89
III 853-54a	J'ai souvent pensé ... reparurent tout à coup (854)	Further addn: layer, 16725:89
III 853a	en me rappelant ... égarée chez Jupien	Above-1: further layer, 16725:89
III 853b	eût-elle été gagnée dans les bureaux	Above-1: further layer, 16725:89
III 854a	quotidiennes [after mes promenades. MS had: nocturnes, then vesperales (sic)]	Corr. above-1, 16725:90
III 855a	Mais les années où ... d'une inspiration impossible	Margin, 16725:91
III 855-56a	Un peu plus tard j'avais vu ... sans aucune espèce d'allégresse	Margin & layer, 16725:91
III 856a	- avec une ... et de son gendre - & autre [before pour une matinée]	Above-1, 16725:91
III 856n.2:III 1133a: réveille un rayon ... reprît pour moi		Margin, 16725:92
III 856b	entièrement différents des ... fût-il souverain	Margin, 16725:93
III 857a,n.	Maman ... la princesse de Guermantes	Margin, 16725:93
III 858a	Du moins le changement ... je n'en fus pas moins [MS had: [...] Je faisais ces réflexions dans la voiture qui était venue me chercher [...]]	Margins, 16725: 95-96
III 858b	ou de feuilles mortes	Above-1, 16725:96
III 858c	mais je sentis tout d'un coup ... les choses nouvelles [See Pl.n.2]	Margin, 16725:96
III 858d	Le sol de lui-même ... sa résistance était vaincue	Margin, 16725:96
III 859a	à côté de Jupien qui se multipliait pour lui	Above-1, 16725:98

III 859b   [(on m'avait seulement ... de nouveau fort   Margin, 16725:98
          [clair)

III 860-61a,n.Il saluait ... ce qu'il était devenu (861)   Margin, 16725:101

III 861a   [Il y avait d'ailleurs ... mais qu'il semblait   Margin, 16725:102
         [avoir choisi

III 862a   J'avais à peine ... profondément à la tombe   ] Margin & layer,
                                          ] 16725:103

  III 862b   [de son retour vers la santé   ] Above-1: layer,
             [*[Had: qu'il était ressuscité]*   ] 16725:103

  III 862c   [presque triomphale   ] Above-1: layer,
             [*[Had: une dureté de fossoyeur]*   ] 16725:103

  III 862d   Sosthène de Doudeauville, mort!"   ] Above-1: layer,
                                           ] 16725:103

III 862-63a [La duchesse de Létourville ... mieux de   ] Further layer,
        [rentrer." (863)   ] 16725:103

III 864a   Voyez-vous , ce petit polisson!   Margin, 16725:104

III 864b   [(d'ailleurs, il ... qu'il détenait) *[after-*   Margin, 16725:104
         [*thought?]*

III 864c   (et à cette époque-là ... aveugle)   Above-1, 16725:105

III 864-65a On m'a raconté ... forcée mais honorable (865) Margin & layer,
                                            16725:105

III 865a   [Certes, les conclusions ... à quoi bon me les Margin, 16725:105
         [refuser?

III 865b   notamment des instantanés ... pris à Venise] Above-1, 16725:106
                                           ] *[2nd page]*

III 866a   Quand je pensais ... lucidité stérile!   Margin, 16725:106
III 866b   J'ajoute même ... restaient infécondes?   Margin, 16725:107
III 866c   tant d'autres sensations ... paru synthétiser Margin, 16725:108
III 868a   mêlée d'une odeur de fumée *[afterthought?]*   Above-1, 16725:112

III 869a   [Et je ne jouissais pas que ... me gonflait   Margin, 16725:114
         [d'allégresse

III 870a   [fût-ce seulement de rêve et de pensée   Above-1, 16725:117
         [*[afterthought?]*

III 870b   [s'il a gardé ses distances ... la pointe d'un Margin, 16725:117
         [sommet

III 870c   [consciemment *[after* sans m'y être*; after-*] Corr. above-1,
         [*thought?*   ] 16725:118
         [*Had:* expressément*]*

III 871a   [si je voulais peindre *[see Pl.n.2]* ...   Margin, 16725:118
         [visibles au ciel *[afterthought?]*

III 871n.7:III 1134a: Il ne vivait ... nous l'aband (sic) Margin, 16725:120

III 872a   [Tant de fois ... ne pouvait s'appliquer à elle Margin, 16725:122
         [*[But almost all on 16725:124, in Céleste's*
         [*writing and crossed out]*

III 872b   d'immobiliser *[after* d'isoler*]*   Above-1, 16725:122

III 873a   [en cataloguant ainsi les illustrations de ma Margin, 16725:126
         [mémoire

III 873b   [et où, au lieu de me faire ... réalité actuelle Margin, 16725:126
         [de ce moi
         [*[16725:130 has, crossed out:* je n'élevais pas
         [plus haut l'idée de mon moi, bien plus je
         [doutais de ce moi *(ce above-1)]*

III 874a   [Mais le souvenir douloureux ... la pureté de Margin, 16725:128
         [l'air

III 876a   [tandis que je m'exaltais ... le goût de   Interline, 16725:134
         [l'infusion
         [*[Had:* et par conséquent ne se laissait pas
         [approfondir comme celui *[...]* de la tasse de
         [tilleul*]*

III 876b   [de l'essence des choses   ] Corr. above-1,
         [*[Had:* de l'éternité*]*   ] 16725:134

III 876c   [Non seulement je savais ... encore, celles du Margin, 16725:135
         [souvenir

III 877a   [Et je ne voulais pas ... une fois de plus, car Margin, 16725:136
         [*[Later than III 877b]*

III 877b	il s'agissait pour moi ... depuis longtemps ne mener à rien	Margin, 16725:136
III 877c	Je n'avais pu connaître ... dans l'action effective	Margin, 16725:137
III 877d	à Balbec, pas plus que celui de vivre avec Albertine [Had: du voyage, pas plus que celui de l'amour]	Corr. margin, 16725:137
III 877-78a	Et, repensant à ... qu'il n'était pas." (878)	Margin, 16726:1
III 878a	≏ après avoir pensé ... de la mémoire & d'une autre façon	Above-1, 16726:1
III 878b	et déjà à Combray du côté de Guermantes	Above-1, 16726:1
III 879a	Je n'avais pas été chercher ... ignoreront toujours	Margin, 16726:4
III 879-80a	Aussi combien se détournent ... le vrai Jugement dernier (880)	Layer, 16726:5
III 880a	Non que ces idées ... et chez l'écrivain vient après	Margin, 16726:5
III 880-81a,n.	Un rayon ... libre et désordonnée (881)	Margin & above-1, 16726:6
III 881a	Mais cette découverte ... je n'aurais pas à m'embarrasser des	Margin & above-1, 16726:7
III 881b	("j'avoue que ... disait Bloch)	Above-1, 16726:7
III 881-82a	D'ailleurs, même avant de ... à sa fixation, à l'expression (882)	Layers, 16726:7
III 882a	On peut penser combien ... de plus en plus dans l'avenir	Above-1 & margin, 16726:8
III 883-89a	Justement, comme, en entrant ... vers les églises abandonnées (889) [But N.B.: glued into this layer are three passages typed by the same typewriter as Du Côté de chez Swann (e.g. n.a.fr.16730,16733), which must therefore be early: these are: III 884-86: esprits qui aiment le mystère ... que j'avais d'y aller, que (886); III 887: autres, mais j'aurais entendu ... ne connaît point + Pl.n.2; III 888: le François le Champi ... dans l'oubli (- this clearly follows on from above, since after III 887n.2 the typescript fragment continues Et si j'avais encore (see III 888)). It is thus uncertain how much of the rest of the layer is really late, although some of it must be: e.g. the last passage beginning L'idée d'un art [...] (III 888)]	Margin & layer, 16726:8
III 883-84a	d'un livre dans la bibliothèque ... égaux à cet extraordinaire (884)	Further layer: layer, 16726:8
III 886a	(qui dans la bibliothèque ... platitude extrêmes)	Above-1: layer, 16726:8
III 887a	et qui font tout le prix de l'ouvrage	Above-1: layer, 16726:8
III 889-90a	analogue dans le monde de l'art ... notre calorifère à eau? (890)	Margin & layer, 16726:9
III 890a	que ce livre essentiel ... ceux d'un traducteur [Starts with De sorte que; see Pl.n.4]	Margin, 16726:11
III 890-91a	Or si, quand il ... passionné avec nous-même (891)	Layer, 16726:11
III 891a	de l'amour [after de la société]	Above-1, 16726:12
III 892a	Aussi combien s'en tiennent ... où on jouait une	Margin, 16726:13
III 892-94a	Je vous avouerai que ... de La Bruyère	Layers, 16726:13 & 16726:15
III 892b	Encore, si risibles ... le désir du vol	Further addn: layer, 16726:13
III 894a	à un coeur vraiment vivant	Above-1: layer, 16726:15

III 894b   (pour qu'elle l'eût ... d'"aimer")   ⌉ Above-1: layer,
                                                             ⌋ 16726:15

III 894n.3:III 1137a: est précédé d'une ... l'amour, etc.)   ⌉ Extra layer,
                                                             ⌋ 16726:15

III 894-95a ⌈ Comment la littérature ... ne l'en dégage pas?   Margin, 16726:14
             ⌊ (895)

III 895-96a ⌈ La vraie vie, la vie enfin ... encore leur   ⌉ Margin, 16726:15, &
             ⌊ rayon spécial (896)   ⌋ layer, 16726:13

III 896a   ⌈ En somme, cet art ... et péniblement   Margin, 16726:16
             ⌊ déchiffrées

III 896b   Et sans doute c'était ... à l'embrasser"   Margin, 16726:16
III 896c   Certes, ce que j'avais ... de ce qu'on a senti   Layer, 16726:16
III 897a   ⌈ Mais je me rendais compte ... voudraient se   ⌉ Further layer,
             ⌊ fondre   ⌋ 16726:16
III 897b   Il me fallait rendre ... fait perdre pour moi   Above-1, 16726:16
III 898a   du grand jour et & de l'obscurité et   Above-1, 16726:17
III 898b   le vestige de [after mystère qui n'est que]   Layer, 16726:17
III 898c   l'indication, marquée ... par l'imitation)   Layer, 16726:17
III 898d   - même des plus hauts esprits -   Layer, 16726:17
III 898e   leur valeur peut être très grande; mais   Layer, 16726:17
III 899a,n.   Chaque personne ... vie de divinités   Margin, 16726:19
III 900a   Car, mû par l'instinct ... son instant de pose ⌉ Margin & layer,
                                                               ⌋ 16726:22

III 900-901a,⌈ Il n'est pas ... de l'imagination (901)   Layer, 16726:23
     n.

III 901a   ⌈ Les êtres les plus bêtes ... elles le faisaient ⌉ Margin & layer,
             | le plus souffrir | 16726:23
             | [MS had: perhaps the beings he has most loved
             ⌊ have posed for the writer]

III 902a   Et quand nous cherchons ... la sueur, le bain   Margin, 16726:24
III 902b   ⌈ Ma grand'mère que ... mourir! D'ailleurs   Margin, 16726:24
             | [But 16726:25 has, crossed out: Pour ma
             | grand'mère que j'avais vue [...] avec tant
             | d'indifférence egoïsme (sic) et mourir auprès
             ⌊ de moi. O puissent en expia - ends]

III 902c   ⌈ même d'êtres moins chers, même d'indifférents,   Margin, 16726:24
             ⌊ et
III 902d   même seulement [after la souffrance ou]   Above-1, 16726:24
III 902e   ⌈ Il était triste pour moi ... je l'avais   Layer, 16726:24
             ⌊ consommée avant eux

III 903a   ⌈ Et ma seule consolation ... souffrance pour   Margin, 16726:25
             | elle
             ⌊ [Later than III 903b]

III 903b   ⌈ Et certes il n'y aurait pas ... trouver sous les Margin, 16726:25
             ⌊ fleurs?

III 903-4a   ⌈ D'ailleurs, l'oeuvre ... pour approfondir son   Layer, 16726:26
             | essence (904)
             ⌊ [Later than III 904a]

III 904a   ⌈ comme je devais l'expérimenter ... maladie de   Margin, 16726:26
             ⌊ coeur + Pl.n.3

III 904-5a   Il est vrai que ... de la vie sans issue (905) ⌉ Layer & interline,
                                                               ⌋ 16726:26

III 905-7a   ⌈ Parfois quand un morceau ... homme supérieur qui⌉ Margin, 16726:26, &
             ⌊ nous intéresse (907) | margin & layer,
                                                                ⌋ 16726:27

   III 905a,n. En amour ... notre jalousie   Layer, 16726:26
   III 906a ⌈ D'ailleurs, ne nous découvrît-il pas ... pas   ⌉ Layer: margin,
             ⌊ toujours avec la vie   ⌋ 16726:27
   III 906b ⌈ Les idées sont des succédanés ... subitement de ⌉ Further addn: layer,
             ⌊ la joie   ⌋ 16726:27

III 906c ⌈ Succédanés dans l'ordre ... tout de suite des   ⌉ Not in layer,
         │ joies   │ 16726:27
         │ [This must be on a further layer, now mislaid,   │
         │ to which Pl. editors had access, and which,   │
         │ possibly, included the hastily written first   │
         │ sentence of §2, since MS quite clearly has here: │
         │ la vérité que j'avais souvent pressentie, corr.   │
         ⌊ to toujours pressentie. See III 906n.2]   ⌋

III 907a ⌈ Il reste à savoir ... et par conséquent sans   ⌉ Further addn: layer,
         ⌊ fruit   ⌋ 16726:27

III 907b ⌈ de la généralité, de la réalité littéraire   Above-1, 16726:27
         ⌊ [afterthought?]

III 907c,n. Ce sont ... qui les écrit   Above-1, 16726:27

III 907-8a ⌈ qui fait qu'une oeuvre ... de nos amours   Above-1, 16726:28
           ⌊ nouvelles (908)

III 908a ⌈ C'est une des causes ... calquées sur les   Margin, 16726:28
         │ précédentes
         ⌊ [Later than III 908b]

III 908b   Car à l'être que ... cent fois trop d'argent   Margin, 16726:28

III 908c ⌈ (Une chose curieuse ... creusé le coeur.)   Margin, 16726:28
         ⌊ [Later than III 908b]

III 908d ⌈ D'ailleurs, même quand ... alors les met en   Interline, 16726:28
         ⌊ marche

III 908-9a ⌈ Et les êtres qui posent ... à une délivrance,   Layer, 16726:29
           ⌊ à la mort (909)

III 909-10a ⌈ Pourtant, si cela ... extraire un peu de   ⌉ Separately composed
            ⌊ vérité (910)   ⌋ layer, 16726:29

III 910a   Les chagrins sont ... l'heure de la mort!   ⌉ Margin, bottom of
                                                              │ layer, & page margin,
                                                              │ 16726:29

III 910b ⌈ même avant que sa germanophilie ... la même   Interline, 16726:29
         ⌊ leçon

III 910c   mieux encore que ... de Saint-Loup pour Rachel   Interline, 16726:29

III 910d   Mon étonnement ... de plus en plus?   ⌉ Margin & above-1,
                                                              │ 16726:30

III 910-11a ⌈ L'écrivain ne doit pas ... avec cet autre."   ⌉ Margin & layer,
            ⌊ (911)   ⌋ 16726:29

III 911-12a ⌈ Si je m'étais toujours ... le Temps perdu? (912) Layer, 16726:30
            │ [But Proust does not give this last temps a
            ⌊ capital T]

III 912a ⌈ Enfin, dans une certaine mesure ... à me faire   ⌉ Interline & margin,
         ⌊ penser que   ⌋ 16726:31

III 914a ⌈ Car je ne me rappelais plus ... suppléerait   Layer, 16726:33
         ⌊ parfois à l'autre

III 915a,n. Certes, c'est ... pas inspirées   Margin, 16726:35

III 915n.2:III 1139a: qu'un cliché ... le malade [after-   Interline, 16726:33
         ⌊ thought?]

III 916a   (Il n'était pas ... par Odette)   Margin, 16726:38

III 916b ⌈ et la plage de Balbec et Rivebelle [after-   Above-1, 16726:39
         ⌊ thought?]

III 916-17a La jalousie est ... et que nous n'aimons plus   ⌉ Later, on 16726:
             (917)   │ 39-42
             [Although this is on main MS pages, it is very
             probably late, since these are the last written
             pages of 16726, followed by blank pages until
             the end of the Cahier; and the whole passage
             is in different handwriting and ink from
             previous. Capitalissime written by it in margin,
             16726:39 (see III 916n.1)]

III 918a ⌈ qu'à la société [after forcément à la solitude;   Above-1, 16727:1
         ⌊ afterthought?]

III 918-19a ⌈ Car pour la même raison que ... rendre sublime   Margin, 16727:2
            ⌊ un mauvais poète (919)

III 919a   discernables, et au fond [afterthought?]   Above-1, 16727:3

III 919-20a ⌈ absence et de la jeunesse." ... de flammes   ⌉ Margins, 16727:
          et de mâts" (920)   4-5
          [But some of this may be simply copied in,
          judging from the way it runs on from the text;
          and 16726:17 verso, which is of the same paper
          as Du Côté de chez Swann MS (n.a.fr. 16703), but
          is very badly cut, mentions, inter alia, Nerval
          and Baudelaire. Margin of 16727:4 has a long
         ⌊ blank after de la grive" (920)]

III 920a ⌈ à la base desquelles se trouvent ainsi une   Margin, 16727:5
          sensation transposée
          [16727:5 has, crossed out: les pièces de
          Baudelaire, fort nombreuses qui procédaient
          des mêmes reminis- (sic) pour achever d (sic)
         ⌊ reminiscences (sic) , afin d'achever de me]

III 920b ⌈ et au milieu d'une fête ... dès que j'entrai   Margin, 16727:5
          dans le grand salon
         ⌊ [MS had: Or là]

III 920c,n. Ses moustaches ... les enlever   Margin, 16727:7
III 921a   Je ne sais ce que ... du tout un jeune homme   Margin, 16727:7
III 921-23a ⌈ A ce point de vue ... les transformations du   ⌉ Margins, 16727:8-9,
          ⌊ corps humain (923)   ⌋ & layer, 16727:9

  III 921b ⌈ (tant de petits changements ... qu'était   ⌉ Layer & interline:
          ⌊ devenu   ⌋ margin, 16727:8

III 923-24a ⌈ Si M. d'Argencourt ... me lâcher brusquement   Margin, 16727:10
          ⌊ le bras (924)

III 924a ⌈ soit qu'il n'y eût plus ... d'histoire   ⌉ Margin & layer,
          naturelle + Pl.n.2   ⌋ 16727:10
         ⌊ [Later than III 923-24a]

III 924b   Des poupées, mais ... marchand d'habits   ⌉ Separately composed
                                                             ⌋ layer, 16727:10

III 924-25a En d'autres êtres ... déformante du Temps (925) Layer, 16727:13
  III 925a ⌈ qu'on avait connue bornée et sèche [after-   ⌉ Above-l: layer,
          ⌊ thought?]   ⌋ 16727:13

  III 925b   devenues méconnaissables [afterthought?]   ⌉ Above-l: layer,
                                                             ⌋ 16727:13

  III 925c   imprévisible [after un busquage; afterthought?] ⌉ Above-l: layer,
                                                             ⌋ 16727:13

III 925-26a Quant à la femme ... vu d'elles jadis   Layer, 16727:10
III 925-26b ⌈ qui se déforme tout le long ... où il est lancé, ⌉ Above-l: layer,
          abîme (926)   ⌋ 16727:10
         ⌊ [Had: lancé dans un abîme]

III 926a   Une jeune femme ... sa moustache bien relevée   Margin, 16727:11
III 926b ⌈ Les parties de blancheur ... c'est déjà   Margin, 16727:11
          l'automne
         ⌊ [Probably later than III 926a]

III 927-28a ⌈ Un instant après on ... mais un vieux monsieur Margin, 16727:13
          ⌊ (928)

III 928a ⌈ ≏et de M. de Létourville, dans la compagnie ... Layer, 16727:19
          ⌊ un vieux monsieur?

III 928b ⌈ Et en effet sur la figure ... actuellement   Margin, 16727:14
         ⌊ dépossédé

III 929a   Comme quelqu'un ... se rapporter qu'à l'âge   ⌉ Layer in margin,
                                                             ⌋ 16727:14

III 929b ⌈ Mais j'ai connu des gens ... la duchesse de   ⌉ Margin & layer,
         ⌊ Dino   ⌋ 16727:14

III 929c ⌈ Ces derniers mots ... "Quant à vous, reprit-   ⌉ Margin (& layer),
         ⌊ elle   ⌋ 16727:14
III 929d   Oui, me dit-elle ... devenus vieux   Margin, 16727:15
III 930a ⌈ Et je pus me voir ... opposé, voyait celui de   Margin, 16727:15
         ⌊ l'autre

III 930-31a ⌈ Chez certains êtres ... je ne la reconnais pas" Layer, 16727:16
          ⌊ (931)

  III 930b   mais accompli en mon absence [afterthought?]   ⌉ Above-l: layer,
                                                             ⌋ 16727:16

III 931-32a ⌈Gilberte de Saint-Loup ... de la terrible   Margin, 16727:17
            ⌊chose (932)
III 932a,n. Et maintenant ... les a dépassées   ⌉Interline & margin,
                                                                 │16726:33, & margin,
                                                                 ⌋16726:34
III 932-34a Je vis quelqu'un qui ... beauté morale (934)   ⌉Margin & layer,
                                                                 ⌋16727:18
  III 933a   Je lui parlais ... Et alors je vis qu'   ⌉Layer: margin,
                                                                 ⌋16727:18
  III 933b   n'osant regarder ... allusion, riait, et   ⌉Layer & interline:
                                                                 │margin & layer,
                                                                 ⌋16727:18
III 934a,n. Si certaines femmes ... c'était la vieillesse   Layer, 16727:20
III 934-35a,n.Chez certains même ... à l'approche de l'hiver   Margin, 16727:22
            ⌊(935)
III 935-36a ⌈car beaucoup de ces gens, on ... parce qu'il   ⌉Layer (& margin),
            ⌊les avait vieillis (936)   ⌋16727:19
III 936a   ≏Cet artiste-là, du reste ... année par année   Margin, 16727:19
III 936b   ⌈et par exemple Ski ... Mais eux aussi   Interline, 16727:20
            │[But MS has: these people were no more
            │modified than dried fruit or flower (my
            ⌊underlining)]
III 936-37a ⌈Et pourtant, en complet ... et du sourire. Mais   Layer, 16727:21
            │d'autre part (937)
            │[MS had: with others, nothing of former person
            │seemed to remain, e.g. Mme d'Arpajon, whom I
            ⌊would not have recognised]
III 937a   ⌈Elle semblait, comme une ... qui la   Margin, 16727:21
            ⌊submergeaient
III 937b   ⌈et pourtant composites maintenant comme un   Above-1, 16727:22
            ⌊nougat
III 938a   ⌈Certains hommes boitaient ... ne pouvaient rien ⌉Margin & above-1,
            ⌊retenir   ⌋16727:21
III 938b   ⌈Certaines figures sous ... la prière des   Margin, 16727:23
            ⌊agonisants
III 938c   Son teint, jadis ... de la majesté fatale   Margin, 16727:23
III 939a   ⌈La transformation que ... ce à quoi ils   Layer, 16727:24
            │préludaient. Aussi
            ⌊[Later than III 939-40a]
III 939-40a ⌈cette blancheur des cheveux ... ≏Comme pour la   ⌉Margin & layer,
            ⌊neige d'ailleurs (940)   ⌋16727:24
  III 940a ⌈On avait peine à ... une même dénomination   ⌉Above-1: layer,
            ⌊[Last word now illeg. (tear)]   ⌋16727:24
  III 940b et du même genre ... un premier néant)   ⌉Interline: layer,
                                                                ⌋16727:24
III 940n.1:III 1141a: Mme de Franquetot ... paralysée   Margin, 16727:25
III 941a   Tous ces gens ... revêtu jadis par sa mère   Margin, 16727:25
III 941-42a Je retrouvai là ... de reconnaître mon ami (942) Layer, 16727:26
III 942-43a ⌈Il faut cependant faire ... fait couper les   Separate layer,
            ⌊cheveux (943)   16727:26
III 943a   Chose curieuse ... foncée comme un livre   ⌉Separate layer,
                                                                ⌋16727:26
III 943b   ⌈Et je pensais aussi ... étendus sur leur   ⌉Separate layer,
            ⌊tombeau   ⌋16727:26
III 943-44a ⌈D'ailleurs, ces particularités ... que je   Layer, 16727:23
            │n'avais pas connus (944)
            │[A layer on 16727:22 has: A mettre après
            │[above-1; had pour] Cambremer ou Mⁱᵉ de Sᵗ Loup.
            │   Ces changements étaient en effet d'habitude
            │ataviques, et la famille - parfois même chez les
            │Juifs sentant (??) [could be surtout] la Race -
            │venait (?) boucher [next word torn and illeg.:
            │might be temps] n'(??) avait (?) laissés en
            ⌊s'en allant le [or la or les]. Paper torn here]
  III 943a ⌈organisme indépendant bien qu'associé   ⌉Above-1: layer,
            ⌊[afterthought?]   ⌋16727:23

III 944a   par la culture et la mode   ]Above-1: layer, 16727:23

III 944-45a   ⌈Il y avait des hommes ... la sensation du Temps Layer, 16727:24
⌊(945)

III 945a   Les traits où ... que des baleines   ]Separate layer, 16727:24

III 945b   ⌈sinon la jeunesse, du moins la beauté [after- Above-1: layer,
thought?   16727:24
⌊Had: leur jeunesse]

III 945-46a   ⌈Certains hommes, certaines femmes ... du degré]Separate layer,
⌊de l'échelle (946)   16727:24

III 945c   ⌈lisse de peau et fine de contours [afterthought? Above-1: layer,
⌊Had: charmantes]   16727:24

III 946a,n.   ⌈Et souvent ... que pour lui   Margin, 16727:26
[Also layer, 16727:25, where Proust indicates
⌊it should go after perdu son éclat, III 940]

III 946-47a   ⌈Sans doute certaines femmes ... ces fabuleuses Margin, 16727:26
⌊transformations (947)

III 947a   ⌈à élargir la blanche superficie [afterthought? Above-1, 16727:27
⌊Has: à en élargir]

III 947b   ⌈D'ailleurs, même chez ... à nous reconnaître Margin, 16727:27
⌊que nous eux

III 948a   ⌈Elle, si je ne la reconnus pas ... pareille à]Margin & interline,
⌊celle d'autrefois   16727:28

III 948b   - un peu un chignon ... de poupée aussi - Interline, 16727:28

III 948c   ⌈(dont elle eût certes été ... fantastique Margin, 16727:28
✏   ⌊merveille)

III 948d   en envoyant aux dames ... et lointain Below-1, 16727:28

III 948e   ⌈comme un petit fantôme ... invisible promenait Above-1, 16727:29
⌊[Perhaps not late]

III 948-49a   ⌈Cet ancien président ... avait été président du Layer, 16727:29
Conseil (949)
[See Pl.n.2, III 949.
⌊Later than III 949-50a]

III 949-50a   ⌈≃il faisait partie du nouveau ... quelques jours Margin, 16727:29
⌊avant la mort (950)

III 950a   D'ailleurs, justement ... d'une rose stérilisée Margin, 16727:29

III 950n.2:III 1142a: Quand je dis ... sa personnalité Margin, 16727:30

III 950b   et comme elle donnait ... merci tant" Margin, 16727:31

III 951a   ⌈tout en me disant ... les traits de leurs]Margin & layer,
⌊parents   16727:31

III 951-52a   ⌈Hélas, elle ne devait pas ... chez la princesse Layer, 16727:31
⌊de Guermantes (952)

III 952-53a   ⌈J'eus de la peine ... n'exprimaient plus jamais Layer, 16727:31
⌊rien (953)

III 953a   ⌈Et grâce à la coiffure ... une bossue bien]Interline: layer,
⌊arrangée   16727:31

III 953-56a   ⌈Bloch me demanda ... pareille placidité Layer, 16727:31
⌊immémoriale (956)

III 956n.1:III 1143a: Quand je parle ... reçus au Jockey]Separate layer,
⌊[The illeg. word seems to be resserre]   16727:31

III 956a   et des êtres qu'ils fréquentaient Above-1, 16727:32

III 956b,n.   Parmi les personnes ... de la jeunesse Margin, 16727:32

III 956c,n.   et qui avait entraîné ... de deux personnes]Interline: margin, 16727:32

III 957a,n.   ⌈Certains qui ... à des rastaquouères Margin, 16727:33
[First name after Certains is Tossiza (see
⌊Pl.n.1)]

III 957b   Les personnes qui ... aptitude au déclassement Margin, 16727:34

III 957c   ⌈la sensation du temps écoulé ... moins vivement Margin, 16727:34
⌊par

III 957-58a   ⌈Cette ignorance n'était pas ... des parangons]Margins & interline,
⌊de vertu (958)   16727:34-35

III 958a   les débuts étant oubliés ou ignorés]Above-1: margin, 16727:35

III 958b   (qui, niant ... des "princesses") Margin, 16727:35

III 958-59a	Bloch, pendant la guerre ... recul infini. En tous cas (959)	Margin, 16727:36
III 959a	Dès que j'eus fini ... se saisit de moi et	Above-1, 16727:36
III 959-60a,<u>n</u>.	Si les gens ... ⌐ne s'était pas dérangée Oriane (960)	Margin & layer, 16727:37
III 960a	plus brillante [after <u>intime avec toute la</u>; afterthought?]	Above-1, 16727:37
III 960b	Les dîners, les fêtes ... leur portée exacte [Later than III 960-61a]	Margin, 16727:38
III 960-61a	On expliqua à quelqu'un ... représentait pour moi (961)	Margin, 16727:38
III 961a	Des méprises de ce genre ... ne lui apprenait pas."	Layer, 16727:38
III 961-62a	Cet oubli si vivace ... C'est tout un roman." (962)	Margin & layer, 16727:39
III 964-66a	Du reste, il faut bien dire... d'avoir joué avec nous (966)	Layer, 16727:41
III 964a	tous les dix ans [afterthought?]	Above-1: layer, 16727:41
III 965a	dans l'instant même un exemple [afterthought?]	Above-1: layer, 16727:41
III 965b	il est vrai mais d'autant plus frappante [afterthought?]	Above-1: layer, 16727:41
III 966-67a	Bloch était entré ... A quoi cela l'avancerait-il?	Separate addn: layer, 16727:41
III 968a	Bloch un jour, quand ... entre tous les exclure [MS has, crossed-out, after <u>affilié de tout</u> <u>temps à l'aristocratie</u> (above, p. 968): <u>que</u> <u>Bloch y ferait peut'être</u> (sic) <u>dans sa</u> <u>vieillesse</u>]	Margin, 16727:44
III 968-69a	D'ailleurs, le cas qui ... aristocratique, de mes parents (969)	Layer, 16727:45
III 969a	(par l'étrange mariage de son neveu)	Above-1: layer, 16727:45
III 969b	La bonté, simple maturation ... presque de naissance	Margin, 16727:45
III 969-70a	Bloch n'en était ... de bienveillance et de conseil. Mais (970) [Later than III 969b and III 970a]	Margin & layer, 16727:45
III 970a	certains défauts, certaines qualités ... l'ingestion du remède	Layer, 16727:45
III 970b	faisait ressortir les aspects ... différences de perspective	Above-1, 16727:46
III 970c	semble d'abord dominer ... sortir d'une vallée [afterthought?]	Margin, 16727:46
III 971a	que je les omettais d'habitude ... mes relations avec elles, que	Margin, 16727:46
III 971b	et dont il m'arrivait, une fois ... comme c'est curieux!"	Margin, 16727:47
III 971c	ainsi que tant d'autres concernant Swann, Saint-Loup, etc., autant [afterthought?]	Above-1, 16727:47
III 971-72a	Non seulement certaines gens ... quand il avait deux ans (972)	Margin & layer, 16727:47
III 972-73a	et de tant d'autres, dont la conjonction ... la prédelle, l'autel tout entier (973)	Margins, 16727:48-49
III 973a	Ce n'était pas que ... comme celui d'un rêve	Margin, 16727:52
III 974a	comme en plein ciel [afterthought?]	Above-1, 16727:52
III 974-75a	Une chose me frappa ... accepte d'emblée (975)	Margin & layer, 16727:53
III 976a	et je me consolais en confondant ... cotées mon désir	Margin, 16727:56
III 976-78a	Pl.<u>n</u>.3 + "Que devient la marquise ... accueillie par Elstir (978)	Layer, 16727:54
III 977a	La mort se multipliait ... dans ces régions âgées [afterthought?]	Above-1: layer, 16727:54

TR

III 979-80a	Une dame sortit ... à son tombeau (980)	Margin & layer, 16727:59
III 979a	stellaires [after deux guerres, et ses yeux]	Above-1: layer, 16727:59
III 979b	astronomique [after semblables à une horloge]	Above-1: layer, 16727:59
III 980-81a	"Je ne puis pas ... Molière se trompait." (981) [Gap left on MS page at this point, however]	Margin & layer, 16727:60
III 982a	Et, pour aller du Tigre ... Simbad le Marin [Lined paper; therefore possibly not late, but in very hasty writing]	Glued-in layer, 16727:61
III 982b	à propos du siège de ... aux langues orientales)	Above-1 & margin, 16727:61
III 982-83a	"Il y a un côté ... la Révolution russe." (983)	Margin, 16727:61
III 983a	Dans toute cette conversation ... sa vie actuelle. Ainsi	Margin, 16727:62
III 984a,n.	On entendait ... à "faire clan"	Margin, 16727:63
III 984b	et, avait-on annoncé ... de La Fontaine	Margin, 16727:65
III 984-85a	Vous retrouver dans ... de votre tour d'ivoire (985)	Layer, 16727:65
III 985a	Ces grandes machines ... l'élite pensante." [First version above-1, 16727:65]	Layer, 16727:65
III 985-86a	lesquels en effet ... qu'avec Mme de Saint-Loup (986)	Above-1 (& layer), 16727:65
III 986a	eux qui ne m'avaient pas ... me jugeant guéri	Above-1, 16727:66
III 986b	de leur journée ou de leur vie	Above-1, 16727:66
III 986c	ou interrompu [after était fini]	Above-1, 16727:66
III 986d	Mais j'aurais le courage ... de l'égoïsme	Margin & above-1, 16727:66
III 986e	⌒de l'homonymat et [after et l'autre, à cause]	Interline: margin, 16727:66
III 986-87a	Et d'ailleurs ... en réalité, notre plaisir (987)	Layer, 16727:66
III 987-88a	⌒étaient capables de nous conduire. Mais ... sérieusement dans sa tête (988) [But Je regardais Gilberte ... un chaste baiser (988) is largely in MS, crossed out: 16727:65, page and margin, and 16727:71 - these two pages seem originally to have followed each other]	Layers, 16727:66
III 988-89a	Comme Elstir aimait ... avait été un certain charme (989)	Separate layer, 16727:66
III 989-91a	Et à vrai dire, comme dans ... elle prit un air sérieux (991)	Separate layer, 16727:66
III 990-91a	Je ne songeais plus en la voyant ... tant de lampes (991)	Interline: layer, 16727:66
III 991a	Et j'en étais heureux ... lui être agréable & En effet	Margin, 16727:67
III 991b,n.	Je dis ... querelles de famille?"	Margin & layer, 16727:67
III 991c	On y remarquait ... je n'en savais absolument rien [This must have been an addn to which Pl. had access. I could not find it in the MS]	Not in 16727:67, nor 16751:223 or 225
III 992-93a	Dans les milieux nouveaux ... un phénomène de mémoire (993)	Layer, 16727:67
III 993a	Il est vrai que ... était d'autant plus basse	Margin, 16727:68
III 994a	que l'intelligence était ... par aller se coucher [But may not be late, since, after pouvait signifier aussi, on 16727:68, rest of page is blank, with diagonal joining line through it]	Layer, 16727:69
III 994b	Il faut ajouter ... brouillé avec tout le monde [Room left on page, to some extent]	Margin & interline, 16727:69
III 994c	à partir d'un certain moment [after les gens du monde exercent]	Above-1, 16727:69

III 994d	non pas oubliée ni pardonnée [afterthought? Has mais, not ni (see Pl.n.1). Had: peu à peu oubliée et pardonnée]	Corr. above-1, 16727:70
III 995-99a	Or pendant ce temps ... les gâteaux funéraires (999) [But part of 16727:70 is blank, and margin addn spills into it]	Margin & layer, 16727:70
III 999a	L'annonce de poésies ... d'être fixé	Margin & layer, 16727:71
III 999b	en berçant quelque être invisible	Above-1, 16727:71
III 999c	quelques jeunesses ... un fou rire	Above-1, 16727:71
III 999-1002a	que dans les repas élégants ... subtil et sarcastique (1002) [But space is left on page, MS does not make sense without it, and another version, and fragment, of this are on lined paper]	Layer (2 pages), 16727:72
III 1000a	Mme de Forcheville, revenue exprès ... à son propre plaisir	Further layer [on lined paper] : layer, 16727:72
III 1001a	magique [after à l'oreille. Ce nom]	Below-1: layer, 16727:72
III 1002a	car elle connaissait fort mal les fables de La Fontaine et	Above-1, 16727:73
III 1002b	Pour avoir un tel succès ... sur ce qu'il voulait dire:	Above-1, 16727:73
III 1003a	Du reste, ajouta-t-elle ... pour me rendre compte	Margin, 16727:75
III 1003b	Mais je me rendais compte ... consacré un génie	Margin, 16727:75
III 1003c	Il ne faut pas s'étonner ... pas du monde [Later than III 1005a]	Margin, 16727:77
III 1003d	cela a de la ligne, du caractère, c'est intelligent	Interline, 16727:77
III 1003-4a	Mme de Guermantes, au déclin ... une Guermantes déclassée [Possibly not addn, but all crowded into 16727:76 (lined paper without margin) and spills into top margin, 16727:77]	16727:76 & margin, 16727:77
III 1005a	Certes, à tout moment ... bien souvent il arrivait que	Margin, 16727:77
III 1005-6a	La duchesse, d'ailleurs ... et de Basin (1006)	Margin, 16727:79
III 1006-10a	"Je ne peux pas ... n'est-ce pas?" (1010) [Where Pl. text has: Au fond, cela me paraissait [...] (1006), MS has: Au [torn] but - the word must therefore be début, not fond]	Layer, 16727:79
III 1006-7a	Ah! mais nous ne sommes pas mal ... me laisser me débrouiller (1007)	Later layer: layer, 16727:79
III 1010a	Le passé s'était ... de discontinuité	Separate layer, 16727:79
III 1010-12a	Je lui dis: ... de la survivance (1012)	Separate layer, 16727:79
III 1013-15a	A ce moment se produisit ... la duchesse à témoin." (1015)	Margin & layer, 16727:83
III 1015a	Il semble que tous ... qu'elles jouaient	Probably further addn: layer, 16727:83
III 1015b,n.	Quand on ... son mari [But see Pl.n.2; the lines reproduced here (III 1148) come on 16727:84]	Margin, 16727:85
III 1016a,n.	Cette liaison ... les désocialiser	Margin, 16727:87
III 1017-18a	Le vieux duc ... plus qu'auguste, suppliant (1018)	Margin & layer, 16727:88
III 1017-18b	Et comme ces reflets ... de la proximité de la mort (1018)	Further layer: layer, 16727:88
III 1018a	dans le chemin de croix ... des impotents menacés	Above-1: layer, 16727:88

III 1018-19a	⌈ Ainsi, dans le faubourg ... le plus impossible (1019) [Possibly not late; but Proust writes in margin: ou bien mettre cela à un autre endroit de ce morceau (sur les amours de Me de F avec le Duc)]	Glued-in fragment, 16727:89
III 1019a	sous le regard des tableaux ... "Second Empire"	Margin, 16727:90
III 1019b	⌈ et plantait sur elle ... quelquefois des bêtises	Margin, 16727:90
III 1019c	⌈ et se croyait-il à l'hôtel ... les déserts de l'Afrique	Margin, 16727:90
III 1019d	⌈ se rappelant qu'il était, non pas ... du Jardin des Plantes	Interline, 16727:90
III 1020a	⌈ le duc ne s'en doutait pas ou ... de s'en douter [afterthought?]	Above-1, 16727:91
III 1020b	D'ailleurs Odette ... ne savait pas les jouer	Margin, 16727:91
III 1020-23a	Et de fait, chaque fois ... les lois de sa vie (1023)	Margin & layer, 16727:92
III 1021-22a	⌈ Pauvre Charles, il était ... c'est l'habitude (1022)	Further layer: layer, 16727:92
III 1023-26a	Tout en me [bottom of 1023] ... changer de pièce. "Oui (1026)	Margin & layer, 16727:94
III 1024a	⌈ - d'ailleurs assez tombé avec le temps - [afterthought?]	Above-1: layer, 16727:94
III 1026a,n.	Elle me vanta ... les attirer."	Margin, 16727:96
III 1027a	⌈ Les sots seuls ... répondu que par des actes, mais [Possibly not addn, but crowded into bottom of 16727:96, and continues in top margin of 16727:97]	16727:96 & margin, 16727:97
III 1027b	⌈ peut-être parce qu'on me connaît mal [afterthought?]	Above-1, 16727:99
III 1027c	je n'oublie personne [afterthought?]	Above-1, 16727:99
III 1028a	⌈ on peut dire toujours ... même pendant la guerre	Margin, 16727:99
III 1028b	⌈ Je lui demandai si Robert .. préféré un garçon." [Later than III 1028-29a]	Margin, 16727:101
III 1028-29a	⌈ Cette fille, dont ... que cela comme famille + Pl.n.2 (1029)	Margin, 16727:101
III 1029a	Et avant tout venaient ... "côté de chez Swann"	Margin, 16727:102
III 1030a	⌈ C'était du reste aussi ... faire revenir Albertine	Margin, 16727:104
III 1030b	⌈ D'ailleurs, quels êtres ... si à l'opposé qu'ils fussent	Margin & above-1, 16727:104
III 1030c	⌈ et chez eux quel rôle ... la musique de Vinteuil! [afterthought?]	Above-1, 16727:104
III 1030-31a	⌈ On peut dire qu'il n'y avait pas ... épousé un Guermantes + Pl.n.1 (1031)	Margin, 16727:105
III 1031a	⌈ incolore et insaisissable s'était ... matérialisé en elle, il	Margin, 16727:107
III 1031b	et le toucher	Above-1: margin, 16727:107
III 1031c	⌈ pétrie [MS had at first: composée comme un chef-d'oeuvre, then: sculptée]	Corr. 16727:107
III 1031-32a	⌈ Elle avait les yeux ... ceux qui avaient connu son père (1032)	Margin, 16727:107
III 1032a,n.	Je fus frappé ... coup de ciseau	Margin, 16727:107
III 1032-35a	⌈ Combien me le semblait-elle davantage ... temps de me mettre (1035)	Layer, 16727:108
III 1032b	⌈ qui d'ailleurs pour chaque ... pour montrer son volume [The repetition of this is also above-1: see Pl.n.2]	Above-1: layer, 16727:108
III 1033a	Et dans ces grands livres-là ... contre l'oubli	Above-1 & further layer: layer, 16727: 108

III 1033b	[à mon livre, et ce serait même ... à laquelle [je me livrerais, je pensais	] Further addn: layer,] 16727:108
III 1033c	(et j'avais assez ... contre elle)	] Further layer: layer,] 16727:108
III 1033d	(du moins comme ... n'y voyait plus goutte)	] Further layer: layer,] 16727:108
III 1034a	Et puis parce qu'à ... le soir même.)	] Further layer: layer,] 16727:108
III 1034b,n.	Françoise me dirait ... meilleures étoffes." [[Not necessairement later than III 1032-35a]	Margin, 16727:122
III 1035a	Et je réaliserais ... et réaliser les autres	] Above-1: layer,] 16727:108
III 1035b	[et même étais-je encore ... le jour ne se relève pas [However, crossed out in 16727:118 is: L'esprit a ses paysages ... laissée qu'un temps; and the image of the painter seeing the lake, and of nightfall interrupting, is in the MS fragments of Du Côté de chez Swann (16703:7-8). [Later than III 1035c]	] Above-1 & margin,] 16727:108-109
III 1035c	[D'abord, du moment que rien ... la grande menace pour l'esprit [16727:110 had: Et puis enfin j'avais un [corps.]	Margin, 16727:109
III 1036a	[Mais, pour me contenter ... je me rappelais que souvent & dans ma vie [	] Probably interpolation, 16727:109, & top] margin, 16727:110
III 1036b	Mon allégresse n'était pas ... pas les miennes)	] Margin & layer,] 16727:110
III 1037a	[Je savais très bien que ... le gisement lui- [même	Margin, 16727:112
III 1037b	n'ayant pas eu ... en sûreté dans un livre	Margin, 16727:112
III 1037c	par une bizarre coïncidence [afterthought?]	Margin, 16727:112
III 1037d	[Mais à force de se renouveler ... en un calme [confiant	Margin, 16727:113
III 1037e	L'accident cérébral ... emportait aussi ce moi	Margin, 16727:113
III 1038a	[Victor Hugo dit: ... "déjeuner sur l'herbe" [[Later than III 1038b]	Margin, 16727:115
III 1038b	par quelque catastrophe interne	Margin, 16727:115
III 1039-41a	[Et en effet ce fut ... du sentiment de mon [impuissance (1041)	] Margin & layer,] 16727:116
III 1040a	[la langue liée comme ... pendant son agonie [[afterthought?]	] Above-1: layer,] 16727:116
III 1041-42a	[Je fus étonné d'y être ... mon oeuvre les remplaçait + Pl.n.1 (1042)	] Separate layer,] 16727:116
III 1042-43a	[Cette idée de la mort ... qui a suivi une [indigestion (1043)	] Separate layer,] 16727:116
III 1043a,n.	Sans doute ... qu'aux hommes	Margin, 16727:117
III 1045a	[au contraire [after l'espérance ou la crainte [ou; afterthought?]	Above-1, 16727:123
III 1045b	[et l'habitude [after au contraire l'amour; [afterthought?]	Above-1, 16727:123
III 1045c	que sans cela tout est factice et mensonger	Above-1, 16727:123
III 1045d	[si on veut peindre le réel [This first version has: comprendre le réel; the second version (margin, 16727:123) has: peindre]	Above-1, 16727:125
III 1046a	[comme ayant une longueur ... quand il se déplace [The MS originally went on as III 1048, cela dût-il les faire ressembler, etc.]	Margin, 16727:125
III 1046b	[D'ailleurs, que nous ... mettre si fort en [relief	Layer, 16727:124
III 1046c	[c'est en moi-même ... de redescendre [Had simply: je redescendis en moi-même]	] Margin, one of pages composing 16727:124 [this is made up of 4 lined pages glued in such a way as to follow] on from each other]

III 1047<u>n</u>.4:III 1151a: profonde Albertine ... qui   ] Apparent interpolation,
       [était morte   ] 16727:124

III 1047a   [qu'il était ma vie ... moi-même, mais encore   Margin, 16727:124
           [que

III 1047b   vertigineux [after <u>juché à son sommet</u>]   Margin, 16727:124
III 1047c   La date à laquelle ... tant d'années   Margin, 16727:124
   III 1047d   si distant et pourtant intérieur   ] Above-1: margin,
                                           ] 16727:124

III 1047e   [dont j'avais admiré ... peu vieilli bien qu'   Layer, 16727:124
           [This passage at first referred to M. de
           [Montmorency]

III 1047-48a   sur des jambes ... quatre-vingt-trois années   Layer, 16727:124
III 1048a   vivantes [after <u>juchés sur de</u>]   Above-1, 16727:124
III 1048b   parfois plus hautes que des clochers   Layer, 16727:124
III 1048c,<u>n</u>.   (Était-ce ... de nuage?)   Margin, 16727:124